THE BASIC SPANISH SERIES
BASIC SPANISH
FOR LAW ENFORCEMENT

THE BASIC SPANISH SERIES
BASIC SPANISH FOR LAW ENFORCEMENT

SECOND EDITION

Ana C. Jarvis
Chandler-Gilbert Community College

Luis Lebredo

HEINLE
CENGAGE Learning™

Australia • Brazil • Japan • Korea • Mexico • Singapore • Spain • United Kingdom • United States

HEINLE
CENGAGE Learning™

Basic Spanish for Law Enforcement,
Second Edition
Ana C. Jarvis and Luis Lebredo

Publisher: Beth Kramer

Acquisitions Editor: Lara Semones

Managing Development Editor: Harold Swearingen

Assistant Editor: Katie Latour

Editorial Assistant: María Colina

Media Editor: Morgen Murphy

Senior Marketing Manager: Ben Rivera

Marketing Coordinator: Janine Enos

Marketing Communications Manager:
Stacey Purviance

Associate Content Project Manager: Anne Finley

Senior Art Director: Linda Jurras

Print Buyer: Denise Powers

Senior Rights Acquisition Account Manager, Text:
Mardell Glinski Schultz

Production Service: Pre-PressPMG

Senior Photo Editor: Jennifer Meyer Dare

Cover Designer: Riezebos Holzbaur Design Group

Cover Image: istock

Compositor: Pre-PressPMG

For product information and
technology assistance, contact us at **Cengage Learning
Customer & Sales Support, 1-800-354-9706**

For permission to use material from this text or product,
submit all requests online at **www.cengage.com/permissions.**
Further permissions questions can be emailed to
permissionrequest@cengage.com

Library of Congress Control Number: 2009944117

ISBN-13: 978-0-495-90253-9

ISBN-10: 0-495-90253-5

Heinle
20 Channel Center Street
Boston, MA 02210
USA

Cengage Learning is a leading provider of customized learning solutions with office locations around the globe, including Singapore, the United Kingdom, Australia, Mexico, Brazil and Japan. Locate your local office at **international.cengage.com/region**

Cengage Learning products are represented in Canada by Nelson Education, Ltd.

For your course and learning solutions, visit **www.cengage.com.**

Purchase any of our products at your local college store or at our preferred online store **www.CengageBrain.com.**

Printed in the United States of America
1 2 3 4 5 6 7 14 13 12 11 10

CONTENTS

PREFACE

Designed to fit multiple classroom styles, **The Basic Spanish Series** offers a flexible, concise introduction to Spanish grammar and communication with state-of-the-art online learning tools to better address the needs of today's students and professionals who need a working knowledge of Spanish.

Basic Spanish for Law Enforcement

As a component of *The Basic Spanish Series, Basic Spanish for Law Enforcement* is a career manual designed to serve those in the law enforcement professions who seek basic conversational skills in Spanish. Written for use in two-semester or three-quarter courses, it presents typical everyday situations that pre-professionals and professionals may encounter when dealing with Spanish speakers in the United States at work settings such as police stations, prisons, and on the street.

Basic Spanish for Law Enforcement introduces practical vocabulary, everyday on-the-job situations, and culture notes (*Notas culturales*) written from a cross-cultural perspective. It provides students with opportunities to apply, in a wide variety of practical contexts, the grammatical structures presented in the corresponding lessons of the *Basic Spanish* core text.

Organization of the Text

Basic Spanish for Law Enforcement contains one preliminary lesson (*Lección preliminar*), twenty regular lessons, four reading sections (*Lecturas*), and four review sections (*Repasos*).

Each lesson contains the following sections:

- A **lesson opener** consists of the lesson objectives divided into two categories: Structures practiced from *Basic Spanish* and Communication.

- A **Spanish dialogue** introduces and employs key vocabulary and grammatical structures in the context of the lesson theme. Divided into manageable segments, the dialogue features contexts specific to law enforcement. Audio recordings of the dialogues can be heard on The Basic Spanish Series Resource Center in downloadable MP3 format. Translations of the dialogues can be found on the Instructor's side of **The Basic Spanish Series Resource Center.**

- The *¡Escuchemos!* activity, together with recordings on the In-Text Audio MP3s, encourage students to listen to the dialogue and check their comprehension with true/false questions.

- The *Vocabulario* section summarizes new, active words and expressions presented in the dialogue, and categorizes them according to their parts of speech. The vocabulary highlights the most important communication tools needed in a variety of professional situations. A special subsection of cognates heads the vocabulary list so students can readily identify these terms. The *Vocabulario adicional* subsection supplies supplementary vocabulary related to the lesson theme.

- *Notas culturales* related to the lesson theme give students up-to-date information that highlights Hispanic customs and traditions.

- ***Dígame...*** questions check students' comprehension of the dialogue.

- The ***Hablemos*** section provides personalized questions spun off from the lesson theme, where students are encouraged to work in pairs, asking and answering each of the questions presented.

- ***Vamos a practicar*** activities review grammar topics that students need to know before proceeding in the lesson.

- ***Conversaciones breves*** activities practice the lesson's vocabulary.

- The ***En estas situaciones*** section develops students' communication skills through role-playing in pairs or small groups and encourages more interactive speaking practice.

- The ***Casos*** activity establishes professional situations such as conversations between a traffic officer and an accident witness, between a police officer and a burglary victim, or between a police officer and a suspect. The entire class participates in open-ended role-playing that re-creates and expands on the situations introduced in the dialogue and the *En estas situaciones* section.

- ***Un paso más*** features activities that practice the supplementary words and expressions in the *Vocabulario adicional* section, some through realia.

- Pair and group icons indicate pair and group activities.

- Audio icons show what is available as downloadable In-Text Audio MP3s.

- Web-search icons indicate activities related to the *Notas culturales*.

- Web-audio icons indicate vocabulary available in audio flashcards on The Basic Spanish Series Resource Center.

- **Five maps** of the Spanish-speaking world are included in the front and back of the text.

- For easy reference and to aid in lesson planning, the table of contents lists the **grammar structures** presented in the corresponding *Basic Spanish* core text and practiced in *Basic Spanish for Law Enforcement,* plus the communication objective for each lesson.

- The text's grammatical sequence parallels the core text of the series, *Basic Spanish.*

Organization of the *Lecturas*

One short reading section appears after every five lessons:

- ***Lecturas*** deal with issues related to law enforcement, such as reporting suspicious activities and preventing a robbery.

- ***Dígame...*** activities check students' comprehension of the *Lectura.*

Organization of the *Repasos*

After every five lessons, a review section contains the following materials:

- *Práctica de vocabulario* exercises check students' cumulative knowledge and use of active vocabulary in a variety of formats: selecting the appropriate word to complete a sentence, identifying related words, matching, true/false, and puzzles.
- A *Práctica oral* section features questions that review key vocabulary and structures presented in the preceding five lessons. To develop students' aural and oral skills, the questions are recorded on the *Basic Spanish for Law Enforcement* In-Text Audio MP3s.

Appendixes

The appendixes of this book include the following:

- **Appendix A, Introduction to Spanish Sounds and the Alphabet,** presents the alphabet and briefly explains vowel sounds, consonant sounds, linking, rhythm, intonation, syllable formation, and accentuation.
- **Appendix B, Verbs,** presents charts of the three regular conjugations and of the **-ar, -er,** and **-ir** stem-changing verbs, as well as lists of orthographic-changing verbs and some common irregular verbs.
- **Appendix C, Useful Classroom Expressions,** consists of a list of the most common expressions and directions used in the introductory Spanish language class.
- **Appendix D, Weights and Measures,** features conversion formulas for temperature and metric weights and measures, as well as Spanish terms for U.S. weights and measures.

End Vocabularies

Comprehensive Spanish-English and English-Spanish vocabularies contain all words and expressions from the *Vocabulario* sections. Each term is followed by the lesson number where the active vocabulary is introduced. All passive vocabulary items found in the *Vocabulario adicional* sections, in marginal glosses to readings, and in glosses of direction lines or exercises are also included.

New to the Second Edition

For this second edition, we are proud to offer an extensive technology program, which will give students easier access to required materials and give instructors the freedom to design their courses in the way that best meets their students' needs.

    The Basic Spanish Series Resource Center, new to this edition and available for *Basic Spanish for Law Enforcement*, offers additional practice and support for instructors and students.

Assets

Available on The Basic Spanish Resource Center

For Students

- The **in-text audio** is available in downloadable MP3 format.

- Brief **grammar videos** feature a professor teaching specific grammar topics presented in the core text; Flash-based **grammar tutorials** help students learn and understand Spanish grammar through succinct, interactive explanations and quizzes.

- An *answer key* for *Basic Spanish for Law Enforcement* exercises is available to help students review for exams.

- **Web-search activities** encourage students to learn more about the target country and coordinate with the culture notes in each chapter of *Basic Spanish for Law Enforcement.*

- Short **podcasts,** downloadable to a computer or MP3 device, review Spanish grammar and pronunciation for studying on-the-go.

- **Text glossaries** provide support for learning and practicing vocabulary.

- The downloadable **audio** *Basic Spanish for Law Enforcement and Social Services Phrasebook* provides vocabulary and phrases for real-life situations.

- The **Resource Center** includes access to all content on the free **Companion Website** for the *Basic Spanish* core text, which includes additional quizzes, web-search activities, related links, downloadable In-text Audio MP3s, audio-enabled flashcards, and Spanish pronunciation help.

For Instructors

- Instructors have access to **all Resource Center content,** including resources for students. Instructor specific content is password-protected and is not available to students.

- For instructors transitioning to *The Basic Spanish Series* from a different text, a **sample syllabus** offers suggestions for dividing the material evenly through the course of a typical semester.

- A series of **PowerPoint presentations** include explanations of Spanish grammar and correlate to each chapter of *Basic Spanish.* An additional set of PowerPoints review Spanish vocabulary from *Basic Spanish for Law Enforcement.*

- **Translations** for dialogues in *Basic Spanish for Law Enforcement* are available for download.

- **Answer keys** are provided for exercises in *Basic Spanish for Law Enforcement,* as well as for the self-directed tests.

- **Situation cards** and the corresponding guide provide ideas for oral assessment and in-class role-play.

Acknowledgments

We wish to thank our colleagues who have used previous editions of *Basic Spanish for Law Enforcement* for their many constructive comments and suggestions:

Melania Aguirre-Rabon, *Wake Technical College*
Vincent Como, *American InterContinental University*
Joan W. Delzangle, *Chaffee College*
Lance Hargitt, *Remington Colleges*
Hope Hernández, *Community College of Southern Nevada*
Dr. María R. Irizarry, Attorney, *Boston Public Schools, Boston, MA*
Lina Llerena, *Fullerton College*
Hugo Muñoz-Ballesteros, *Tarleton State University*
Michael Rice, *Remington Colleges*
Carmen Sobrino, *Wichita Friends University*
Alba Lucía Ulloa, *Pitt Community College*
Walter J. Weeks, *University of Massachusetts, Dartmouth*

We wish to recognize the contributions of Carlos Calvo and Sarah Link to this edition.

Finally, we extend our sincere appreciation to the World Languages team at Heinle Cengage Learning: Publisher, Beth Kramer; Executive Editor, Lara Semones; Assistant Editor, Katie Latour; Editorial Assistant, María Colina; Media Editor, Morgen Murphy; Associate Content Project Manager, Anne Finley; Managing Development Editor, Harold Swearingen; Senior Art Director, Linda Jurras; and Senior Marketing Manager, Ben Rivera.

Ana C. Jarvis
Luis Lebredo

LECCIÓN PRELIMINAR

CONVERSACIONES BREVES (*BRIEF CONVERSATIONS*)

OBJECTIVES

Structures

- Greetings and farewells
- The alphabet
- The definite and indefinite articles
- The present indicative of **ser**
- Cardinal numbers 0–39

Communication

- Greetings, farewells, and introductions in person and by telephone
- Asking for personal information

🔊 CONVERSACIONES BREVES

A. —Décima Estación de Policía, buenos días. ¿En qué puedo servirle?
　　—Buenos días. El[1] teniente Donoso, por favor.
　　—Un momento, por favor.

---

[1]When talking about a third person and giving that person a title, a definite article is used in Spanish: *el* **señor Pérez,** *la* **señora Robles.**

B. —Buenas tardes, señora. Soy María Inés
    Fabio.
    —Buenas tardes, señorita Fabio. Pase y tome
    asiento, por favor. ¿Cómo está usted hoy?
    —Bien, gracias. ¿Y usted[1]?
    —Muy bien. ¿Qué se le ofrece?

C. —Buenas noches, sargento, y muchas gracias
    por la información.
    —De nada, señora. Para servirle. Adiós.

D. —Hola, Mario. ¿Qué hay de nuevo?
    —Nada, agente.
    —Bueno, hasta luego.
    —Hasta luego.

E. —¿Nombre y apellido[2]?
    —Roberto Santacruz.
    —¿Dirección?
    —Avenida Magnolia, número treinta.[3]
    —¿Número de teléfono?
    —Cuatro, veintiocho, noventa y dos, sesenta
    y tres.
    —¿Estado civil? ¿Es usted soltero, casado...?
    —Soy divorciado.

_____

[1]**Usted** and **ustedes** are abbreviated **Ud.** and **Uds.,** respectively.
[2]See *Notas culturales* on Spanish surnames in *Lección 5.*
[3]In Spanish addresses, the name of the street precedes the number of the house.

🌐 VOCABULARIO (*Vocabulary*)
Audio

Cognados (*Cognates*)

la avenida
la conversación
la información
el momento

Saludos y despedidas
(*Greetings and farewells*)

Adiós   *Good-bye*
Buenos días/Buen día   *Good morning,*
Good day
Buenas tardes   *Good afternoon*
Buenas noches   *Good evening, Good night*
¿Cómo está (usted)?   *How are you?*
Hasta luego   *So long, See you later*
Hasta mañana   *See you tomorrow*
Hola   *Hello, Hi*
¿Qué hay de nuevo?   *What's new?*

Expresiones de cortesía
(*Expressions of courtesy*)

De nada, No hay de qué   *You're welcome,*
Don't mention it
¿En qué puedo (podemos) servirle?, ¿Qué
se le ofrece?   *What can I (we) do*
for you?
Gracias   *Thank you*
Muchas gracias   *Thank you very much*
para servirle   *at your service*
por favor   *please*

Títulos (*Titles*)

agente (Agte.)   *officer*
sargento (Sgto.)   *sergeant*
señor (Sr.)   *Mr., sir, gentleman*
señora (Sra.)   *Mrs., lady, Ma'am, Madam*

señorita (Srta.)   *Miss, young lady*
teniente (Tte.)   *lieutenant*

Nombres (*Nouns*)

el apellido   *last name, surname*
el correo electrónico   *e-mail*
la dirección, el domicilio   *address*
la estación de policía, la jefatura de
policía, la comisaría   *police station*
el estado civil   *marital status*
el nombre   *name*
el número de teléfono (celular)   *telephone*
(cell phone) number

Verbo (*Verb*)

ser   *to be*

Adjetivos (*Adjectives*)

breve(s)   *brief*
casado(a)[1]   *married*
décimo(a)   *tenth*
divorciado(a)   *divorced*
soltero(a)   *single*

Otras palabras y expresiones
(*Other words and expressions*)

Bien   *Fine, Well*
bueno   *okay*
con   *with*
hoy   *today*
muy   *very*
nada   *nothing*
Pase.   *Come in.*
por   *for*
Tome asiento.   *Take a seat.*
y   *and*

---

[1]**viudo(a):** *widower, widow*

El español que usted ya conoce (*The Spanish you already know*)

Cognates (**Cognados**) are words that are similar in spelling in two languages. Some Spanish cognates are identical to English words. In other instances, the words differ only in minor or predictable ways. There are many Spanish cognates related to law enforcement, as illustrated in the following list. Learning to recognize and use cognates will help you to acquire vocabulary more rapidly and to read and speak Spanish more fluently.

el accidente	la identificación
el adulto	la información
la asociación	legal
la autoridad	menor
el banco	la mercancía
el caso	la oficina
el cheque	la opción
la condición	el paramédico
el contrabando	la persona
la copia	el plan
la delincuencia	el problema
la división	el programa
el doctor	el (la) recepcionista
el documento	el (la) residente
elegible	el restaurante
la familia	el sargento
el homicidio	la sección
el hospital	el teléfono
el hotel	el transporte
humano	la zona

Note: Many people who were born in the United States and whose ancestors came from Spanish-speaking countries use certain Spanish words that appear to be cognates. However, the traditional meanings of some of these words differ from one language to the other, sometimes slightly, but sometimes dramatically. This is one aspect of what is known as "Spanglish" (half Spanish, half English) or **espanglés.** For example, the word equivalent of *gang* is not **ganga,** but **pandilla.** The Spanish word **ganga** means *bargain. Officer* is an **agente de policía,** not an **oficial. Oficial** is used to designate any enlisted man ranking above a sergeant. *Felony* is not a **felonía,** but **delito grave** or **delito mayor. Felonía** means *treachery, disloyalty.* A *fatality* is not a **fatalidad** but a **muerto. Fatalidad** is the Spanish word for *ill luck* or *predetermined order of events.*

Search

Notas Culturales

■ Personal interactions in the Spanish-speaking world are generally more formal than they are in the United States. Expressions of familiarity that often characterize friendly relations in this country—calling a person you just met by his or her first name right from the start, for example—may be interpreted in the Hispanic world as a lack of respect rather than a sign of friendship.

■ The title of **señorita** is given only to a woman who has never been married. A woman who is married, a divorcée, or a widow is addressed or referred to as **señora.**

ACTIVIDADES

Dígame... (*Tell me...*) Write an appropriate response to the following statements.

1. Buenos días.

_____

2. Buenas tardes. ¿Cómo está usted?

_____

3. Pase y tome asiento, por favor.

_____

4. ¿Nombre y apellido?

_____

5. ¿Dirección?

_____

6. ¿Número de teléfono celular?

_____

7. ¿Estado civil?

_____

8. Muchas gracias.

_____

9. ¿Dirección de correo electrónico?

_____

10. Adiós.

_____

11. ¿Qué hay de nuevo?

_____

🌐 Vamos a practicar (*Let's practice*)
Quiz

A You are a 911 dispatcher routing several telephone calls. Write in Spanish the name of the place and the telephone number (in words) you would call in each of the following situations. Since many of the words are cognates, guess at their meaning.

Garaje municipal 257-8493	Policía 112
Ambulancia 235-3001	Paramédicos 110
Clínica veterinaria 265-9267	

1. A distraught woman reports that her dog was run over by a car.

_____

2. A bystander was shot at the scene of a drive-by shooting.

_____

3. A husband says his wife is having a heart attack.

_____

4. A caller reports a car with a flat tire on the highway.

_____

5. A citizen calls in that a burglary is in progress at his/her neighbor's house.

_____

B You are responsible for logging all calls received at the police station today. In order to verify that you have written the following names correctly in the log book, spell each one aloud in Spanish.

1. Sandoval

2. Fuentes

3. Varela

4. Ugarte

5. Barrios

6. Zubizarreta

C Write the definite article before each word and then write the plural form.

1. _____ comisaría   _____

2. _____ señorita   _____

3. _____ agente (*m.*)   _____

4. _____ señor   _____

5. _____ momento   _____

6. _____ información   _____

7. _____ calle   _____

8. _____ número   _____

D Complete the following, using the present indicative of the verb **ser.**

1. —¿ _____ usted casado, Sr. Arreola?

—No, yo _____ soltero.

—¿Y Adela?

—Ella _____ divorciada.

2. —¿Ustedes _____ tenientes?

—No, nosotros _____ sargentos.

3. —¿Tú _____ de (*from*) México?

—No, _____ de Guatemala. Jorge _____ de México.

👥 En estas situaciones (*In these situations*) With a partner, act out the following situations in Spanish.

1. You greet a colleague in the morning and ask how he/she is.

2. Someone knocks on the door of your office.

3. You thank someone for giving you information.

4. You receive a telephone call and ask what you can do for the caller.

5. You say "good night" to a colleague.

6. You ask someone whether he is single or married.

LECCIÓN 1

EN UNA ESTACIÓN DE POLICÍA

OBJECTIVES

Structures

- Subject pronouns
- The present indicative of regular **-ar** verbs
- Interrogative and negative sentences
- Possession with **de**
- Cardinal numbers 40–299 and 300–1.000
- Forms and position of adjectives
- Telling time

Communication

- On the telephone: giving and receiving simple information; reporting an accident or a robbery
- Spelling; indicating addresses and telephone numbers

EN UNA ESTACIÓN DE POLICÍA

Son las dos de la tarde. El señor Pérez llama por teléfono para notificar un accidente.

Señor Pérez	—Yo no hablo inglés, pero deseo avisar de un accidente.
Telefonista	—¿Dónde? Yo hablo un poco de español.
Señor Pérez	—Aquí, frente a mi casa, en la calle Central, entre Florida y Terracina.
Telefonista	—Despacio, por favor.
Señor Pérez	—Calle Central, entre Florida y Terracina. (*Deletrea.*) Te-e-erre-a-ce-i-ene-a.
Telefonista	—Muy bien, gracias. ¿Hay personas heridas?
Señor Pérez	—Sí, hay dos heridas graves: una mujer anciana y una niña pequeña.
Telefonista	—Bien. Ahora necesito sus datos personales. ¿Quién habla? Necesito su nombre y apellido, por favor.
Señor Pérez	—José Antonio Pérez.
Telefonista	—¿Domicilio?
Señor Pérez	—Calle Central, mil quinientos cuarenta y seis, apartamento siete.
Telefonista	—¿Número de teléfono?
Señor Pérez	—Siete, setenta y tres, cincuenta y nueve, cero, ocho.
Telefonista	—Enseguida mando para allá a los paramédicos y un carro patrullero. Muchas gracias por su información.
Señor Pérez	—De nada.

En persona, la señora Vera denuncia un robo.

Señora Vera —Yo no hablo inglés, pero necesito ayuda. Deseo hablar con un policía.

Recepcionista —¿Habla español? Un momento.

Agente López —Buenos días, señora. ¿Qué desea usted?

Señora Vera —Deseo denunciar un robo.

Agente López —Un momento. Usted necesita hablar con el sargento Viñas, de la Sección de Robos, pero primero necesita llenar un informe de robo.

La señora Vera llena el reporte de robo.

🔊 **¡Escuchemos!** While listening to the dialogue, circle **V (verdadero)** if the statement is true and **F (falso)** if it is false.

1. El Sr. Pérez habla inglés.   V   F

2. La telefonista habla un poco de español.   V   F

3. El Sr. Pérez desea avisar de un robo.   V   F

4. El Sr. Pérez deletrea en español.   V   F

5. No hay heridos graves en el accidente.   V   F

6. La telefonista necesita los datos personales del Sr. Pérez. V   F

7. El nombre del Sr. Pérez es José Antonio.   V   F

8. La Sra. Vera desea hablar con un paramédico.   V   F

9. La Sra. Vera desea denunciar un accidente.   V   F

10. Ella necesita hablar con el sargento Viñas.   V   F

🌐 VOCABULARIO
Audio

Cognados

el accidente
el apartamento
central
el (la) paramédico(a)
la persona
la policía
el (la) policía
el reporte
la sección, la división
el teléfono

Nombres (*Nouns*)

la ayuda   *help*
la calle   *street*
el carro patrullero   *patrol car*
la casa   *house, home*
el dato personal   *personal data, information*
el español   *Spanish (language)*
el (la) herido(a)   *injured person*
el informe   *report*
el inglés   *English (language)*
la mujer   *woman*
la niña   *child, girl*
el niño   *child, boy*
el robo   *robbery, burglary*
la tarde[1]   *afternoon*
el (la) telefonista, el (la) operador(a)   *telephone operator, dispatcher*

Verbos (*Verbs*)

avisar de, notificar   *to inform, to give notice, to report*
deletrear   *to spell*
denunciar   *to report (a crime)*
desear   *to want, to wish*
hablar   *to speak, to talk*

llamar   *to call*
llenar   *to fill out*
mandar, enviar[2]   *to send*
necesitar   *to need*

Adjetivos (*Adjectives*)

anciano(a)   *old*
grave   *serious*
herido(a)   *hurt, injured*
mi   *my*
muerto(a)   *dead*
pequeño(a)   *little, small*
su   *your*

Otras palabras y expresiones (*Other words and expressions*)

ahora   *now*
aquí   *here*
de   *of*
despacio   *slowly*
¿dónde?   *where?*
en   *in, on, at*
en persona   *personally, in person*
enseguida   *right away*
entre   *between*
frente a   *in front of*
hay   *there is, there are*
para   *for*
para allá   *there, over there*
pero   *but*
por teléfono   *on the telephone, by telephone*
primero   *first*
¿qué?   *what?*
¿quién?, ¿quiénes?   *who?, whom?*
sí   *yes*
un poco de   *a little*

---

[1] **la mañana:** *morning;* **la noche:** *evening*
[2] Irregular forms: **envío, envías, envía, enviamos, envían**

VOCABULARIO ADICIONAL (*Additional vocabulary*)

Actividades delictivas
(*Criminal activities*)

asaltar   *to assault, to mug, to hijack*
el asalto   *assault, mugging, holdup, hijacking*
asesinar   *to murder*
el (la) asesino(a)   *murderer*
el asesinato   *murder*
el chantaje   *blackmail*
el (la) chantajista   *blackmailer*
chantajear   *to blackmail*
contrabandear   *to smuggle*
el (la) contrabandista   *smuggler*
el contrabando   *contraband, smuggling*
la estafa   *swindle, fraud*
estafar   *to swindle*

la falsificación   *falsification, counterfeit, forgery*
el (la) falsificador(a)   *forger*
falsificar   *to falsify, to counterfeit, to forge*
el fuego intencional, el incendio
     intencional   *arson*
el (la) homicida   *murderer*
el homicidio   *homicide, manslaughter*
la infracción de tránsito   *traffic violation*
incendiar   *to set on fire*
el (la) secuestrador(a)   *kidnapper*
secuestrar   *to kidnap*
el secuestro   *kidnapping*
la violación   *rape*
el (la) violador(a)   *rapist*
violar   *to rape*

Notas Culturales

■ Most Spanish-speaking people usually say their telephone numbers in Spanish using a sequence other than the one used in English. For example, 549-2732 would be said as **cinco-cuarenta y nueve-veintisiete-treinta y dos** (5–49–27–32). The telephone number 890-1106 would be said as **ocho-noventa-once-cero-seis** (8–90–11–0–6). Puerto Ricans are an exception to this rule, as they generally say their telephone numbers one digit at a time. Notice that Spanish speakers say **cero** and not "o," as is frequent in English.

■ Different words are used to answer the telephone in different Spanish-speaking countries: in Mexico, **bueno** or **mande;** in Puerto Rico, **hola, diga,** or **aló;** in Cuba, **hola, oigo,** or **diga;** in Spain, **diga** or **¿sí?**

ACTIVIDADES

Dígame...   Answer the following questions, basing your answers on the dialogues.

1. ¿Qué hora es cuando (*when*) el señor Pérez llama por teléfono?

_____

2. ¿Habla inglés el señor Pérez?

_____

3. Y la telefonista, ¿habla español?

_____

4. ¿Qué desea el señor Pérez?

_____

5. ¿Hay heridos?

_____

6. ¿Quiénes son las personas heridas?

_____

7. ¿Cuál es (*What is*) el número de teléfono del señor Pérez?

_____

8. ¿Qué necesita la señora Vera?

_____

9. ¿Con quiénes habla la señora Vera?

_____

10. ¿Qué desea la señora Vera?

_____

11. ¿Con quién necesita hablar la señora Vera?

_____

12. ¿Qué necesita llenar?

_____

 Hablemos (*Let's talk*)   Interview a classmate, using the following questions. When you have finished, switch roles.

1. ¿Nombre y apellido, por favor?

2. ¿Domicilio?

3. ¿Número de teléfono?

4. ¿Necesita un carro patrullero?

5. ¿Habla español?

6. ¿Con quién desea hablar?

7. ¿Necesita ayuda?

LECCIÓN 1: EN UNA ESTACIÓN DE POLICÍA

🌐 VAMOS A PRACTICAR
Quiz

A Write affirmative sentences using the subjects and verbs given. Then rewrite them in the negative form.

MODELO yo / desear
Yo deseo hablar con un policía.
Yo no deseo hablar con un policía.

1. usted / necesitar

_____

_____

2. yo / llenar

_____

_____

3. la telefonista / mandar

_____

_____

4. la señora / desear

_____

_____

5. nosotras / denunciar

_____

_____

6. el señor Pérez / hablar

_____

_____

7. tú / notificar

_____

_____

8. ustedes / llamar

_____

_____

B Write appropriate questions that would elicit the following answers.

1. ¿_____?

Sí, la señora Vera denuncia un robo.

2. ¿_____?

No, la señora Vera no necesita llenar un informe de robo ahora.

3. ¿_____?

Sí, ellos mandan un carro patrullero enseguida.

4. ¿_____?

No, no hay muertos; sólo heridos.

C Give the Spanish equivalent of the following expressions. Remember to use the preposition **de** in each answer.

MODELO   police station
          estación de policía

1. telephone number

_____

2. robbery division

_____

3. accident report

_____

4. police officer

_____

D Write the following numbers in Spanish.

1. 596 _____

2. 358 _____

3. 715 _____

4. 969 _____

5. 1.670 _____

E Change each adjective according to the new nouns.

1. señor anciano

mujeres _____

2. niña muerta

niños _____

3. señora divorciada

señores _____

F ¿Qué hora es? (*What time is it?*)

1. _____   **2.** _____   **3.** _____

_____   _____   _____

Conversaciones breves Complete the following dialogues, using your imagination and the vocabulary from this lesson.

Al teléfono:

Telefonista —Estación de policía, buenos días.

Señor Soto —_____

Telefonista	—¿Quién habla?
Señor Soto	—_____
Telefonista	—¿Domicilio, por favor?
Señor Soto	—_____
Telefonista	—¿Número de teléfono, por favor?
Señor Soto	—_____
Telefonista	—En seguida mando un carro patrullero, señor Soto.
Señor Soto	—_____
Telefonista	—_____

Un accidente:

Señora Mesa	—Necesito ayuda.
Telefonista	—_____
Señora Mesa	—Un accidente de tráfico (*traffic*) en la calle Magnolia.
Telefonista	—_____
Señora Mesa	—¿El agente Muñoz...?
Telefonista	—_____

En estas situaciones   With a partner, act out the following situations in Spanish.

1. You are a sergeant in the Traffic Division. Someone calls to report an accident in front of his/her house. Get the person's name, address, and telephone number. Thank the person for the information.

2. While patrolling a neighborhood you come across an elderly Hispanic American who has fallen down and needs help. Tell the person you don't speak Spanish very well; ask if he/she speaks English. Ask the person to talk slowly.

3. You are the switchboard operator at the police station. Someone calls to report a robbery. Refer the caller to Officer Rojas of the Robbery Division.

Casos (*Cases*)   With you and a partner playing the roles, work through the following scenarios.

1. You are a traffic officer helping a witness complete the standard accident report form.

2. Imagine yourself to be an excited witness reporting an accident to an officer.

3. You are a police officer talking to someone who has come to the station to report a robbery.

Un paso más (*One step further*)

A Review the **Vocabulario adicional** in this lesson and match the terms in column **A** with their English equivalents in column **B**.

A

1. _____ el homicidio
2. _____ el asesinato
3. _____ la infracción de tránsito
4. _____ la falsificación
5. _____ el asalto
6. _____ el contrabando
7. _____ el secuestro
8. _____ el chantaje
9. _____ la estafa
10. _____ la violación

B

a. assault
b. kidnapping
c. forgery
d. swindle
e. blackmail
f. rape
g. homicide
h. smuggling
i. murder
j. traffic violation

B List each verb under the appropriate categories.

asaltar
asesinar
contrabandear
chantajear
estafar

falsificar
incendiar
secuestrar
violar

Crimes that involve money	Crimes that involve physical assault	Crimes that involve fire
_____	_____	_____
_____	_____	_____
_____	_____	_____
_____	_____	_____

CON UN AGENTE HISPANO, EN UNA CALLE DE LA CIUDAD

OBJECTIVES

Structures

- The present indicative of regular **-er** and **-ir** verbs
- Possession with **de**
- Possessive adjectives

Communication

- Police work in the streets: requesting and giving directions; enforcing the use of a helmet; questioning a child walking alone
- Identifying places and geographical locations

CON UN AGENTE HISPANO, EN UNA CALLE DE LA CIUDAD

Una señora solicita información.

Señora	—Ud. habla español, ¿verdad?
Agente	—Sí, señora. ¿En qué puedo servirle?
Señora	—Por favor, ¿dónde queda el Banco de América?
Agente	—En la calle Magnolia, entre las avenidas Roma y París.
Señora	—¿Cómo llego allá?
Agente	—Debe seguir derecho hasta llegar a la calle Magnolia. Allí dobla a la izquierda.
Señora	—¿Cuántas cuadras debo caminar por Magnolia?
Agente	—Unas cinco o seis cuadras.
Señora	—Muchas gracias por la información.
Agente	—Para servirle, señora.

El agente habla con un muchacho en bicicleta.

Agente	—Un momento, por favor. ¿Por qué no llevas puesto el casco de seguridad?
Muchacho	—El casco es muy incómodo, señor.
Agente	—En este estado la ley exige el uso del casco y, además, los cascos salvan muchas vidas. ¿Dónde vives?
Muchacho	—Vivo a una cuadra de aquí, en la calle Madison.
Agente	—Bien, debes regresar a tu casa a pie y buscar el casco.

Muchacho —¿Debo dejar mi bicicleta aquí?
Agente —No, debes caminar y llevar tu bicicleta de la mano.

El agente ve a una niña que anda sola por la calle y habla con ella.

Agente —Niña, ¿por qué andas sola?
Niña —Yo ya soy grande...
Agente —No, todavía eres muy pequeña para andar sola por la calle.
Niña —No es muy tarde...
Agente —Sí, es tarde. ¿Dónde vives?
Niña —Vivo en la calle California, número doscientos sesenta y siete, apartamento dieciocho.
Agente —Bien, vamos. Yo necesito hablar con tu mamá.

Más tarde el agente habla con la mamá de la niña.

Madre —¡Ay, Dios mío! ¿Qué sucede? ¿Qué pasa con la niña?
Agente —Nada, señora, pero su hija es muy pequeña para andar sola por la calle.
Madre —Desde luego, pero no me hace caso.

¡Escuchemos! While listening to the dialogue circle **V (verdadero)** if the statement is true and **F (falso)** if it is false.

		V	F
1.	El Banco de América queda en la calle Magnolia.	V	F
2.	El banco queda entre las avenidas París y Roma.	V	F
3.	La señora debe doblar a la izquierda en la calle Magnolia.	V	F
4.	La señora debe caminar una cuadra por Magnolia.	V	F
5.	El agente habla con un muchacho en bicicleta.	V	F
6.	El muchacho lleva puesto el casco.	V	F
7.	El muchacho debe regresar a su casa en bicicleta.	V	F
8.	El agente habla con una niña que anda sola por la calle.	V	F
9.	La niña vive en un apartamento en la calle Roma.	V	F
10.	La niña no le hace caso a su madre.	V	F

🌐 VOCABULARIO
Audio

Cognados

el banco
la bicicleta
hispano(a)
el uso

Nombres

el casco de seguridad   *safety (bike) helmet*
la ciudad   *city*
la cuadra   *block*
el estado   *state*
la hija   *daughter*
el hijo   *son*
la ley   *law*
la mamá, la madre   *mom, mother*
el (la) muchacho(a)   *boy, girl*
la vida   *life*

Verbos

andar, caminar   *to walk*
buscar   *to look for*
deber   *must, should*
dejar   *to leave (behind)*
doblar, voltear (*Méx.*)   *to turn*
exigir[1]   *to demand*
llegar (a)   *to arrive (at), to reach*
llevar   *to take; to carry; to wear*
quedar   *to be located*
regresar   *to return*
salvar   *to save*
solicitar   *to ask for*
suceder, pasar   *to happen*
ver[2]   *to see*
vivir   *to live*

Adjetivos

este(a)   *this*
grande   *big, large*

incómodo(a)   *uncomfortable*
muchos(as)   *many*
solo(a)   *alone*
tu   *your*
unos(as)   *about, around*

Otras palabras y expresiones

a   *to, at, on*
a la izquierda, a la derecha   *to the left, to the right*
a pie   *on foot*
a una cuadra de aquí   *a block from here*
a veces   *sometimes*
además   *besides*
allá, allí   *there*
¡Ay, Dios mío!   *Oh, goodness gracious!*
¿cómo?   *how?*
¿cuántos(as)?   *how many?*
de la mano   *hand in hand*
desde luego   *of course*
en bicicleta   *on a bike*
hasta   *until*
llevar puesto(a)   *to wear*
más tarde   *later*
No me hace caso.   *He/She doesn't pay attention to me.*
por   *on (by way of), through*
¿por qué?   *why?*
que   *who, that*
¿qué?   *what?, which?*
seguir derecho   *to go straight ahead*
tarde   *late*
temprano   *early*
todavía   *still, yet*
Vamos.   *Let's go.*
¿verdad?   *right?, true?*
ya   *already*

[1]First person singular: **yo exijo**
[2]First person singular: **yo veo**

VOCABULARIO ADICIONAL

En la ciudad

el centro comercial   *shopping mall*
el cine   *movie theater*
la escuela   *school*
la estación de bomberos   *fire department*
la estatua, el monumento   *statue, monument*
la farmacia, la botica   *drugstore*
la gasolinera, la estación de servicio   *gas station*
el hospital   *hospital*
el hotel   *hotel*
la iglesia   *church*
el mercado, el supermercado   *market, supermarket*
el mercado al aire libre, el tianguis (*Méx.*)   *open-air market*
la oficina de correos, el correo   *post office*

PUNTOS CARDINALES
(CARDINAL POINTS)

la oficina de turismo   *tourist office*
la parada de autobuses (ómnibus), la parada de guaguas (*Cuba y Puerto Rico*), **la parada de camiones**   (*Méx.*) *bus stop*
el parque   *park*
el restaurante   *restaurant*
el teatro   *theater*

Notas Culturales

■ The word *Hispanic* should be used to refer to someone whose language and culture derive from Spain or Spanish America. It does not refer to race. A Hispanic person can be Caucasian, Black, Asian, or Native American. When we speak of **Latinoamérica** (Latin America), we are including Brazil (colonized by Portugal) and Haiti and other countries colonized by France. When we speak of **Hispanoamérica** (Hispanic America), we are not including those countries.

■ Many Spanish-speaking immigrants in the United States come from countries in which the police force is a repressive institution that often fails to respect the rights of citizens. As a result, many Latinos become frightened when they see a police officer arrive at their home. They also often prefer not to ask questions of police officers.

ACTIVIDADES

Dígame... Answer the following questions, basing your answers on the dialogues.

1. ¿En qué calle queda el Banco de América?

   _____

2. ¿Entre qué avenidas queda el banco?

   _____

3. ¿Cuántas cuadras debe seguir derecho la señora?

   _____

4. ¿Por qué no lleva puesto el muchacho el casco de seguridad?

   _____

5. ¿Qué exige la ley? ¿Por qué?

   _____

6. ¿Dónde vive el muchacho?

   _____

7. ¿El muchacho debe dejar su bicicleta en la calle?

   _____

8. ¿Es grande o (*or*) pequeña la niña que anda sola?

   _____

9. ¿Dónde vive ella?

   _____

10. ¿Con quién habla el agente?

    _____

👫 **Hablemos** Interview a classmate, using the following questions. When you have finished, switch roles.

1. ¿Dónde queda la estación de policía en esta ciudad?

2. ¿Vive Ud. en una casa o en un apartamento? ¿Es grande o pequeño(a)? ¿Dónde queda?

3. ¿A veces regresa a su casa a pie?

4. ¿A cuántas cuadras de su casa está el parque?

5. ¿Regresa Ud. a su casa tarde? ¿A qué hora?

🌐 VAMOS A PRACTICAR

A Write sentences using the subjects and verbs provided. Add words from the dialogues, as needed.

1. Ud. / deber

   _____

2. nosotras / vivir

   _____

3. el agente Smith / exigir

   _____

4. yo / vivir

   _____

5. tú / deber

   _____

6. yo / ver

   _____

B Complete the following sentences with the Spanish equivalent of the words in parentheses.

1. Nosotros no vemos _____ los domingos. (*Mrs. Carreras's daughter*)

2. Yo debo llevar _____ a la estación de policía. (*my mother*)

3. _____ no andan _____ por la calle.

   (*Our daughters / alone*)

4. Hay _____ aquí. (*many small children*)

5. Hay _____ en esta calle. (*a shopping mall*)

Conversaciones breves Complete the following dialogues, using your imagination and the vocabulary from this lesson.

El agente Varela habla con un niño.

Niño   —_____

Agente Varela —¿El Restaurante Azteca? Queda en la calle Magnolia.

Niño   —_____

Agente Varela —Debes caminar cinco cuadras y doblar a la izquierda en la calle Magnolia. ¿Dónde vives?

Niño   —_____

El agente Varela llega a la casa de la Sra. Vega.

Sra. Vega   —Buenas tardes, señor.

Agente Varela —_____

Sra. Vega   —Pase, por favor.

Agente Varela —_____

Sra. Vega   —¿Qué pasa con mi hijo?

Agente Varela —_____

En estas situaciones With a partner, act out the following situations in Spanish.

1. You are on traffic duty. Someone asks if you speak Spanish and wants to know where the bank is. Tell the person to go straight ahead to Seventh Street. There he/she should turn left and walk about three blocks.

2. Two teenagers are riding their bikes without helmets. Ask them why. Explain the law to them and point out that helmets save lives. Tell them they must wear their helmets.

3. You find a little girl who is apparently lost. Find out where she lives. Tell her she shouldn't walk in the street alone. Say that you need to speak with her mom.

Casos With you and a partner playing the roles, work through the following scenarios.

1. You are a lost tourist who asks a police officer how to get to a famous landmark.

2. You are a police officer speaking to a lost child.

3. You have been asked to explain to a class of first-graders why bike helmets must be worn.

Un paso más

A Review the **Vocabulario adicional** in this lesson and write the place that you would go to in each situation.

MODELO You want to visit a sick friend. __**el hospital**_____

1. You want to go out to dinner. _____

2. You want to attend a wedding. _____

3. You need to buy groceries. _____

4. You need to take a bus. _____

5. You want to see a play. _____

6. You need to buy medicine. _____

7. You need to mail a package. _____

8. You need gas for your car. _____

9. You need lodging. _____

10. You want to see a movie. _____

B Say where the following states are.

MODELO Arizona __**en el suroeste**_____

1. Rhode Island _____

2. California _____

3. Florida _____

4. Washington _____

5. Wisconsin _____

CON EL AGENTE SMITH

OBJECTIVES

Structures

- The irregular verbs **ir, dar,** and **estar**
- Uses of the verbs **ser** and **estar**
- **Ir a** + infinitive
- Contractions

Communication

- Police work in the streets: dealing with gang members; arresting a thief
- Recognizing family relationships

CON EL AGENTE SMITH

El agente Smith habla con dos miembros de una pandilla.

Agente Smith	—(*Al mayor de ellos*) ¿Qué hacen Uds. en la calle a esta hora?
José	—Nada. ¿Por qué?
Agente Smith	—Porque hay un toque de queda para las personas menores de edad, y Uds. deben estar en su casa antes de la medianoche.
Mario	—Nosotros siempre estamos en esta esquina con nuestros amigos.
Agente Smith	—Vamos a la comisaría. Voy a llamar a sus padres.

Los muchachos protestan, pero suben al carro patrullero del agente sin problema.

A las seis de la mañana, el agente Smith habla con un hombre que está en el patio de una casa desocupada.

Agente Smith	—Buenos días, señor. ¿Por qué está Ud. en el patio de una casa desocupada?
Hombre	—Soy el jardinero del Sr. Rodríguez. El dueño va a vender la casa.
Agente Smith	—Su identificación, por favor.
Hombre	—Mi tarjeta verde, ¿está bien?
Agente Smith	—Necesito una identificación con su fotografía.

Hombre	—Bien, aquí está mi licencia de conducir.
Agente Smith	—Muy bien, muchas gracias por su cooperación.
Hombre	—A sus órdenes, agente.

El agente Smith arresta a un ladrón.

Agente Smith	—¡Policía! ¡Alto! ¡Alto o disparo! ¡Quieto!

🔊 **¡Escuchemos!** While listening to the dialogue, circle **V (verdadero)** if the statement is true and **F (falso)** if it is false.

		V	F
1.	El agente Smith habla con dos miembros de una pandilla.	V	F
2.	El mayor de los dos muchachos es Antonio.	V	F
3.	Hay un toque de queda para las personas menores de edad.	V	F
4.	El agente no va a llamar a los padres de los muchachos.	V	F
5.	Los muchachos no suben al carro patrullero.	V	F
6.	Hay un hombre en el patio de una casa desocupada.	V	F
7.	El hombre que está en el patio de la casa desocupada es un policía.	V	F
8.	El Sr. Rodríguez es un policía.	V	F
9.	El agente necesita ver la licencia de conducir del jardinero.	V	F
10.	El agente Smith arresta a un ladrón.	V	F

🌐 VOCABULARIO
Audio

Cognados

la cooperación
la fotografía
la identificación
el problema

Nombres

el (la) **amigo(a)**   *friend*
el **documento de identidad**   *ID*

el (la) **dueño(a)**   *owner*
la **esquina**   (*street*) *corner*
el **hombre**   *man*
la **hora**   *time, hour*
el (la) **jardinero(a)**   *gardener*
el **ladrón**, la **ladrona**   *thief, burglar*
la **licencia de conducir**, la **licencia para manejar**, el **carné de conducir**   *driver's license*

la medianoche *midnight*
el (la) menor de edad *minor*
el (la) miembro[1] *member*
los padres *parents*
la pandilla *gang*
el patio *yard*
la tarjeta verde *green card*
el toque de queda *curfew*

Verbos

arrestar, prender *to arrest*
dar[2] *to give*
disparar *to shoot*
estar[3] *to be*
hacer[4] *to do, to make*
ir[5] *to go*
protestar *to complain, to protest*
subir *to get in (a car, etc.)*
vender *to sell*

Adjetivos

desocupado(a) *vacant, empty*
mayor *older, oldest*

Otras palabras y expresiones

a esta hora *at this time, at this hour*
a sus órdenes *at your service, any time*
al *to the*
¡Alto! *Halt!, Stop!*
antes de *before*
del *of the, from the*
¿Está bien? *Is that okay?*
o *or*
porque *because*
¡Quieto(a)! *Freeze!*
siempre *always*
sin *without*

🌐 VOCABULARIO ADICIONAL

La familia hispánica

la abuela *grandmother*
el abuelo *grandfather*
la esposa, la mujer *wife*
el esposo, el marido *husband*
la hermana *sister*
el hermano *brother*
los hijos[6] *children*
la nieta *granddaughter*
el nieto *grandson*
el padre *father*
los parientes *relatives*
el (la) primo(a) *cousin*

la sobrina *niece*
el sobrino *nephew*
la tía *aunt*
el tío *uncle*

Los parientes políticos (*The in-laws*)

la cuñada *sister-in-law*
el cuñado *brother-in-law*
la nuera *daughter-in-law*
la suegra *mother-in-law*
el suegro *father-in-law*
el yerno *son-in-law*

---

[1]The feminine form **miembra** is rarely used.
[2]Irregular first person present indicative: **yo doy**
[3]Irregular first person present indicative: **yo estoy**
[4]Irregular first person present indicative: **yo hago**
[5]**Ir** is irregular in the present indicative: **voy, vas, va, vamos, van**
[6]The plural form **hijos** may mean *sons,* or it may mean *children* if it refers to son(s) and daughter(s).

Otros miembros de la familia (*Other members of the family*)		Otros tipos de relaciones (*Other types of relationships*)	
la hermanastra	*stepsister*	**la ahijada**	*goddaughter*
el hermanastro	*stepbrother*	**el ahijado**	*godson*
la hijastra	*stepdaughter*	**la madrina**[1]	*godmother*
el hijastro	*stepson*	**la novia**	*girlfriend*
la madrastra	*stepmother*	**el novio**	*boyfriend*
el padrastro	*stepfather*	**los padres de crianza / adoptivos**	*foster parents*
		el padrino[1]	*godfather*
		la prometida	*fiancée*
		el prometido	*fiancé*

Notas Culturales

- In many Spanish-speaking countries, adults must always carry an official identification card, and the police can ask anyone to show his/her identification document. Because of this, Spanish-speaking immigrants generally cooperate with the police when asked to identify themselves.

- It is important to remember that Latinos in the United States and Canada do not constitute a homogeneous ethnic group. They have significant cultural, racial, and ethnic differences resulting from various combinations of Spanish, indigenous, African, European, and **mestizo** traditions. They have different immigration stories, even within a single national group. The term "Mexican American," for example, may identify both recent immigrants and persons whose families have lived in what is now the United States since the sixteenth century. Nevertheless, certain underlying cultural traditions and values prevail; familiarity with them may provide law enforcement professionals with insights into the behaviors and attitudes of Hispanic Americans with whom they interact.

ACTIVIDADES

Dígame...   Answer the following questions, basing your answers on the dialogues.

1. ¿Con quiénes habla el agente Smith?

_____

2. ¿Por qué deben estar los muchachos en su casa antes de la medianoche?

_____

3. ¿Adónde van el agente Smith y los muchachos? ¿Por qué?

_____

---

[1]**La comadre** and **el compadre** are the names by which the parents of a child and the godparents address each other.

4. ¿Dan los muchachos problemas antes de subir al carro patrullero?

   _____

5. ¿Es inmigrante el jardinero?

   _____

6. ¿Quién es el dueño de la casa donde está el jardinero?

   _____

7. ¿Qué identificación desea el agente Smith?

   _____

8. ¿Qué tiene (*has*) el jardinero?

   _____

9. ¿A quién arresta el agente Smith?

   _____

Hablemos Interview a classmate, using the following questions. When you have finished, switch roles.

1. ¿Está Ud. solo(a) ahora?
2. ¿Es Ud. menor de edad?
3. ¿Está Ud. siempre con sus amigos(as) por la noche (*at night*)?
4. ¿Cómo se llaman sus padres?
5. ¿Va a vender Ud. su casa?

VAMOS A PRACTICAR

Quiz

A Complete the following exchanges, using the present indicative of **estar, ir,** or **dar.**

MODELO   Yo _____ a la estación de policía.
         Yo ____**voy**____ a la estación de policía.

1. —¿Dónde _____ Uds.?

   —Nosotros _____ en la calle Quinta.

2. —¿Adónde _____ Ud.?

—_____ a la casa de mi hija.

3. —¿Tú _____ tu número de teléfono?

—No, yo no _____ mi número de teléfono.

4. —¿Tú _____ herido?

—No, no _____ herido.

B Complete each sentence with the correct forms of **ser** or **estar,** as needed.

1. Ellas _____ agentes de policía.

2. ¿Dónde _____ el carro?

3. ¿ _____ Ud. herido(a)?

4. Él y ella _____ en el patio.

5. Yo no _____ la mamá de Roberto.

6. El sargento Viñas _____ agente de policía.

7. Él _____ en la estación de policía.

8. Tú _____ menor de edad.

9. ¿Dónde _____ tus padres?

10. Mi papá _____ en el patio. Mi mamá _____ en casa.

11. A esta hora debes _____ en casa.

12. ¿ _____ Ud. el amigo de Roberto?

C Give the Spanish equivalent of the words in parentheses.

1. Necesito ver _____. (*Mr. Lima's green card*)

2. El agente Morales _____. (*is going to arrest the thief*)

3. _____ es Jorge Rodríguez. (*The owner's name*)

4. _____ la hija de Amanda _____.
(*I'm going to take / to the hospital*)

Conversaciones breves
Complete the following dialogues, using your imagination and the vocabulary from this lesson.

El agente Robles habla con el papá adoptivo de María Soto.

Agente Robles — _____

Sr. Soto —Sí, señor. Soy el papá de crianza de María Soto. ¿Qué pasa?

Agente Robles — _____

Sr. Soto —¿En la esquina? ¿Con quiénes?

Agente Robles — _____

El agente Robles habla con la Srta. Roca.

Agente Robles — _____

Srta. Roca —Mariana Roca, señor.

Agente Robles — _____

Srta. Roca —Aquí está mi tarjeta verde.

Agente Robles — _____

En estas situaciones
With a partner, act out the following situations in Spanish.

1. You see a fifteen-year-old girl walking on the street late at night. Ask her why she's not home and where her parents are. Tell her she is a minor and she must be home before midnight.

2. Tell someone you need to see an ID with a photograph. Thank the person for cooperating.

3. You want a suspect to stop. Tell him to halt or you'll shoot. Another man appears. Tell him to freeze.

Casos
With you and a partner playing the roles, work through the following scenarios.

1. Stop a suspect who is attempting to flee the scene of a crime.

2. While working the graveyard shift, you see a minor walking alone. Find out why he/she is on the street alone at this time of night.

Un paso más
Review the **Vocabulario adicional** in this lesson and complete the following definitions.

1. La esposa de mi hermano es mi _____.

2. El esposo de mi hermana es mi _____.

3. La mamá de mi esposa(o) es mi _____.

4. El papá de mi esposa(o) es mi _____.

5. El hermano de mi mamá es mi _____.

6. La hija de mi tía es mi _____.

7. El hijo de mi hermana es mi _____.

8. La mamá de mi papá es mi _____.

9. La esposa de mi hijo es mi _____.

10. El hijo de mi hija es mi _____.

11. La hija de mi hermano es mi _____.

12. Yo soy el nieto (la nieta) de mi _____.

13. El hijo de mi tío es mi _____.

14. El esposo de mi hija es mi _____.

15. Es la esposa de mi papá, pero no es mi mamá. Es mi _____.

16. Es el esposo de mi mamá, pero no es mi papá. Es mi _____.

17. Mis tíos, primos, abuelos, etcétera, son mis _____.

18. Mi mamá y mi papá son mis_____.

19. No es mi hijo; es el hijo de mi esposa(o). Es mi _____.

20. Ella es mi madrina y él es mi _____.

21. El hijo de mi madrastra es mi _____.

22. Adela va a ser la esposa de Sergio. Ella es su _____.

LECCIÓN 4

LLAMADAS TELEFÓNICAS

OBJECTIVES

Structures

- The irregular verbs **tener** and **venir**
- Expressions with **tener**
- Comparative forms
- Irregular comparative forms

Communication

- 911 calls: receiving emergency calls; describing people
- Describing clothes

🔊 LLAMADAS TELEFÓNICAS

La telefonista de la Comisaría Cuarta recibe una llamada de emergencia.

Telefonista	—Departamento de Policía, buenas noches.
Señora	—¡Por favor! ¡Necesito ayuda urgente!
Telefonista	—¿Qué sucede, señora?
Señora	—Hay un hombre extraño en el patio de mi casa y estoy sola con mis hijos. Tengo mucho miedo.
Telefonista	—Bien. ¿Cuál es su dirección?
Señora	—Avenida Tercera, número setecientos nueve, entre las calles Once y Trece. A dos cuadras del hospital.
Telefonista	—Enseguida mando un carro patrullero. Si el hombre trata de entrar, debe prender la luz.
Señora	—¡Tiene que mandar a alguien pronto! Mi esposo tiene un revólver en la casa...
Telefonista	—¿Está Ud. entrenada en el uso de armas de fuego?
Señora	—No, señora.
Telefonista	—Entonces, usar el revólver es más peligroso para Ud. que para él. ¿Cómo es el hombre? ¿Es alto o bajo?

Señora	—Es alto y creo que es blanco.
Telefonista	—¿Cómo está vestido?
Señora	—Con ropa oscura. El pantalón es azul o negro y la camisa es azul... no tan oscura como el pantalón.
Telefonista	—¿Lleva sombrero?
Señora	—Una gorra roja. ¿Cuándo vienen los agentes?
Telefonista	—Ya están en camino.

La telefonista recibe otra llamada.

Señor	—Llamo para avisar que hay un hombre y una mujer en la casa de mis vecinos y ellos están de vacaciones y no vienen hasta la semana próxima.
Telefonista	—El hombre y la mujer, ¿están dentro o fuera de la casa?
Señor	—Dentro. La casa está oscura, pero ellos tienen una linterna.
Telefonista	—¿Cómo son ellos?
Señor	—El hombre es de estatura mediana y la muchacha es un poco más bajita que él.
Telefonista	—¿Son jóvenes?
Señor	—Sí, pero ella parece mucho menor que él. Ella debe tener menos de veinte años.
Telefonista	—Muy bien. Ahora necesito la dirección de la casa de sus vecinos.

¡Escuchemos! While listening to the dialogue, circle **V (verdadero)** if the statement is true and **F (falso)** if it is false.

1. La telefonista recibe una llamada de emergencia de una señora. V F

2. La señora necesita ayuda urgente porque hay un accidente en el patio de su casa. V F

3. La señora no tiene miedo porque tiene un revólver. V F

4. La señora está sola con sus hijos. V F

5. La señora está entrenada en el uso de armas de fuego. V F

6. Usar el revólver es más peligroso para la señora que para el ladrón. V F

7. El hombre y la mujer que están dentro de la casa tienen una linterna. V F

8. La muchacha es más alta que el hombre. V F

9. Ella parece mucho mayor que él. V F

10. Ella debe tener menos de veinte años. V F

🌐 VOCABULARIO
Audio

Cognados

el departamento
la emergencia
el hospital
mucho
la pistola
el revólver
urgente

Nombres

el arma de fuego   *firearm*
la **camisa**   *shirt*
el esposo, el marido   *husband*
la gorra   *cap*
los hijos   *children*
la **linterna**   *flashlight*
la llamada   *call*
la luz   *light*
el pantalón, los pantalones   *trousers, pants*
la ropa   *clothes, clothing*
la **semana**   *week*
el sombrero   *hat*
el (la) vecino(a)   *neighbor*

Verbos

creer   *to believe, to think*
entrar (en)   *to go in*
parecer[1]   *to seem*
prender   *to turn on (a light)*
recibir   *to receive*
tener[2]   *to have*
tratar (de)   *to try (to)*
usar   *to use*
venir[3]   *to come*

Adjetivos

alto(a)   *tall*
azul   *blue*
bajo(a), bajito(a) (*Cuba*), **chaparro(a)**
      (*Méx.*)   *short*
blanco(a)   *white*
cuarto(a)   *fourth*
entrenado(a)   *trained*
extraño(a)   *strange*
joven[4]   *young*
menor   *younger*
negro(a)   *black*
oscuro(a)   *dark*
otro(a)   *other, another*
peligroso(a)   *dangerous*
próximo(a)   *next*
rojo(a)   *red*
telefónico(a)   *telephone*
vestido(a)   *dressed*

Otras palabras y expresiones

alguien   *someone*
¿Cómo es?   *What does/do he/she/you look like?*
¿cuál?   *which?, what?*
¿cuándo?   *when?*
de estatura mediana   *of medium height*
de vacaciones[5]   *on vacation*
dentro   *inside*
entonces   *then*
fuera   *outside*
más... que (de)[6]   *more . . . than*
menos que (de)[6]   *less than, fewer than*
pronto   *soon*
si   *if*

---

[1]Irregular first person present indicative: **yo parezco**

[2]**Tener** is irregular in the present indicative: **tengo, tienes, tiene, tenemos, tienen**

[3]**Venir** is irregular in the present indicative: **vengo, vienes, viene, venimos, vienen**

[4]The plural of **joven** is **jóvenes.**

[5]**Vacación** (*f.*) is rarely used in the singular.

[6]**De** is used with numbers: **más de ochenta pesos.**

tan... como *as . . . as*	**tener que (+ *inf.*)** *to have to (do something)*
tener... años[1] *to be . . . years old*	**Ya están en camino** *They are on their way.*
tener (mucho) miedo *to be (very) scared*	

Notas Culturales

Generally, Latino families interact socially with their neighbors more than do other North American families. They tend to make and receive unannounced visits and to do small favors for each other with some frequency. In addition, in many neighborhoods in Spanish-speaking countries, the local grocery store often becomes a sort of mini social center at which people gather to chat and exchange community information.

VOCABULARIO ADICIONAL
Audio

La ropa

de rayas
el abrigo
el botón
la capucha
el suéter
el zapato de tenis/ las zapatillas
los shorts/ los pantalones cortos
la camiseta
la corbata
el saco
el traje
las botas
el impermeable
el zapato

---

[1]To ask how old a person is, use: **¿Cuántos años tiene(s)?**

Más ropa

la blusa el cuello
de mangas cortas
floreado(a)
la chaqueta
de cuadros
de mangas largas
el abrigo de piel
sin mangas
de lunares
el cinturón, el cinto
la falda, la pollera
los guantes
la bolsa, la cartera
el bolsillo
estampado(a)
el vestido
la sandalia

ACTIVIDADES

Dígame... Answer the following questions, basing your answers on the dialogues.

1. ¿Por qué llama la señora a la comisaría? ¿Tiene miedo?

_____

2. ¿Cuál es la dirección de la señora?

_____

3. ¿Debe usar el revólver de su esposo la señora? ¿Por qué?

_____

4. ¿Cómo es el hombre que está en el patio?

_____

5. ¿Qué ropa lleva puesta el hombre?

_____

6. ¿Qué tiene que mandar enseguida la telefonista?

_____

7. ¿Por qué llama el señor a la comisaría?

_____

8. ¿Dónde están los vecinos del señor?

_____

9. ¿Dónde están el hombre y la mujer? ¿Dentro o fuera de la casa?

_____

10. ¿Qué tienen ellos? ¿Por qué?

_____

11. ¿El hombre es alto o bajo? ¿Quién es más alto, el hombre o la mujer?

_____

12. ¿Quién parece menor, el hombre o la muchacha?

_____

Hablemos Interview a classmate, using the following questions. When you have finished, switch roles.

1. ¿Cómo es Ud.? ¿Alto(a)? ¿Bajo(a)? ¿De estatura mediana?

2. ¿Tiene un revólver en su casa?

3. Si una persona desea usar un revólver, ¿debe estar entrenada? ¿Por qué?

4. ¿Manda Ud. un carro patrullero enseguida si hay una emergencia?

5. ¿Qué tiene que hacer hoy?

6. ¿Cuántos años tiene Ud.?

7. ¿Es Ud. mayor o menor que su mejor (*best*) amigo(a)?

8. ¿Quién es más alto(a), Ud. o su mamá?

⊕ VAMOS A PRACTICAR

A Write sentences using the elements given.

1. yo / tener / un pantalón azul oscuro

_____

2. ella / tener / una pistola

_____

3. nosotros / no tener / armas de fuego en la casa

_____

4. yo / venir / vestido(a) con ropa oscura

_____

5. Ud. / venir / con mi esposo(a)

_____

6. nosotras / venir / la semana próxima

_____

B Express comparisons by giving the Spanish equivalent of the words in parentheses.

1. Los pantalones son _____ (*darker than*) la camisa.

2. El revólver es _____ (*more dangerous*) para Ud. que para el ladrón.

3. Este accidente no es _____ (*as serious as*) el otro.

4. Ud. tiene que mandar _____ (*as many patrol cars as*) yo.

5. Esta gorra no es _____ (*as big as*) mi sombrero.

6. Mi casa es _____ (*the smallest on*) la calle.

7. Ella es _____ (*younger than*) Uds.

8. ¿Es este hospital _____ (*the best in*) la ciudad?

9. Mi hermana es _____ (*much taller than*) yo.

10. Yo _____ (*am as afraid as*) tú.

Conversaciones breves
Complete the following dialogue, using your imagination and the vocabulary from this lesson.

La telefonista y la Sra. Díaz:

Telefonista —_____

Sra. Díaz —Necesito ayuda. Hay un hombre extraño en el patio de mi casa.

Telefonista —_____

Sra. Díaz —Estoy con mi hijo de seis años, pero mi esposo no está.

Telefonista —_____

Sra. Díaz —De estatura mediana.

Telefonista —_____

Sra. Díaz —Creo que lleva puesto un pantalón verde o azul. No tiene camisa.

Telefonista —_____

Sra. Díaz —Calle Quinta, número seiscientos treinta y dos.

Telefonista —_____

 ## En estas situaciones
With a partner, act out the following situations in Spanish.

1. You are a police dispatcher, and a child calls to report a strange man in the yard. Ask if the child is alone, find out the address, including the cross streets, and get a description of the intruder.

2. You receive an emergency call from someone who says a strange man with a gun is trying to enter his/her apartment. He/She says you have to send a patrol car right away.

3. Someone calls to report a robbery at a bank. The caller says a woman and a man with guns are in the bank. You ask for a description, and the caller says the man is white and the woman is Hispanic; both are dressed in dark clothes and wearing caps. You get the address of the bank and thank the caller.

 ## Casos
With you and a partner playing the roles, work through the following scenarios.

1. You are a police dispatcher taking a call about an intruder in someone's yard.

2. While working the night shift as a police dispatcher, you receive a call from a person reporting that someone with a gun is trying to enter his/her house.

Un paso más

A Review the **Vocabulario adicional** in this lesson and name the following articles of clothing and other clothing-related terms.

1. _____

2. _____

3. _____

4. _____

5. _____

6. _____

7. _____

8. _____

9. _____

10. _____

11. _____

12. _____

13. _____

14. _____

15. _____

16. _____

17. _____

B Identify the articles of clothing and other clothing-related terms in the spaces provided.

1. _____   10. _____

2. _____   11. _____

3. _____   12. _____

4. _____   13. _____

5. _____   14. _____

6. _____   15. _____

7. _____   16. _____

8. _____   17. _____

9. _____   18. _____

LECCIÓN 5

BUENOS VECINOS

OBJECTIVES

Structures

- Stem-changing verbs (**e:ie**)
- The present progressive
- Some uses of the definite article

Communication

- Neighborhood policing: helping to implement a neighborhood watch program
- Describing parts of the house

BUENOS VECINOS

Los lunes y miércoles, el agente Martí ayuda a establecer programas especiales. Hoy está hablando con un grupo de vecinos que quieren organizar un programa de vigilancia en el barrio.

Agente Martí	—¿Quieren saber la mejor manera de prevenir los robos, los secuestros y otros delitos? ¡Tener un vecindario unido!
Sr. Lima	—El problema es que casi todos estamos mucho tiempo fuera de la casa.
Agente Martí	—Entonces tenemos que comenzar por identificar a las personas que generalmente están en su casa durante el día.
Sra. Paz	—Mi mamá, por ejemplo, está en casa cuidando a los niños mientras yo trabajo.
Agente Martí	—Su mamá y las demás personas que no trabajan deben tratar de observar cualquier actividad no usual en el barrio. Si notan algo sospechoso deben llamar a la policía inmediatamente.
Sr. Vega	—¿Al nueve, uno, uno?
Agente Martí	—No, ese número es sólo para emergencias. Deben tener, en un lugar visible, el número de la estación de policía más cercana.
Sr. Alba	—También tenemos que tomar otras medidas para evitar los robos.
Agente Martí	—Lo primero es cerrar las puertas con llave y no dejar ventanas abiertas. Es una buena idea instalar cerrojos de seguridad en las puertas.
Sr. Lima	—Nosotros siempre encendemos la luz del portal por la noche.

Agente Martí	—Buena idea, y la puerta de la calle debe tener un agujerito para mirar quién está tocando el timbre.
Sra. Paz	—¡Y si es un extraño, no entra en la casa!
Sra. Caso	—Yo pienso que lo más importante es proteger a los niños...
Agente Martí	—En primer lugar, los niños no deben estar solos en su casa y, cuando regresan de la escuela, deben tener un lugar adonde ir si hay problemas. ¡Ah! Son las seis. Es la hora de la cena. Regreso el próximo lunes.
Sra. Caso	—Si es posible, nosotros preferimos tener la próxima reunión el miércoles.

◀)) **¡Escuchemos!** While listening to the dialogue, circle **V (verdadero)** if the statement is true and **F (falso)** if it is false.

1.	El agente Martí ayuda a establecer programas especiales.	V F
2.	Los vecinos quieren saber la manera de prevenir accidentes.	V F
3.	Hay que comenzar por identificar a los vecinos que generalmente están en su casa durante el día.	V F
4.	La mamá de la Sra. Paz cuida a los niños.	V F
5.	Si las personas que no trabajan ven algo sospechoso, deben llamar al nueve, uno, uno.	V F
6.	Ellas deben tener el número de teléfono de la estación de policía más cercana en un lugar visible.	V F
7.	No debemos cerrar la puerta de la calle con llave.	V F
8.	No es una buena idea instalar cerrojos de seguridad en las puertas.	V F
9.	Los niños no deben estar solos cuando regresan de la escuela.	V F
10.	Los vecinos prefieren tener la próxima reunión el lunes.	V F

🌐 VOCABULARIO
Audio

Cognados

la actividad
especial
generalmente
el grupo
la idea
importante
inmediatamente
posible
el programa
usual
visible

Nombres

el agujerito   *peephole*
la cena   *dinner*
el cerrojo de seguridad   *deadbolt*
el delito   *crime*
el delito mayor (grave)   *felony*
el delito menor (leve)   *misdemeanor*
el (la) extraño(a)   *stranger*
el lugar   *place*
la manera, el modo   *way*
el número   *number*
el portal   *porch*
la puerta   *door*
la puerta de la calle   *front door*
la reunión, la junta (*Méx.*)   *meeting*
el secuestro   *kidnapping*
el tiempo   *time*
el vecindario, el barrio   *neighborhood*
el (la) vecino(a)   *neighbor*
la ventana   *window*

Verbos

ayudar   *to help*
cerrar (e:ie)   *to close*
comenzar (e:ie), empezar (e:ie)   *to begin*
cuidar   *to take care of*
encender (e:ie), prender   *to turn on*
    (*i.e. the light*)
establecer[1]   *to establish*
evitar   *to avoid*
identificar   *to identify*
instalar   *to install*
mirar   *to look at, to watch*
notar   *to notice*
observar   *to observe*
organizar   *to organize*
pensar (e:ie)   *to think*
preferir (e:ie)   *to prefer*
prevenir[2]   *to prevent*
proteger[3]   *to protect*
querer (e:ie)   *to want, to wish*
saber[4]   *to know*

Adjetivos

abierto(a)   *open*
cercano(a)   *close, nearby*
cualquier   *any*
ese, esa   *that*
primero(a)   *first*
sospechoso(a)   *suspicious*
todos(as)   *all, everybody*
unido(a)   *united*

[1]Irregular first person present indicative: **yo establezco**
[2]**yo prevengo**
[3]**yo protejo**
[4]Irregular first person present indicative: **yo sé**

Otras palabras y expresiones

a donde, adonde *where (to)*
algo *something*
casi *almost*
cerrar (e:ie) con llave *to lock*
cuando *when*
durante *during*
en casa *at home*
en primer lugar *in the first place*
lo más importante *the most important thing*
lo primero *the first thing*

los (las) demás *the others*
mientras *while*
no usual *unusual*
para *to, in order to*
por ejemplo *for example*
sólo, solamente *only*
también *also, too*
tocar el timbre *to ring the doorbell*
tomar medidas *to take measures*
la vigilancia del barrio *neighborhood watch*

🌐 VOCABULARIO ADICIONAL
Audio

La casa

el baño, el escusado[1] (*Méx.*) *bathroom*
el comedor *dining room*
el cuarto, la habitación *room*
el dormitorio, la recámara (*Méx.*)
  bedroom
la entrada *entrance*
el garaje *garage*
el jardín *garden*
la pared *wall*
el pasillo *hall*
la sala *living room*
la sala de estar *family room*
el sótano *basement*
el techo (de tejas) *(tile) roof*
la terraza *terrace*

Algunas palabras relacionadas con la seguridad (*Some words related to safety*)

la alarma *alarm*
el (la) bombero *firefighter*
cortar el césped *to mow the lawn*
dejar encendido(a), dejar prendido(a)
  to leave turned on
podar arbustos (árboles) *to trim bushes
  (trees)*
la puerta blindada *armored door*
¡Socorro!, ¡Auxilio! *Help!*
suspender la entrega *to stop delivery*
  ... de la correspondencia *of the mail*
  ... del periódico *of the newspaper*
la ventana con rejas *window with bars*

---

[1]Also **excusado**

Search

Notas Culturales

■ In Spanish-speaking countries, people generally have two surnames: the father's surname and the mother's maiden name. For example, the children of María *Rivas* and Juan *Pérez* would use the surnames *Pérez Rivas*. In this country, this custom may cause some confusion when completing forms, making appointments, or filing records. In addition, many Spanish surnames include **de, del, de la(s),** or **de los.** When this happens, these words are placed after the name. The proper order for alphabetizing Spanish names is to list people according to the father's surname.

Alba, Antonio de	Peña Aguilar, Rosa María
Casas, Juan Carlos de las	Peña Gómez, Ricardo
Cerros, Andrés de los	Peña Gómez, Tomás
Nodal Ortiz, Fernando	Torre, Margarita de la
Orta Sánchez, Josefina	Valle, Fernando del

■ In Spanish-speaking countries a woman doesn't change her last name when she marries, but she may add her husband's last name after her own, preceded by **de:** i.e., if Teresa Gómez marries Juan Pérez she may sign *Teresa Gómez de Pérez.* Many Hispanic American women living in the U.S., however, do use their husband's last name.

ACTIVIDADES

Dígame... Answer the following questions, basing your answers on the dialogue.

1. ¿Qué hace el agente Martí los lunes y miércoles?

_____

2. ¿Con quiénes está hablando hoy?

_____

3. ¿Cuál es la mejor manera de prevenir los robos y otros delitos?

_____

4. ¿Qué es lo primero que tienen que hacer?

_____

5. ¿Qué hace la mamá de la Sra. Paz mientras ella trabaja?

_____

6. ¿Qué deben hacer las personas que no trabajan durante el día?

_____

7. ¿Qué deben hacer si notan algo sospechoso?

_____

8. ¿Qué deben tener las personas en un lugar visible?

_____

9. ¿Qué hacen siempre la Sra. Lima y su esposo?

_____

10. ¿Qué es lo más importante según (*according to*) la Sra. Caso?

_____

 Hablemos Interview a classmate, using the following questions. When you have finished, switch roles.

1. ¿Hay un programa de vigilancia en su barrio?

2. ¿Qué medidas debemos tomar para prevenir los robos?

3. ¿Pasa Ud. mucho tiempo fuera de su casa?

4. ¿Qué hace Ud. si nota algo sospechoso?

5. ¿Qué números de teléfono tiene Ud. en un lugar visible?

6. ¿Tiene Ud. un cerrojo de seguridad en la puerta de la calle?

7. ¿Enciende Ud. la luz del portal por la noche?

8. Cuando tocan a la puerta, ¿mira Ud. por el agujerito?

⊕ VAMOS A PRACTICAR

Quiz

A Complete the following exchanges, using the present indicative of the verbs given.

1. pensar —¿Qué _____ Uds. que es lo más importante?

—Nosotros _____ que lo más importante es estar unidos.

2. querer —¿Tú _____ organizar el programa?

—Sí, y también _____ hablar con el teniente.

3. encender —¿Teresa va a _____ la luz?

—No, ella no _____ la luz durante el día.

4. empezar —¿A qué hora _____ la reunión?

—_____ a las dos.

5. cerrar —¿Tú _____ las puertas con llave?

—Sí, y también _____ las ventanas.

B Complete the following sentences, using the present progressive of the verbs given to indicate that the action is taking place right now.

1. El agente _____ (ayudar) a los vecinos.

2. Ellos _____ (encender) las luces.

3. Yo _____ (proteger) a los niños.

4. Nosotros _____ (instalar) una puerta blindada.

5. ¿Qué _____ (hacer) tú?

C Complete the following sentences with the Spanish equivalent of the words in parentheses.

1. Ella viene _____ (*on Tuesdays*).

2. Son _____ (*two-thirty*).

3. Los niños van _____ (*to school*).

4. Ellos regresan _____ (*next week*).

5. _____ (*Children*) necesitan mucho amor (*love*).

Conversaciones breves Complete the following dialogues, using your imagination and the vocabulary from this lesson.

En una reunión para organizar un programa de vigilancia del barrio.

Sr. Cota —_____

Agente —Identificar a las personas que no trabajan.

Sr. Cota —_____

Agente —Entonces, su mamá debe ayudar a vigilar el barrio.

Sr. Cota —_____

Agente —Debe llamar a la policía.

Sr. Cota —_____

Agente —No, no debe llamar a ese número.

Sr. Cota	—_____
Agente	—Debe llamar al teléfono de la estación de policía más cercana.
Sr. Cota	—_____
Agente	—En un lugar visible.
Sr. Cota	—_____
Agente	—Lo mejor es tener ventanas con rejas.
Sr. Cota	—_____
Agente	—Deben mirar por el agujerito de la puerta.
Sr. Cota	—_____
Agente	—Si es posible, prefiero tener la reunión mañana.

 En estas situaciones With a partner, act out the following situations in Spanish.

1. You tell a neighbor that you are going to organize a neighborhood watch. Tell him/her the meeting starts at seven-thirty.

2. You tell a friend that you spend a lot of time outside the house and that you are not at home during the day.

3. You ask a friend if he/she wants to install a deadbolt on his/her door. Ask him/her also if he/she always turns the porch lights on.

Casos With you and a partner playing the roles, work through the following scenarios.

1. You and a neighbor are discussing security measures to prevent burglaries.

2. You and a friend are discussing measures to keep the neighborhood children safe.

Un paso más

A Review the **Vocabulario adicional** in this lesson and then draw a floor plan of your dream house in which you label each part and room of the house.

B Review the vocabulary related to safety measures in the **Vocabulario adicional.** What words or phrases come to mind when you think of the following?

You are going on vacation.
_____

_____

_____

There is a fire next door.
_____

_____

_____

You are screaming for help.
_____

_____

_____

Someone breaks into a house.
_____

_____

_____

LECTURA 1

DENUNCIANDO ACTIVIDADES SOSPECHOSAS

Search Read the information in the following pamphlet about reporting suspicious activities. Try to guess the meaning of all cognates.

DENUNCIANDO ACTIVIDADES SOSPECHOSAS[1]

¡La policía necesita la ayuda de todos los miembros de la comunidad! Cuando[2] Ud. ayuda a la policía, también se ayuda a sí mismo.[3] Si Ud. toma responsabilidad, puede evitar[4] ser víctima de un crimen. ¡La atención de la comunidad es la mejor prevención!

Recuerde[5]:
1. Si Ud. ve[6] alguna[7] actividad criminal, llame a la policía enseguida. Describa con exactitud lo que vio.[8]
2. No deje de[9] llamar a la policía si Ud. sospecha[10] algo.[11] No importa si es una falsa alarma.
3. En cuanto pueda,[12] anote[13] lo que recuerde.
4. Guarde[14] una copia de los siguientes[15] formularios[16]. Es posible que Ud. las necesite[17] en el futuro.

© Cengage Learning

[1]*Reporting suspicious activities*	[7]*any*	[12]**En...** *As soon as you can*
[2]*When*	[8]**lo...** *what you saw*	[13]*write down*
[3]**sí...** *yourself*	[9]**No...** *Don't fail to*	[14]*Keep*
[4]*avoid*	[10]*suspect*	[15]*following*
[5]*Remember*	[11]*something*	[16]*forms*
[6]*see*		[17]**Ud...** *you may need them*

Dígame...

1. Which of the following points does the brochure recommend? Si Ud. ve alguna actividad criminal...

_____ **a.** debe esperar (*wait*) hasta mañana para llamar a la policía.

_____ **b.** Ud. necesita guardar una copia de la descripción de la persona y de la descripción del vehículo.

_____ **c.** primero debe hablar con los vecinos.

_____ **d.** debe anotar una descripción exacta de lo que vio.

© 2011 Heinle, Cengage Learning

2. Interview a classmate who reports some suspicious activity. Complete the description. When you have finished, switch roles.

DESCRIPCIÓN DE LA PERSONA	DESCRIPCIÓN DEL VEHÍCULO
Sexo _____	2 puertas[12] _____ 4 puertas _____
Raza _____	Convertible/camión[13] _____
Edad _____	Carro deportivo[14] _____
Estatura _____	Motocicleta _____
Peso[1] _____	Otro _____
Cabello[2] _____	Marca[15] _____
Ojos[3] _____	Modelo _____ Año ____
Armas _____	Color _____
Ropa _____	Nº de placa[16] _____
Complexión[4] (delgado,[5] grueso,[6] mediano[7]) _____	Estado _____
	N.º de personas en el vehículo _____
Características (lentes,[8] bigote,[9] cicatrices,[10] etc.) _____	Hombre(s) ____ Mujer(es) ____
	¿Dónde fue visto últimamente?
	_____
¿Dónde fue visto últimamente[11]?	_____
_____	_____
_____	Dirección en que se fue[17] _____
Dirección en que se fue _____	_____
_____	_____

[1] Weight
[2] Hair
[3] Eyes
[4] Build
[5] thin
[6] fat
[7] average
[8] glasses
[9] moustache
[10] scars
[11] **fue...** was he/she last seen?
[12] doors
[13] truck
[14] **Carro...** Sports car
[15] Make
[16] License plate number
[17] **se...** he/she went

REPASO

LECCIONES 1-5

Práctica de vocabulario

A Circle the word or phrase that does not belong in each group.

1. rojo   extraño   blanco

2. notar   observar   dejar

3. padres   delito   hijos

4. instalar   cuidar   ayudar

5. establecer   evitar   organizar

6. cena   mañana   tarde

7. lugar cercano   a una cuadra de aquí   enseguida

8. llegar   doblar   voltear

9. sucede   denuncia   pasa

10. ¡Alto!   ¡Siempre!   ¡Quieto!

B Circle the word or phrase that best completes each sentence.

1. La señora necesita (robo / ayuda / estado).

2. La casa (queda / deletrea / llena) en la calle Campbell.

3. Es un hombre (solo / incómodo / anciano). Tiene noventa años.

4. Hablan (pero / por / muy) teléfono.

5. ¿Tienes el (herido / lugar / casco) de seguridad?

6. Arizona es (un estado / una ciudad / un barrio).

7. Ellos (deben / salvan / andan) solos por la calle.

8. Debe seguir derecho hasta (llevar / llegar / quedar) a la calle Estrella.

9. Vivo en la calle Heather, (como / entre / ya) Arroyo y Puente.

10. La ley (sucede / dobla / exige) el uso del casco.

11. Los cascos salvan muchas (cuadras / gorras / vidas).

12. Necesito mi licencia para (manejar / chantajear / arrestar).

13. Hay un (patio / toque / padre) de queda para las personas menores de 18 años.

14. Ella es de México, pero tiene su (pandilla / licencia / tarjeta) verde.

15. El dueño va a (disparar / vender / protestar) la casa.

16. Es una mujer muy (joven / cuarta / azul). Tiene veintidós años.

17. ¿Está Ud. (alta / extraña / entrenada) en el uso de armas?

18. ¿(Cómo / Cuál / Cuánto) es ella? ¿Alta o baja?

C Match the questions in column **A** with the answers in column **B**.

A

1. _____ ¿Cuál es el mejor modo de prevenir robos?
2. _____ ¿Quién cuida a los niños?
3. _____ ¿Notan algo sospechoso?
4. _____ ¿A qué hora regresa de la escuela?
5. _____ ¿Cierran las puertas?
6. _____ ¿Qué van a instalar?
7. _____ ¿Cuándo tenemos la reunión?
8. _____ ¿La puerta tiene un agujerito?
9. _____ ¿Es la hora de la cena?
10. _____ ¿Cuál es su domicilio?
11. _____ ¿Es Ud. el sargento Villa?
12. _____ ¿Hay heridos?

B

a. El próximo viernes.
b. A las tres y media.
c. Calle Sexta, número 589.
d. Sí, pero no graves.
e. Mi mamá.
f. Sí, son las siete.
g. Sí, de la Sección de Robos.
h. Un cerrojo de seguridad.
i. Tener un vecindario unido.
j. Sí, con llave.
k. Sí, vamos a llamar a la policía.
l. Sí, para mirar quién está tocando el timbre.

D Crucigrama

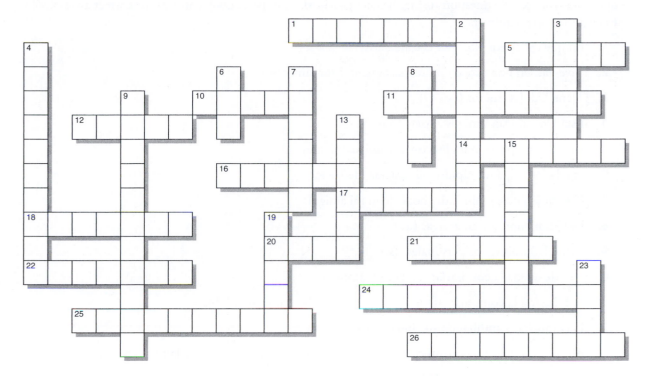

HORIZONTALES

1. prende

5. opuesto de "dentro"

10. Tienen muchas armas de _____.

11. avisar de

12. La casa es de ella; ella es la _____.

14. Es de estatura _____.

16. desear

17. En Washington hablan _____.

18. Van a instalar un _____ de seguridad.

20. opuesto de "bajo"

21. opuesto de "negro"

22. Está en la _____ de las calles Quinta y Magnolia.

24. barrio

25. Van a enviar un carro _____.

26. empiezan

VERTICALES

2. mandamos

3. siete días

4. las doce de la noche

6. Voy a encender la _____.

7. ¿Es una mujer o un _____?

8. manera

9. operador(a)

13. esposo

15. opuesto de "izquierda"

19. opuesto de "menor"

23. *clothes,* en español

🔊 **Práctica oral** Listen to the following exercise on the audio program. The speaker will ask you some questions. Answer the questions using the cues provided. The speaker will confirm the correct answer. Repeat the correct answer.

1. ¿En qué calle vive Ud.? (en la calle París)

2. ¿Vive Ud. en una casa o en un apartamento? (en una casa)

3. ¿Tiene Ud. jardinero? (no)

4. ¿Está Ud. con sus amigos ahora? (no)

5. ¿Ud. habla español o inglés con sus amigos? (inglés)

6. ¿Habla Ud. español rápido o despacio? (despacio)

7. ¿Con quién desea salir Ud. ahora? (con mi amiga)

8. ¿Es Ud. menor que su amiga? (no)

9. ¿Tiene Ud. mis datos personales? (sí)

10. ¿Dónde queda la comisaría? (en la calle Roma)

11. Para llegar a la comisaría, ¿tengo que seguir derecho o doblar? (doblar)

12. ¿Hay muchas pandillas en su ciudad? (sí)

13. ¿A qué hora debe estar en su casa una persona menor de edad? (antes de la medianoche)

14. ¿Qué arma de fuego tiene Ud. en su casa? (una pistola)

15. ¿Qué debe tener siempre una identificación? (una fotografía)

16. ¿Tiene Ud. fotografías de sus padres? (sí, muchas)

17. ¿Su mamá es alta, baja o de estatura mediana? (de estatura mediana)

18. ¿Su mamá es más baja o más alta que su papá? (un poco más baja)

19. ¿Hay un programa de vigilancia en su barrio? (sí)

20. ¿Cuándo está Ud. en su casa durante el día? (los sábados)

21. Si Ud. nota algo sospechoso, ¿a quién llama? (a la policía)

22. ¿Qué es lo más importante? (proteger a los niños)

23. ¿Cierra Ud. la puerta con llave? (sí)

24. ¿Qué luz enciende Ud. por la noche? (la luz del portal)

25. ¿Qué necesita instalar Ud. en la puerta de la calle? (un cerrojo de seguridad)

EL AGENTE CHÁVEZ LEE LA ADVERTENCIA MIRANDA

OBJECTIVES

Structures

- Stem-changing verbs (**o:ue**)
- Affirmative and negative expressions
- Direct object pronouns

Communication

- Detaining suspects: reading the Miranda warning; traffic violations and DUI

🔊 EL AGENTE CHÁVEZ LEE LA ADVERTENCIA MIRANDA

El agente detiene a dos jóvenes que están escribiendo en la pared de un edificio.

Agente Chávez —¡Policía! ¡Alto! ¡No se muevan! ¡Están detenidos!
Joven 1 —¿Por qué? No estamos haciendo nada malo.
Agente Chávez —Están cometiendo un delito de vandalismo. Está prohibido escribir en la pared de un edificio.

El agente saca una tarjeta de su bolsillo y lee la advertencia Miranda.

LA ADVERTENCIA MIRANDA

1. Ud. tiene el derecho de permanecer callado.

2. Si decide hablar con nosotros, cualquier cosa que diga puede usarse y se usará en contra de Ud. en el juicio.

3 Ud. tiene el derecho de hablar con un abogado, y de tenerlo presente durante el interrogatorio.

4. Si Ud. no puede pagar un abogado, se le nombrará uno para que lo represente antes de que lo interroguen, si Ud. lo desea.

Agente Chávez	—¿Entienden Uds. cada uno de estos derechos?
Joven 1	—Sí, los entendemos. ¿Y qué? ¿Nos va a llevar presos?
Joven 2	—Conmigo pierde su tiempo. Yo tengo menos de quince años; dentro de unas horas estoy en mi casa otra vez.
Agente Chávez	—Ahora van a la estación de policía conmigo. Yo no decido lo demás.

Horas después, el agente detiene al chofer de un automóvil que comete una infracción de tránsito. Cuando habla con él, nota que el hombre está endrogado.

Agente Chávez	—Buenos días. Su licencia de manejar y el registro del carro, por favor.
Chofer	—¿Me va a arrestar? ¿Por qué? No estoy borracho. Además, yo manejo mejor que nunca cuando tomo un par de tragos.

El agente nota marcas de aguja en el brazo y en la mano del hombre. Las marcas son nuevas.

Agente Chávez	—A ver el brazo. ¿Tiene diabetes?
Chofer	—No.
Agente Chávez	—¿Da Ud. sangre a menudo?
Chofer	—Sí, doy sangre a veces.
Agente Chávez	—¿Dónde está el banco de sangre?
Chofer	—En... No recuerdo ahora.
Agente Chávez	—Mire aquí, por favor. Debe tratar de no parpadear.
Chofer	—No puedo dejar de parpadear. Tengo mucho sueño... No duermo bien últimamente.
Agente Chávez	—Lo siento, pero tiene que ir conmigo. Ud. no está en condiciones de manejar.
Chofer	—¡Pero tengo que volver a mi casa! ¿Por qué estoy detenido? ¿Cuál es mi delito?
Agente Chávez	—Conducir bajo los efectos de alguna droga. (*El agente lee la advertencia Miranda.*)

 ¡Escuchemos! While listening to the dialogue, circle **V (verdadero)** if the statement is true and **F (falso)** if it is false.

1. Está prohibido escribir en la pared de un edificio.   V   F

2. Los dos jóvenes no están haciendo nada malo.   V   F

3. El vandalismo no es un delito.   V   F

4. El agente saca una tarjeta de su bolsillo.   V   F

5. Ud. no tiene derecho a permanecer callado.   V   F

6. Ud. no tiene derecho a hablar con un abogado antes de hablar con la policía.   V   F

7. Los muchachos entienden sus derechos.   V   F

8. El joven 2 tiene menos de quince años.   V   F

9. Un chofer maneja mejor que nunca cuando toma un par de tragos.   V   F

10. El agente nota que el chofer está endrogado.   V   F

🌐 VOCABULARIO
Audio

Cognados

el automóvil
el caso
la condición
la diabetes
la droga
el interrogatorio
la marca
presente
el vandalismo

Nombres

el (la) abogado(a)   *lawyer*
la aguja   *needle*
el banco de sangre   *blood bank*
el bolsillo   *pocket*
el brazo   *arm*
el carro, el coche, la máquina (*Cuba*)   *car*
el (la) chofer   *driver*
la cosa   *thing*
el derecho   *right*
el edificio   *building*
la infracción de tránsito   *traffic violation*
el (la) joven   *young man, young woman*
el juicio   *trial*
la mano   *hand*
la pared   *wall*
el registro   *registration*
el trago   *drink*

Verbos

cometer   *to commit, to perpetrate*
decidir   *to decide*
detener[1]   *to detain, to stop*
dormir (o:ue)   *to sleep*
entender (e:ie)   *to understand*
escribir   *to write*
interrogar   *to question, to interrogate*
leer   *to read*
manejar, conducir[2]   *to drive*
mover (o:ue)   *to move*
negarse (e:ie)   *to refuse*
pagar   *to pay (for)*
parpadear   *to blink*
perder (e:ie)   *to waste, to lose*
permanecer[3]   *to stay, to remain*
poder (o:ue)   *can, to be able*
recordar (o:ue)   *to remember*
sacar   *to take out*
tomar   *to drink; to take*
volver (o:ue)   *to return, to come back*

Adjetivos

algún, alguno(a)   *some, any*
borracho(a)   *drunk*
cada   *each, every*
callado(a)   *silent, quiet*
detenido(a), arrestado(a), preso(a)
   arrested

---

[1]**Detener** is irregular in the present indicative: **detengo, detienes, detiene, detenemos, detienen**

[2]Irregular first person present indicative: **yo conduzco**

[3]Irregular first person present indicative: **yo permanezco**

endrogado(a) *(Cuba, Ven.)* *on drugs, drugged*
estos(as) *these*
malo(a) *bad*
nuevo(a) *new, fresh*
prohibido(a) *forbidden*

Otras palabras y expresiones

a menudo *often*
a ver *let's see*
la advertencia Miranda *Miranda warning*
antes de que lo interroguen *before they question you*
bajo los efectos (de) *under the influence (of)*
con él *with him*
conmigo *with me*
cualquier cosa que diga *anything you say*
dejar de (+ inf.) *to stop (doing something)*
dentro de *in, within*
después *later*
en contra de *against*
estar en condiciones de (+ inf.) *to be in a condition to (do something)*

lo *you, him, it*
lo demás *the rest*
Lo siento *I'm sorry*
mejor que nunca *better than ever*
Mire *Look*
negarse a hablar *to refuse to speak*
¡No se muevan![1] *Don't move!, Freeze!*
¿Nos va a llevar presos? *Are you going to arrest us?*
nunca *never*
otra vez *again, once again*
para que lo represente *to represent you*
puede usarse *can be used*
se le nombrará uno *one will be appointed for you*
se usará *will be used*
si Ud. lo desea *if you wish*
tener el derecho de (tenerlo presente) *to have the right to (have him present)*
tener (mucho) sueño *to be (very) sleepy*
últimamente *lately, these days*
un par de *a couple of*
¿Y qué? *So what?*

🌐 VOCABULARIO ADICIONAL
Audio

bajo juramento *under oath*
el (la) compañero(a) *pal, peer*
la declaración falsa *false statement*
el (la) delincuente juvenil *juvenile delinquent*
el (la) drogadicto(a) *drug addict*
el grafiti *graffiti*
el juramento *oath*

jurar *to take an oath, to swear*
el juzgado, la corte *court (of law)*
la mentira *lie*
la pregunta *question*
la respuesta, la contestación *answer*
el (la) traficante *drug pusher*
la verdad *truth*

---

[1]When speaking to only one person, use **¡No se mueva!**

Notas Culturales

- Alcoholism and cirrhosis are important health issues that affect the Latino population in North America. The incidence rate is particularly high among Mexican Americans and Puerto Ricans. In addition, Hispanic Americans have a disproportionate number of deaths due to narcotic addictions. In a recent Hispanic Health and Nutrition Survey done in the United States, 21.5% of Puerto Ricans reported having used cocaine, while the figure was 11.1% for Mexican Americans and 9.2% for Cuban Americans.

- In Spanish, the word **droga** does not mean *medicine* as in English. Latinos use this term to refer to narcotics and other illegal drugs.

ACTIVIDADES

Dígame...   Answer the following questions, basing your answers on the dialogues.

1. ¿A quiénes detiene el agente Chávez?

_____

2. ¿Qué están haciendo?

_____

3. ¿Cuál es el delito que están cometiendo?

_____

4. ¿Qué lee el agente Chávez?

_____

5. Según (*According to*) el joven 2, ¿por qué pierde el agente Chávez su tiempo con él?

_____

6. ¿Adónde van los tres?

_____

7. ¿Qué comete el chofer de un automóvil?

_____

8. Cuando el agente Chávez habla con el chofer, ¿qué nota? ¿Qué tiene en el brazo y en la mano?

_____

9. ¿Por qué cree Ud. que el chofer no recuerda dónde está el banco de sangre?

_____

10. ¿Por qué tiene que ir el chofer con el agente Chávez a la estación de policía? ¿Cuál es su delito?

_____

👥 Hablemos Interview a classmate, using the following questions. When you have finished, switch roles.

1. ¿Puede Ud. escribir en las paredes de los edificios? ¿Por qué?

2. ¿Da Ud. sangre a veces?

3. ¿Siempre toma un par de tragos antes de manejar?

4. ¿Está Ud. en condiciones de manejar ahora? ¿Por qué?

5. ¿Puede venir a la estación de policía conmigo?

6. ¿Lee Ud. la advertencia Miranda a veces?

🌐 VAMOS A PRACTICAR
Quiz

A Rewrite the following sentences using the new subjects and making all necessary changes.

1. No podemos arrestar al chofer. (yo)

_____

2. Volvemos al edificio con ella. (ellos)

_____

3. No recordamos nada. (Ud.)

_____

4. Nosotros dormimos en la estación de policía. (ellos)

_____

5. Podemos leer la advertencia ahora. (Ud.)

_____

B Answer the following questions in the negative, using one of the following words in your answer.

nada   nunca
nadie   tampoco

1. ¿Alguna persona de su familia es traficante?

_____

2. ¿Tiene que hacer algo (*something*) hoy?

_____

3. ¿Siempre toma un trago cuando maneja?

_____

4. ¿Hay alguien en su carro ahora?

_____

5. Yo no escribo en las paredes de los edificios. ¿Y Ud.?

_____

C Answer the following questions in the affirmative, using the appropriate object pronouns to replace the underlined words.

MODELO ¿Tienes el casco de seguridad?
Sí, **lo** tengo.

1. ¿Vas a leer la advertencia Miranda?

_____

2. ¿El policía arresta a los jóvenes?

_____

3. ¿Necesitas estas linternas?

_____

4. ¿Puedes llevarme en tu coche?

_____

5. ¿Tus amigos te recuerdan?

_____

Conversaciones breves Complete the following dialogue, using your imagination and the vocabulary from this lesson.

El agente Mora detiene a un chofer.

Agente Mora —_____

Chofer —Tengo marcas de aguja en el brazo porque doy sangre muy a menudo.

Agente Mora —_____

Chofer —No recuerdo en este momento. Además, las marcas de aguja no son nuevas...

Agente Mora —_____

Chofer —Trato de no parpadear, pero tengo mucho sueño...

Agente Mora —_____

Chofer —No, no uso drogas nunca.

Agente Mora —_____

Chofer —¿Yo? ¿Detenido? Pero, ¿cómo puede ser?

Agente Mora —_____

En estas situaciones With a partner, act out the following situations in Spanish.

1. You catch three teenagers vandalizing cars. Identify yourself as a police officer and tell them to halt. They say they're not afraid because they are minors. Inform them that they are under arrest and that they are going to the police station with you.

2. You see someone trying to break into a bank. Tell the person to halt and not to move, or you'll shoot and arrest him/her. The suspect says he/she isn't doing anything. Read the Miranda warning to him/her.

3. You stop a driver and ask to see a driver's license and car registration. Say that you think that he/she is drunk and is under arrest for driving under the influence of alcohol. The driver doesn't want to go to the police station with you.

Casos With you and a partner playing the roles, work through the following scenarios.

1. You are a police officer talking to someone who shows signs of being under the influence of alcohol and/or drugs.

2. You arrest some minors for committing vandalism.

Un paso más Review the **Vocabulario adicional** in this lesson and complete the following sentences.

1. ¡Es mentira! Él nunca dice _____.

2. Tengo las preguntas, pero no tengo _____.

3. En la pared hay mucho _____, pero mi _____ y yo no escribimos nada. ¡No somos

   _____!

4. Ella jura que no está endrogada, pero ésa es una _____.

5. Antes de contestar, debe recordar que Ud. está _____.

PROBLEMAS DE LA CIUDAD

OBJECTIVES

Structures

- Stem-changing verbs (**e:i**)
- Irregular first-person forms
- Indirect object pronouns

Communication

- Investigating a crime: talking to victims, suspects, and witnesses; handling a medical emergency
- Giving physical descriptions

PROBLEMAS DE LA CIUDAD

Por la mañana: El agente Flores habla con el dueño de una licorería después de un robo, y le pide información sobre los ladrones.

Agente Flores	—¿Dice Ud. que los ladrones son muy jóvenes? ¿Puede describirlos?
Dueño	—Sí. El hombre es rubio, de ojos azules, y la mujer es pelirroja, de ojos verdes.
Agente Flores	—¿Puede decirme qué más recuerda?
Dueño	—El hombre mide unos seis pies, y ella mide unos cinco pies, dos pulgadas. Él es delgado. Ella es más bien gorda.
Agente Flores	—¿Algunas marcas visibles?
Dueño	—Él tiene un tatuaje en el brazo izquierdo. Ella tiene pecas.
Agente Flores	—Ud. no los conoce, ¿verdad? No son clientes...
Dueño	—No, pero sé que los puedo reconocer si los veo otra vez.
Agente Flores	—¿Qué clase de carro manejan?
Dueño	—Un Chevrolet amarillo, de dos puertas. Es un carro viejo.
Agente Flores	—¿Algo más?
Dueño	—Sí, creo que sí. Él fuma cigarrillos negros... de México... ¡y es zurdo!
Agente Flores	—Si recuerda algo más, puede llamarme a este número. Si no estoy, puede dejarme un mensaje.
Dueño	—Cómo no, señor.

Por la tarde: El agente Flores ve a un hombre que está parado frente a una escuela. Sospecha que el hombre les vende drogas a los estudiantes, porque sabe que muchos de ellos toman drogas.

Agente Flores	—¿Qué hace Ud. aquí? ¿Espera a alguien?
Hombre	—No... no hago nada...
Agente Flores	—¿Tiene alguna identificación? ¿Su licencia de conducir, por ejemplo?
Hombre	—No, aquí no. La tengo en casa, pero puedo mostrarle mi tarjeta de Seguro Social.
Agente Flores	—¿Quiere acompañarme al carro, por favor? Quiero hablar con Ud.

Por la noche: El agente Flores sale de la comisaría para ir a su casa. En la zona de estacionamiento, ve a un hombre en el suelo. Corre hacia él.

Agente Flores	—¿Qué tiene? ¿Está lastimado?
Hombre	—No... creo que... un ataque al corazón...
Agente Flores	—¿Tiene alguna medicina para el corazón?
Hombre	—Sí... en la guantera del carro...
Agente Flores	—(*Trae la medicina.*) Aquí está. (*Le da la medicina al hombre.*) Ahora voy a llamar a los paramédicos.

¡Escuchemos! While listening to the dialogue, circle **V (verdadero)** if the statement is true and **F (falso)** if it is false.

1.	El dueño de la licorería da información sobre un robo.	V	F
2.	Los ladrones son dos hombres y una mujer.	V	F
3.	La mujer es rubia, de ojos azules.	V	F
4.	El hombre tiene un tatuaje en el brazo izquierdo.	V	F
5.	El dueño puede reconocer a los ladrones si los ve otra vez.	V	F
6.	Ellos manejan un Ford verde, de cuatro puertas.	V	F
7.	El agente Flores sospecha que el hombre que está parado frente a una escuela es un ladrón.	V	F
8.	El hombre puede mostrarle al agente su licencia de conducir.	V	F
9.	En la zona de estacionamiento hay un hombre en el suelo.	V	F
10.	El hombre tiene una medicina para el corazón en la guantera del carro.	V	F

🌐 VOCABULARIO
Audio

Cognados

el (la) estudiante
la medicina

Nombres

el cigarrillo   *cigarette*
la clase   *kind, type, class*
el (la) cliente(a)   *customer*
el corazón   *heart*
la guantera   *glove compartment*
la licorería   *liquor store*
el mensaje   *message*
la peca   *freckle*
el pie   *foot*
la pulgada   *inch*
el Seguro Social   *Social Security*
el suelo   *floor*
el tatuaje   *tattoo*
la zona de estacionamiento   *parking lot*

Verbos

acompañar   *to accompany, to go (come) with*
conocer[1]   *to know*
correr   *to run*
decir (e:i)[2]   *to say, to tell*
describir   *to describe*
esperar   *to wait (for)*
fumar   *to smoke*
medir (e:i)   *to measure*
mostrar (o:ue), enseñar   *to show*
pedir (e:i)   *to ask for, to request*
reconocer[3]   *to recognize*

sospechar   *to suspect*
traer[4]   *to bring*

Adjetivos

amarillo(a)   *yellow*
delgado(a)   *thin, slender*
diestro(a)   *right-handed*
gordo(a)   *fat*
izquierdo(a)   *left*
lastimado(a)   *hurt, injured*
parado(a)   *standing*
pelirrojo(a)   *red-haired*
rubio(a), güero(a)[5] (*Méx.*)   *blond (e)*
viejo(a)   *old*
zurdo(a)   *left-handed*

Otras palabras y expresiones

¿Algo más?   *Anything else?*
el ataque al corazón   *heart attack*
¡Cómo no!   *Certainly!, Gladly!, Sure!*
Creo que sí   *I think so*
de ojos (azules)   *with (blue) eyes*
después de   *after*
hacia   *toward*
más bien, medio   *rather*
mide seis pies   *he is (measures) six feet tall*
por la mañana   *in the morning*
por la noche   *in the evening*
por la tarde   *in the afternoon*
¿Qué más?   *What else?*
¿Qué tiene?   *What's wrong?*

---

[1]Irregular first person present indicative: **yo conozco**
[2]Irregular first person present indicative: **yo digo**
[3]Irregular first person present indicative: **yo reconozco**
[4]Irregular first person present indicative: **yo traigo**
[5]Also applies to anyone with fair skin.

VOCABULARIO ADICIONAL

El tamaño (*Size*)

flaco(a)   *thin, skinny*
grueso(a)   *portly*

La raza/el color de la piel (*Race/skin color*)

asiático(a)   *Asian*
blanco(a)   *white/Caucasian*
mestizo(a)   *mixed (any of two or more races)*
mulato(a)   *mixed (black and white)*
negro(a)   *black*

El pelo (*Hair*)

calvo(a), pelón(ona)   *bald*
canoso(a)   *grey-haired*
castaño(a), café   *brown*
claro(a)   *light*
corto(a)   *short*

lacio(a)   *straight*
largo(a)   *long*
morocho(a)   *dark-haired*
rizado(a), rizo(a), crespo(a)   *curly*

Los ojos (*Eyes*)

azules   *blue*
castaños,[1] café (*Méx.*)   *brown*
grises   *gray*
verdes   *green*

Otras características

ciego(a)   *blind*
cojo(a)   *lame*
inválido(a), paralítico(a)   *disabled, crippled*
mudo(a)   *mute*
sordo(a)   *deaf*
tartamudo(a)   *person who stutters*

Search

Notas Culturales

The extensive use of drugs is more evident in large cities. Because the majority of Hispanic immigrants come from villages and small towns, there are few drug addicts among first-generation immigrants. Nonetheless, their numbers increase dramatically beginning with the second generation, owing possibly to culture shock and living conditions.

ACTIVIDADES

Dígame... Answer the following questions, basing your answers on the dialogues.

1. ¿Con quién habla el agente Flores después del robo?

_____

2. ¿Puede el dueño describir a los ladrones?

_____

---

[1]In Spanish, very dark brown eyes are called **ojos negros.**

3. ¿Cómo es el hombre? ¿Y la mujer?

_____

4. ¿Qué marcas visibles tiene el hombre? ¿Y la mujer?

_____

5. ¿Conoce el dueño de la licorería a los ladrones?

_____

6. ¿Cree el dueño que puede reconocer a los ladrones si los ve otra vez?

_____

7. ¿Qué clase de carro manejan los ladrones?

_____

8. ¿Qué ve el agente Flores por la tarde?

_____

9. ¿Qué sospecha el agente Flores?

_____

10. ¿Tiene el hombre alguna identificación?

_____

11. ¿Qué ve el agente Flores en la zona de estacionamiento?

_____

12. ¿Qué tiene el hombre?

_____

13. ¿Qué hace el agente Flores para ayudar al hombre?

_____

 Hablemos Interview a classmate, using the following questions. When you have finished, switch roles.

1. ¿Cómo es Ud.? ¿Cuánto mide?

2. ¿Puede describir a alguien de su familia?

3. ¿Qué clase de coche maneja Ud.?

4. ¿Su coche está en la zona de estacionamiento?

5. ¿Puede Ud. llamarme por teléfono mañana?

6. ¿Sabe Ud. qué drogas les venden a los estudiantes en las escuelas?

🌐 VAMOS A PRACTICAR

A Rewrite the following sentences, using the new subjects and making all necessary changes.

1. Nosotros medimos la puerta. (ellos)

_____

2. Nosotros seguimos (*follow*) a los ladrones. (yo)

_____

3. Nosotras pedimos (*ask for*) más información. (el policía)

_____

4. Nosotros conseguimos (*get*) la medicina. (Ud.)

_____

5. Nosotros decimos la verdad (*truth*). (tú)

_____

B Imagine that you are Officer Flores. Form sentences to tell what you do in your investigation of the liquor store holdup.

MODELO   ir / a la licorería
Voy a la licorería.

1. ver / al dueño de la licorería

_____

2. pedir / información

_____

3. hacer / la descripción de los ladrones

_____

4. decir / lo que (*what*) el dueño debe hacer mañana

_____

5. salir / de la licorería

_____

6. conducir / a la estación de policía

_____

C Answer the following questions using the cues provided.

MODELO ¿Quién les vende las drogas a los estudiantes? (un hombre alto)
Un hombre alto les vende las drogas.

1. ¿Qué drogas les venden a los jóvenes? (marihuana y cocaína)

_____

2. ¿Ud. puede darme información? (sí) (*Use the* **Ud.** *form.*)

_____

3. ¿Tú puedes decirme dónde está José? (sí) (*Use the* **tú** *form.*)

_____

4. ¿Sus padres les hablan a Uds. de las drogas? (no)

_____

5. ¿Qué le va a dar Ud. al señor? (la medicina)

_____

Conversaciones breves Complete the following dialogue, using your imagination and the vocabulary from this lesson.

El Sr. Rivas describe a una ladrona.

Agente Alcalá —_____

Sr. Rivas —Sí, es alta, rubia, de ojos verdes, más bien delgada y muy bonita.

Agente Alcalá —_____

Sr. Rivas —No recuerdo mucho... Mide unos cinco pies y diez pulgadas.

Agente Alcalá —_____

Sr. Rivas —No, no tiene ninguna (*any*) marca visible.

Agente Alcalá —_____

Sr. Rivas —Sí, yo creo que puedo reconocerla.

Agente Alcalá —_____

Sr. Rivas —Un Mazda amarillo de cuatro puertas.

Agente Alcalá —_____

Sr. Rivas —¡Ah, sí! ¡Ahora recuerdo! ¡Es zurda!

Agente Alcalá —_____

En estas situaciones With a partner, act out the following situations in Spanish.

1. You are investigating a burglary. Ask if the witness can recognize the burglar if he/she sees him/her again. Ask how tall the burglar is, and if he/she has any visible marks. Ask also what kind of car the burglar drives.

2. You see a suspect standing near a school. Ask what he/she is doing there. Ask if he/she is waiting for a student, and if he/she has any identification.

3. You see someone who seems to be sick. Ask what's wrong. You get the person's heart medicine from his/her pocket and then say that you're going to call the paramedics.

4. Your partner is hurt. Ask a passerby to please call the police because there is a police officer who needs help.

Casos With you and a partner playing the roles, work through the following scenarios.

1. You are a police officer. Interview a witness of a burglary.

2. You are a police officer and you see a suspicious-looking person standing near a playground. Approach the person and question him/her.

3. You are a police officer and notice a person lying on the sidewalk. Find out what the person's problem is and try to help him/her.

Un paso más Review the **Vocabulario adicional** in this lesson and describe several people you know using as many words as possible from the list.

1. _____

_____

2. _____

_____

3. _____

_____

4. _____

_____

5. _____

_____

LECCIÓN 8

CASOS DE MALTRATO DE MIEMBROS DE LA FAMILIA

OBJECTIVES

Structures

- Demonstrative adjectives and pronouns
- Special construction with **gustar, doler,** and **hacer falta**
- Direct and indirect object pronouns used together

Communication

- Investigating domestic abuse
- Reporting domestic violence

CASOS DE MALTRATO DE MIEMBROS DE LA FAMILIA

Julia, una niña, llama a la policía porque su padrastro le está pegando a su mamá. El agente Vera va a la casa de la familia Aguirre para investigar la denuncia.

Agente Vera	—Buenas tardes. ¿Es ésta la casa de la familia Aguirre?
Julia	—Sí. Pase, por favor. Mi mamá y mi padrastro están encerrados en su recámara.
Agente Vera	—¿Cuál es el problema?
Julia	—Mi padrastro no tiene trabajo ahora y, en lugar de buscar otro trabajo, todos los días va a la cantina y vuelve borracho.
Agente Vera	—¿Cómo consigue el dinero para la bebida?
Julia	—Se lo pide a mi mamá, y si ella no se lo da, le pega, y se lo quita a la fuerza.
Agente Vera	—¿Le pega con la mano?
Julia	—Con la mano y con el cinto. A veces le dice que la va a matar.
Agente Vera	—¿Tiene algún arma él?
Julia	—Sí, tiene una navaja y una pistola.
Agente Vera	—(*Toca a la puerta de la recámara.*) Sr. Aguirre, soy agente de policía, y necesito hablar con Ud. ¿Quiere salir un momento, por favor?

Sr. Aguirre	—(*Desde adentro*) Ésta es mi casa. ¿Ud. tiene una orden del juez para entrar? Yo no tengo nada que hablar con Ud.
Agente Vera	—No me hace falta una orden del juez para hablar con Ud.
Sra. Aguirre	—(*Saliendo de la recámara*) Está enojado conmigo porque quiere dinero para comprar bebidas. Lo único que a él le gusta es beber.
Sr. Aguirre	—(*Saliendo también*) Ése es un problema entre mi mujer y yo.
Agente Vera	—Sra. Aguirre, Ud. está bastante lesionada.
Sra. Aguirre	—Sí, me duele todo el cuerpo.
Agente Vera	—Debe ver a un médico inmediatamente. ¿Está dispuesta a acusar a su marido de maltrato?
Sr. Aguirre	—No. Ella hace lo que yo le digo. Y si Ud. quiere saber algo, me lo pregunta a mí.
Sra. Aguirre	—(*No le hace caso a su marido, y le contesta al policía.*) Sí, señor agente.
Sr. Aguirre	—(*A su esposa*) Tú no me debes hacer eso. Tú sabes que yo te trato bien cuando no estoy borracho. Te pido perdón.
Sra. Aguirre	—No. Esta vez no te perdono. Ya estoy cansada de tus maltratos.

El Dr. Andrade notifica a la policía sus sospechas de que el niño Carlos Jiménez está siendo maltratado. La agente Rodríguez, a cargo del caso, habla con sus padres.

Agente Rodríguez	—Buenos días. ¿Es Ud. el padre del niño Carlos Jiménez?
Sr. Jiménez	—Sí, soy yo. ¿Qué se le ofrece?
Agente Rodríguez	—Soy la agente Rodríguez, de la policía local. Ésta es mi identificación.
Sr. Jiménez	—Pase y siéntese. ¿En qué puedo servirle?
Agente Rodríguez	—Su hijo está ingresado en el hospital desde ayer. Ésta es la tercera vez que el niño ingresa en el hospital con lesiones más o menos graves y el médico sospecha que alguien lo está maltratando frecuentemente.
Sr. Jiménez	—¿Qué? ¿Quién dice eso? Eso es mentira. Además, nadie tiene autoridad para decirnos cómo debemos castigar a nuestros hijos.
Agente Rodríguez	—Está equivocado, Sr. Jiménez. En este país no se aceptan ciertas formas de disciplinar a los niños.

¡Escuchemos! While listening to the dialogue, circle **V** (**verdadero**) if the statement is true and **F** (**falso**) if it is false.

1. El padrastro de Julia le está pegando a su mamá.   V   F

2. El señor y la señora Aguirre están en el portal de la casa.   V   F

3. El Sr. Aguirre trabaja en una cantina.   V   F

4. El Sr. Aguirre le pega a su esposa si ella no le da dinero.   V   F

5. Él siempre le pega a la esposa con la mano.   V   F

6. El Sr. Aguirre tiene una navaja y una pistola.   V   F

7. El policía necesita una orden del juez para hablar con el Sr. Aguirre.   V   F

8. La Sra. Aguirre dice que lo único que le gusta a su esposo es beber. V   F

9. Esta vez la Sra. Aguirre está dispuesta a acusar a su marido. V   F

10. Ella va a perdonar a su esposo otra vez. V   F

🌐 VOCABULARIO
Audio

Cognados

la autoridad
la familia
frecuentemente
local
violento(a)

Nombres

el **arma** (f.)   *weapon*
la **bebida**   *drinking, drink*
la **cantina**, la **barra**, el **bar**   *bar*
el **cinto**, el **cinturón**, la **correa**   *belt*
el **cuerpo**   *body*[1]
el **dinero**   *money*
la **forma**   *way*
el (la) **juez(a)**   *judge*
la **lesión**   *injury*
el **maltrato**   *abuse*
el (la) **médico(a)**, el (la) **doctor(a)**   *doctor*
la **mentira**   *lie*
la **navaja**   *switchblade, razor*
la **orden**   *warrant, order*
el **padrastro**   *stepfather*
el **país**   *country*
el **perdón**   *pardon, forgiveness*
el **porqué**   *reason*
la **recámara** (*Méx.*), el **dormitorio**,
     la **pieza**   *bedroom*
la **sospecha**   *suspicion*
el **trabajo**   *work, job*
la **vez**   *time*

Verbos

aceptar   *to accept*
acusar   *to accuse*
beber, tomar   *to drink*
castigar   *to punish*
conseguir (e:i)   *to get, to obtain*
disciplinar   *to discipline*
doler (o:ue)   *to hurt, to ache*
gustar   *to be pleasing, to like*
hacer falta   *to need, to lack*
ingresar   *to be admitted (to), to enter*
investigar   *to investigate*
maltratar, abusar (de)   *to abuse*
matar   *to kill*
pegar   *to beat*
perdonar   *to forgive*
preguntar   *to ask (a question)*
quitar   *to take away*
tratar   *to treat*

Adjetivos

cansado(a)   *tired*
cierto(a)   *certain*
dispuesto(a)   *willing*
encerrado(a)   *locked up, closeted*
enojado(a)   *angry*
ingresado(a)   *admitted (to)*
lesionado(a)   *injured*
tercero(a)   *third*
todo(a)[2]   *whole*

---

[1]In Spanish, a dead person is referred to as a **cadáver** not as a **cuerpo**.
[2]The adjective **todo(a)** precedes the article or the possessive: **todo el cuerpo; toda mi casa.**

Otras palabras y expresiones

a cargo de *in charge of*
a la fuerza *by force*
adentro *inside*
ayer *yesterday*
bastante *quite, rather*
desde *from*
en lugar de *instead of*
ése, ésa *that one*
eso *that*
esta vez *this time*

estar equivocado(a) *to be wrong*
éste, ésta *this one*
hacerle caso a *to pay attention (to someone)*
lo que *what, that which*
lo único *the only thing*
más o menos *more or less*
nadie *nobody*
Siéntese. *Sit down.*
tocar a la puerta *to knock at the door*
todos los días *every day*
ya *at last, finally*

VOCABULARIO ADICIONAL

Armas de fuego

la ametralladora *machine gun*
la escopeta *shotgun*
el rifle *rifle*

Armas blancas (*Blades*)

el cuchillo *knife*
el puñal, la daga *dagger*

Explosivos (*Explosives*)

la bomba (de tiempo) *(time) bomb*
la dinamita *dynamite*
la granada de mano *hand grenade*

Algunos castigos corporales (*Some corporal punishments*)

ahorcar *to suffocate*
la bofetada, la galleta (*Cuba, Puerto Rico*) *slap*
la mordida *bite*
la nalgada *spanking, slap on the buttocks*
la paliza *beating*
la patada *kick*
la trompada, el puñetazo *punch*

Notas Culturales

■ In Spanish-speaking cultures, the concept of **machismo,** in which males are seen as aggressive and authoritative, plays a part in traditional views of gender roles and family. Degrees of male authoritarianism vary widely, and in general, women are important contributors to decision making and share authority in the family. Many Latina women are also part of the work force, and more and more Latino men help with household chores and care of the children.

■ In some Spanish-speaking countries, parents are still accustomed to disciplining their children through corporal punishment. This type of discipline is either not prohibited by law or is tolerated by the authorities. Generally speaking, mothers do the spanking, but if the misbehavior is serious, the father administers more serious punishment. He may hit the children with a belt or a leather strap. It is important, however, not to overgeneralize this disciplinary practice and to keep in mind that, in general, Latino families tend to be close-knit units in which all family members spend time together and help and support each other. Usually, unless questions of study or work arise, children continue to live with their parents until they get married, even beyond the time when they are no longer minors.

ACTIVIDADES

Dígame... Answer the following questions, basing your answers on the dialogues.

1. ¿Quién es la persona violenta en la casa de Julia?

   _____

2. ¿Por qué le pega el padrastro de Julia a su mamá? ¿Con qué le pega?

   _____

3. ¿Cómo está el Sr. Aguirre en este momento? ¿Y la señora? ¿A quién debe ver ella inmediatamente?

   _____

4. ¿El Sr. Aguirre quiere hablar con el agente Vera?

   _____

5. ¿Qué piensa el Sr. Aguirre de la situación?

   _____

6. ¿Qué le duele a la Sra. Aguirre?

   _____

7. ¿Qué decide hacer la Sra. Aguirre?

   _____

8. ¿Es un hombre peligroso el Sr. Aguirre?

   _____

9. ¿Por qué está en el hospital el niño Carlos Jiménez?

   _____

10. ¿Es la primera vez que el niño está allí?

_____

11. ¿Qué sospecha el médico?

_____

12. ¿Qué es lo que no se acepta en este país, según (*according to*) la agente Rodríguez?

_____

Hablemos
Interview a classmate, using the following questions. When you have finished, switch roles. Answer the questions with details.

1. ¿Investiga Ud. a menudo casos de maltrato de miembros de la familia?
2. Si Ud. va a una casa para investigar una denuncia, ¿qué le dice primero a la familia?
3. Si Ud. sospecha que una persona le está pegando a un miembro de la familia, ¿qué hace?
4. ¿Está Ud. enojado(a) con alguien hoy? ¿Por qué?
5. ¿Qué toma Ud. cuando le duele la cabeza?
6. ¿Qué cosas importantes tiene en su recámara?
7. ¿Qué armas cree que son más efectivas para un policía? ¿Por qué?

Quiz
VAMOS A PRACTICAR

A Change the demonstrative adjectives so that they agree with the new nouns.

1. este dinero, _____ mentira, _____ maltratos, _____ cantinas

2. esas recámaras, _____ forma, _____ miembros de su familia, _____ caso

3. aquel (*that over there*) país, _____ armas, _____ jueces, _____ familia

B Complete the following sentences, using **doler, gustar,** or **hacer falta.**

MODELO   A Luis _____ este restaurante.
A Luis **le gusta** este restaurante.

1. A mí _____ dinero porque necesito comprar ropa.

2. A Teresa _____ todo el cuerpo.

3. A Roberto y a mí no _____ el coche de Sergio porque es amarillo.

4. ¿Cuánto _____ para comprar la casa que tú quieres?

5. Voy a tomar Advil porque _____ las manos.

C You are needed as a translator. Write the following dialogues in Spanish. Use direct and/or indirect object pronouns.

1. "What are you going to do, Anita?"

"I'm going to tell him that I'm going to call the police."

_____

_____

2. "Do you give them money, Mr. Soto?"

"No, I never give them anything!"

_____

_____

3. "Does your husband hit you, Mrs. Varela?"

"Yes, he hits me when he's drunk."

_____

_____

D Answer the following questions, using the cues provided. Substitute direct and indirect object pronouns for the *italicized* objects.

MODELO ¿Quién *le* quita *el dinero a esa mujer?* (su marido)
Su marido **se lo** quita.

1. ¿Quién *le* dice *la verdad a Ud.?* (mi amigo)

_____

2. ¿Quién no *les* perdona *los delitos a los ladrones?* (mi padre)

_____

3. ¿Quién *les* consigue *bebidas a los menores de edad?* (nadie)

_____

4. ¿Quién *le* va a preguntar *eso al padrastro?* (el agente)

_____

Conversaciones breves Complete the following dialogue, using your imagination and the vocabulary from this lesson.

Un caso de maltrato:

Agente Rocha —_____

Vecina —El marido de mi vecina le está pegando.

Agente Rocha —_____

Vecina —Sí, siempre le pega. Y cuando está borracho, le pega mucho.

Agente Rocha —_____

Vecina —¿El dinero para bebidas? Su mujer me dice que si ella no se lo da, él se lo quita.

Agente Rocha —_____

Vecina —No sé si tiene armas.

Agente Rocha —_____

Vecina —No sé si va a estar dispuesta a acusar a su marido esta vez.

Agente Rocha —_____

 ## En estas situaciones With a partner, act out the following situations in Spanish.

1. You arrive at a house where there is a domestic squabble. Ask if you're at the right house, what is going on, if the stepfather is employed, and whether he is armed.

2. You are talking to a battered wife. See if she's hurt and if she needs to go to the hospital. Ask her if she wants to accuse her husband of abuse, and find out if she has a place to spend the night.

3. You go to a house where the parents are suspected of abusing their children. Introduce yourself. Explain that the local doctor suspects abuse because both children are in the hospital again with rather serious injuries. The parents deny everything.

 ## Casos With you and a partner playing the roles, work through the following scenarios.

1. You are a police officer questioning a child about the father's abuse of the mother.

2. Discuss child abuse and counseling with a parent who has been abusing his/her child.

Un paso más Review the **Vocabulario adicional** in this lesson and match the questions or statements in column **A** with the answers in column **B**.

 A   **B**

1. _____ ¿Es un rifle?	**a.** Porque hay una bomba.
2. _____ ¿Cómo dice que lo va a matar?	**b.** Tiene que quitársela.
3. _____ ¿Cómo castigan al niño?	**c.** Lo va a ahorcar.
4. _____ ¿Por qué tenemos que salir del hotel?	**d.** Sí, revólveres y ametralladoras.
5. _____ ¿Qué explosivos tiene?	**e.** Generalmente le dan una nalgada.
6. _____ El niño tiene una navaja.	**f.** Dinamita y granadas de mano.
7. _____ ¿Le vas a dar una bofetada?	**g.** No, es una escopeta.
8. _____ ¿La pandilla tiene armas de fuego?	**h.** No, una patada.

LECCIÓN 9

LA PRUEBA DEL ALCOHOL

OBJECTIVES

Structures

- Possessive pronouns
- Command forms: **Ud.** and **Uds.**
- Reflexive constructions
- Uses of object pronouns with command forms

Communication

- Traffic police: stopping and interviewing drivers; administering a sobriety test; giving detailed directions
- Identifying parts of a car

LA PRUEBA DEL ALCOHOL

Son las tres de la madrugada. El agente López detiene a un hombre por conducir a cincuenta millas por hora, con las luces apagadas, en una zona residencial. El límite de velocidad es de treinta y cinco millas por hora. El hombre parece estar borracho.

Agente López	—Arrime el carro a la acera y apague el motor, por favor.
Hombre	—¿Qué pasa, agente?
Agente López	—El límite de velocidad en este lugar es de treinta y cinco millas por hora, no de cincuenta.
Hombre	—Es que estoy muy apurado.
Agente López	—Déjeme ver su licencia de conducir, por favor.
Hombre	—Está en mi casa...
Agente López	—Muéstreme el registro del coche.
Hombre	—No lo tengo. El coche no es mío. Es de mi tío.
Agente López	—¿Cómo se llama Ud.?
Hombre	—Me llamo Juan Lara.
Agente López	—Su dirección y su edad, por favor.

Sr. Lara	—Vivo en la calle Quinta, número quinientos veinte. Tengo veinte años.
Agente López	—Bájese del carro, por favor. Párese con los talones juntos y ponga los brazos a los costados.
Sr. Lara	—¡Le digo que estoy apurado!
Agente López	—Usando la mano izquierda, tóquese la punta de la nariz con el dedo índice.
Sr. Lara	—No puedo... pero no estoy borracho...
Agente López	—Ahora cierre los ojos y eche la cabeza hacia atrás.
Sr. Lara	—Me voy a caer...
Agente López	—Bueno. Camine por esta línea hasta el final y vuelva por la misma línea. Dé nueve pasos.
Sr. Lara	—No entiendo... ¿Cuántos pasos? No veo bien la línea.

El Sr. Lara no puede hacer lo que el agente le dice.

Agente López	—Cuente con los dedos, así: uno, dos, tres, cuatro... cuatro, tres, dos, uno...
Sr. Lara	—Uno, dos, tres, cuatro, tres... Voy a empezar de nuevo...
Agente López	—Recite el abecedario, por favor.
Sr. Lara	—A, be, ce, de... efe, jota... ene...
Agente López	—Voy a leerle algo, Sr. Lara. Preste atención.

"Por la ley estatal Ud. tiene que someterse a una prueba química para determinar el contenido alcohólico de su sangre. Ud. puede elegir si la prueba va a ser de su sangre, orina o aliento. Si Ud. se niega a someterse a una prueba o si no completa una prueba, le vamos a suspender el derecho a manejar por seis meses. Ud. no tiene derecho a hablar con un abogado ni a tener un abogado presente antes de decir si va a someterse a una prueba, antes de decidir cuál de las pruebas va a elegir, ni durante la prueba elegida por Ud. Si Ud. no puede, o dice que no puede, completar la prueba elegida por Ud., debe someterse a cualquiera de las otras pruebas y completarla."

🔊 **¡Escuchemos!**   While listening to the dialogue, circle **V (verdadero)** if the statement is true and **F (falso)** if it is false.

		V	F
1.	El agente López detiene a un hombre a las tres de la madrugada.	V	F
2.	El límite de velocidad en una zona residencial es de cincuenta millas por hora.	V	F
3.	El hombre saca la licencia de conducir del bolsillo.	V	F
4.	Él es el dueño del coche.	V	F
5.	Juan Lara vive en la calle Quinta.	V	F
6.	Juan no puede tocarse la nariz con el dedo índice.	V	F
7.	Él no ve bien la línea.	V	F
8.	Si Juan se niega a someterse a una prueba química no le pueden suspender el derecho a manejar.	V	F

9. Juan puede elegir si la prueba va a ser de sangre, de orina o de aliento.

V   F

10. Si Juan elige una prueba y no puede completarla, no tiene derecho a someterse a otra de las pruebas.

V   F

🌐 VOCABULARIO
Audio

Cognados

el alcohol
alcohólico(a)
el límite
la línea
el motor
la orina
residencial
la velocidad
la zona

Nombres

el abecedario, el alfabeto *alphabet*
la acera, la banqueta (*Méx.*) *sidewalk*
la alcoholemia *blood alcohol level*
el aliento *breath*
la cabeza *head*
el contenido *content*
el dedo *finger*
el final *end*
el índice *index*
el límite de velocidad, la velocidad
    máxima *speed limit*
la madrugada *early morning*
la milla *mile*
la nariz *nose*
el paso *step*
la prueba *test*
la prueba del alcohol *sobriety test*
la punta *end, tip*
la sangre *blood*

el talón *heel*
el (la) tío (tía) *uncle (aunt)*

Verbos

apagar *to turn off*
arrimar *to pull over, to place nearby*
bajarse *to get out (off)*
caer(se)[1] *to fall*
completar *to complete*
contar (o:ue) *to count*
dejar *to allow, to let*
determinar *to determine*
elegir (e:i)[2] *to choose*
extender (e:ie) *to stretch out, to spread*
llamarse *to be named, to be called*
mostrar (o:ue), enseñar *to show*
pararse *to stand (up)*
poner[3] *to put*
recitar *to recite*
someterse a *to submit (oneself) to*
tocar *to touch*

Adjetivos

apagado(a) *out, turned off (light)*
elegido(a) *chosen*
estatal *of or pertaining to the state*
juntos(as) *together*
mismo(a) *same*
químico(a) *chemical*

---

[1]Irregular first person present indicative: **yo (me) caigo**
[2]First person present indicative: **yo elijo**
[3]Irregular first person present indicative: **yo pongo**

Otras palabras y expresiones

a los costados   *on the sides, at your sides*
así   *like this*
conducir a cincuenta millas por hora
   to drive fifty miles per hour
dar un paso   *to take a step*
de nuevo   *over, again*

echar la cabeza hacia atrás   *to tilt one's*
   head back
Es que...   *It's just that . . .*
estar apurado(a), tener prisa   *to be in a*
   hurry
prestar atención   *to pay attention*

🌐 VOCABULARIO ADICIONAL
Audio

Vocabulario automovilístico

el aceite   *oil*
el acelerador   *accelerator, gas pedal*
el acumulador, la batería   *battery*
el amortiguador (de choque)   *shock*
   absorber
el arranque, el motor de arranque   *starter*
el asiento   *seat*
el asiento para el niño   *child's car seat*
la baliza   *hazard light*
la bomba de agua   *water pump*
la bujía   *spark plug*
el cambio de velocidad   *gearshift*
el capó, la cubierta   *hood*
el carburador   *carburetor*
el cinturón de seguridad   *safety belt*
el embrague   *clutch*
el filtro   *filter*
el foco   *light*
el freno   *brake*
el gasoil   *Diesel*
la gasolina   *gasoline*
la goma, el neumático, la llanta   *tire*
el guardafangos   *fender*
el limpiaparabrisas   *windshield wiper*
la llanta pinchada (ponchada)   *flat tire*

la luz de giro   *turn signal*
el maletero, el portaequipajes, la cajuela
   (Méx.), el baúl (*Puerto Rico*)   *trunk*
la palanca de cambio de velocidades
   gearshift lever
el portaguantes, la guantera   *glove*
   compartment
la rueda   *wheel*
el seguro   *lock*
el silenciador   *muffler*
el tablero   *instrument panel*
el tanque   *tank*
la tapicería   *upholstery*
la ventanilla   *window*
el volante, el timón (*Cuba*)   *steering wheel*

Para dar direcciones

la cuadra (*América*)   *block (one side of a city*
   square)
la manzana   *block (city square)*
a (dos, cuatro,...) cuadras de aquí   (*two,*
   four, . . .) blocks from here
Doble..., Voltee...   *Turn . . .*
la esquina   *corner*
hasta la...   *up to . . .*
Siga derecho.   *Go straight ahead.*

Search

Notas Culturales

- Alcoholism is stigmatized as a vice in most Spanish-speaking countries, but having several drinks or drinking excessively at social functions is acceptable on occasion. Latinos generally don't drink alone, but rather in groups, and rarely with the deliberate intention of getting drunk. In some countries, women drink as much as men; in other countries, women hardly drink at all. The frequency of drunkenness among women in Spanish-speaking countries is, overall, much lower than among women in the United States.

- In the majority of Hispanic countries, there is no age limit for the sale and consumption of alcoholic beverages, and, generally, where age limits exist, they are not enforced. Young people generally participate fully in social gatherings and parties, and it is not unusual for them to drink alcoholic beverages.

- The alcoholic beverages most consumed in Hispanic countries are beer, wine, tequila, rum, cognac, and whiskey. Cider, an alcoholic beverage, is the preferred beverage for toasts. Upon toasting, Spanish-speaking people generally say **¡Salud!** ("To your health!"). In Spain, one frequently says **¡Salud, amor y pesetas,[1] y tiempo para gastarlas!** ("Health, love, and *pesetas,* and the time to spend them!").

ACTIVIDADES

Dígame... Answer the following questions, basing your answers on the dialogue.

1. ¿Por qué detiene al hombre el agente López?

_____

2. ¿Cuál es el límite de velocidad en la zona residencial?

_____

3. ¿Parece estar borracho el hombre?

_____

4. ¿Por qué dice el hombre que está manejando a cincuenta millas por hora?

_____

5. ¿Qué le pide el agente López?

_____

6. ¿Tiene el hombre el registro del carro?

_____

_____
[1]The Spanish currency is now the **euro.**

7. ¿Cómo se llama el hombre y cuántos años tiene?

_____

8. ¿Cómo debe pararse?

_____

9. ¿Qué debe hacer usando la mano izquierda?

_____

10. ¿Qué debe hacer después de cerrar los ojos?

_____

11. ¿Cuántos pasos debe dar el hombre?

_____

12. ¿Para qué tiene que someterse el Sr. Lara a una prueba química?

_____

Hablemos   Interview a classmate, using the following questions. When you have finished, switch roles.

1. ¿Para qué es la prueba del alcohol?

2. ¿Cuáles son las tres clases de pruebas?

3. ¿Qué pasa si yo me niego a someterme a la prueba del alcohol?

4. Si yo me someto a la prueba del alcohol, ¿puede estar presente mi abogado(a)?

5. ¿Qué pasa si yo no puedo completar la prueba?

6. ¿Cómo se llama Ud.?

7. ¿Puede Ud. decirme su dirección y su edad?

8. ¿Puede Ud. cerrar los ojos y tocarse la punta de la nariz?

VAMOS A PRACTICAR

A   Complete the following sentences with the Spanish equivalent of the words in parentheses.

1. Mi sangre es "O" positiva y _____ es "A" negativa. (*his*)

2. Sus hijos viven en California y _____ viven en México. (*mine*)

3. Mi apartamento queda en la calle Azalea. ¿Dónde queda _____, Sra. Vega? (*yours*)

4. Yo _____ a las seis y ellos _____ a las ocho. (*get up / get up*)

5. ¿A qué hora _____ Uds.? (*go to bed*)

6. Nosotros _____ ahora. (*go away*)

7. ¿Ud. _____ de la Sra. Peña? (*remember*)

B You have just stopped a woman for erratic driving. Use commands to tell her to do the following.

1. poner las manos en el volante

_____

2. apagar el motor y bajarse del carro

_____

3. prestar atención y no hablar

_____

4. pararse con los brazos a los costados

_____

5. extender los brazos, cerrar los ojos y echar la cabeza hacia atrás

_____

C You suspect that two men who are creating a disturbance in the street are drunk. Use commands to tell them to do the following.

1. tocarse la nariz

_____

2. caminar

_____

3. recitar el alfabeto

_____

4. contar con los dedos

_____

D Answer the following questions first affirmatively, then negatively.

¿Se lo digo a ella?
Sí, **dígaselo.**
No, **no se lo diga.**

1. ¿Se las doy a Ud.?

Sí, _____.

No, _____.

2. ¿Lo completo ahora?

Sí, _____.

No, _____.

3. ¿Le suspendo el derecho a manejar?

Sí, _____.

No, _____.

4. ¿Me someto a la prueba de alcoholemia?

Sí, _____.

No, _____.

5. ¿Me bajo del carro?

Sí, _____.

No, _____.

6. ¿Pongo el seguro?

Sí, _____.

No, _____.

Conversaciones breves
Complete the following dialogue, using your imagination and the vocabulary from this lesson.

Otra prueba del alcohol:

Hombre —_____

Agente —Lo detengo porque está manejando sin luz.

Hombre —_____

Agente —No, no puede irse (*leave*). ¿No sabe Ud. que el límite de velocidad en esta zona es de veinticinco millas por hora?

Hombre —_____

Agente —Deme su licencia, por favor.

Hombre —_____

Agente —Para manejar debe tener su licencia con Ud. Déjeme ver su registro.

Hombre —_____

Agente —¿El carro no es suyo (*yours*)? ¿De quién es?

Hombre —_____

Agente —Bájese del carro, por favor.

Hombre —_____

Agente —Lo siento, pero voy a tener que hacerle la prueba del alcohol.

Hombre —_____

Agente —Si no se somete a la prueba, le vamos a suspender el derecho a manejar por seis meses.

Hombre —_____

En estas situaciones
With two or more classmates, act out the following situations in Spanish.

1. You stop a woman for driving sixty miles per hour in a thirty-five-mile-per-hour zone. Order her to pull over to the curb, turn off the engine, and show you her driver's license and car registration.

2. You are giving a sobriety test to two teenagers caught racing their cars down Main Street. Order them to stretch their arms and touch their noses, to walk a straight line, and to count on their fingers. You find they are not drunk. You decide not to give them a ticket, but remind them about the speed limit.

Casos
With you and a partner playing the roles, work through the following scenarios.

1. While on patrol, you spot a reckless driver, whom you pull over. Explain why you have stopped the car and collect the appropriate personal data.

2. You have just pulled over a person suspected of DUI. Administer a field sobriety test.

Un paso más

A Review the **Vocabulario adicional** in this lesson and match the items in column **A** with the Spanish equivalent in column **B.**

A

1. _____ turn signal
2. _____ starter
3. _____ water pump
4. _____ carburetor
5. _____ oil
6. _____ tire
7. _____ battery
8. _____ windshield wiper
9. _____ gas pedal
10. _____ spark plug
11. _____ steering wheel
12. _____ upholstery
13. _____ windshield
14. _____ window
15. _____ glove compartment
16. _____ gearshift
17. _____ wheel
18. _____ hood
19. _____ tank
20. _____ filter
21. _____ flat tire
22. _____ muffler
23. _____ trunk
24. _____ brake
25. _____ fender
26. _____ seat
27. _____ hazard light

B

a. tapicería
b. guardafangos
c. parabrisas
d. maletero
e. rueda
f. silenciador
g. limpiaparabrisas
h. portaguantes
i. tanque
j. ventanilla
k. aceite
l. bujía
m. cambio de velocidades
n. carburador
ñ. baliza
o. acelerador
p. capó
q. volante
r. luz de giro
s. asiento
t. llanta pinchada
u. arranque
v. filtro
w. bomba de agua
x. acumulador
y. freno
z. goma

B You are a traffic policeman standing at the intersection of Novena Avenida and Calle 10, as indicated on the city map below. Give six people directions to the following places.

1. estación de policía:

2. hospital:

3. escuela secundaria:

4. hotel:

5. consulado de México:

6. mercado:

Sección del plano de una ciudad

LA POLICÍA INVESTIGA UN ROBO

OBJECTIVES

Structures

- The preterit of regular verbs
- The preterit of **ser, ir,** and **dar**
- Uses of **por** and **para**

Communication

- Investigating a burglary: interviewing victims and witnesses on location
- Describing the weather

LA POLICÍA INVESTIGA UN ROBO

Esta mañana la Sra. Ramos llamó por teléfono a la policía para denunciar un robo. Una hora después llegó a su casa el sargento Nieto, de la Sección de Robos.

El sargento Nieto habla con la Sra. Ramos:

Sargento Nieto	—Buenos días, señora. Soy el sargento Nieto, de la Sección de Robos. Aquí está mi identificación.
Sra. Ramos	—Buenos días, sargento. Llamé porque anoche entraron ladrones en la casa.
Sargento Nieto	—¿Qué les robaron, señora?
Sra. Ramos	—Muchas cosas: dos televisores, una cámara de vídeo, la computadora, el tocadiscos de discos compactos, varias joyas y unos ochenta dólares en efectivo.
Sargento Nieto	—¿De qué marca son todos esos equipos?
Sra. Ramos	—La computadora es de la IBM, los televisores son un JVC de diecinueve pulgadas y un RCA de veinticuatro pulgadas. Los demás equipos son también de la RCA.
Sargento Nieto	—¿Tiene el número de serie de todos los equipos robados?
Sra. Ramos	—Creo que sí. Nosotros los compramos a plazos y yo tengo guardados los contratos. Un momento.

La señora se va y vuelve con los contratos. El sargento Nieto los revisa.

Sargento Nieto	—Aquí falta el contrato de uno de los televisores.
Sra. Ramos	—Es verdad. Ahora me acuerdo de que lo tiré a la basura cuando terminé de pagarlo.
Sargento Nieto	—Y... ¿no anotó el número de serie?
Sra. Ramos	—No, no lo anoté. Ya sé que fue una tontería.
Sargento Nieto	—¿Por dónde entraron los ladrones?
Sra. Ramos	—Por la ventana del cuarto de mi hijo mayor. Forzaron la cerradura. Mire, como anoche llovió, dejaron algunas huellas de barro en la alfombra.
Sargento Nieto	—¿Limpiaron Uds. la casa después del robo?
Sra. Ramos	—No, no tocamos nada.
Sargento Nieto	—Bien. Luego van a venir los técnicos para ver si dejaron algunas huellas digitales. Ud. no tiene idea de a qué hora fue el robo, ¿verdad?
Sra. Ramos	—No. Mi hijo menor tiene el descanso de primavera. Lo llevamos a la playa y nos quedamos allá hasta hoy.
Sargento Nieto	—¿Su hijo mayor también fue a la playa?
Sra. Ramos	—Sí, todos fuimos y volvimos juntos.
Sargento Nieto	—Bueno, eso es todo, Sra. Ramos. Ahora voy a hablar con los vecinos para continuar las averiguaciones.
Sra. Ramos	—Yo hablé con los vecinos de al lado y ellos no vieron a nadie sospechoso rondando la casa.
Sargento Nieto	—Y yo le di mi tarjeta, ¿verdad? Llámeme si tiene algo nuevo que decirme.
Sra. Ramos	—Gracias por su ayuda, sargento. Y, por favor, si Ud. averigua algo, llámeme.
Sargento Nieto	—Claro que sí, señora.

🔊 **¡Escuchemos!** While listening to the dialogue, circle **V (verdadero)** if the statement is true and **F (falso)** if it is false.

1. El sargento Nieto llama a la Sra. Ramos para denunciar un robo.   V   F

2. Los ladrones entraron anoche en la casa de la familia Ramos.   V   F

3. La cámara de vídeo era de la marca IBM.   V   F

4. La Sra. Ramos tiene el número de serie de la computadora.   V   F

5. Los Ramos compraron los equipos a plazos.   V   F

6. Falta el contrato del tocadiscos.   V   F

7. Los ladrones entraron por la puerta de la calle.   V   F

8. Es una tontería no anotar el número de serie de los equipos.   V   F

9. Los técnicos van a venir para ver si los ladrones dejaron sus huellas digitales.   V   F

10. Los vecinos vieron a un hombre sospechoso rondando la casa.   V   F

🌐 VOCABULARIO
Audio

Cognados

la cámara de vídeo[1], la videocámara
el contrato
el disco compacto
el dólar
la serie
el (la) técnico(a)

Nombres

la alfombra   *carpet*
la averiguación   *investigation*
la basura   *trash, garbage*
el barro, el fango   *mud*
la cerradura   *lock*
la computadora, el ordenador (*España*)
   computer
el cuarto, la habitación   *room*
el descanso (las vacaciones) de primavera
   spring break
el equipo   *equipment*
la huella   *footprint*
la huella digital   *fingerprint*
la joya   *jewelry*
la mañana   *morning*
la marca   *brand*
el número de serie   *serial number*
la playa   *beach*
la primavera   *spring*
el pueblo   *town*
el televisor   *television set*
la tontería   *foolishness, nonsense*
las vacaciones   *vacation*

Verbos

acordarse (o:ue) (de)   *to remember*
anotar   *to write down, to take note of*
averiguar   *to find out*
comprar   *to buy*
continuar   *to continue*
faltar   *to be missing, to lack*
forzar (o:ue)   *to force*
irse   *to go away, to leave*
limpiar   *to clean*
quedarse   *to stay*
revisar, chequear   *to review, to check*
robar   *to rob, to steal from*
rondar   *to prowl*
terminar   *to finish*
tirar, botar   *to throw away*

Adjetivos

cercano(a)   *near, nearby*
guardado(a)   *put away, saved*
robado(a)   *stolen, robbed*

Otras palabras y expresiones

a plazos   *in installments, on time (payments)*
anoche   *last night*
Claro que sí   *Of course*
como   *since, being that*
de al lado   *next-door (neighbor, house)*
en efectivo   *in cash*
los demás   *the remaining (ones)*
luego   *later, afterwards*
terminar de (+ *inf.*)   *to finish (doing something)*

---

[1]"vídeo" is mostly used in Spain; in Latin America the word "video" is more common

VOCABULARIO ADICIONAL

Algunos artículos usados para cometer delitos (*Some crime paraphernalia*)

el cortavidrios   *glass cutter*
el documento falso   *forged document*
la escala de soga   *rope ladder*
la escalera de mano   *hand ladder*
la identificación falsa   *fake identification, forged ID*
la jeringuilla   *hypodermic syringe*
la llave falsa, la ganzúa   *skeleton key, picklock*
la máscara   *mask*
la mordaza   *gag*
la pata de cabra   *crowbar*
la piedra   *stone, rock*
la sierra de mano, el serrucho de mano   *handsaw*
la soga   *rope*

Para hablar del tiempo (*To talk about the weather*)

hacer buen tiempo   *to have good weather*
hacer (mucho) calor   *to be (very) hot*
hacer fresco   *to be cool*
hacer (mucho) frío   *to be (very) cold*
hacer mal tiempo   *to have bad weather*
hacer (mucho) sol   *to be (very) sunny*
hacer (mucho) viento   *to be (very) windy*
la humedad   *humidity*
la lluvia   *rain*
llover (o:ue)   *to rain*
la neblina, la niebla   *fog*
nevar (e:ie)   *to snow*
la nieve   *snow*

Las estaciones (*Seasons*)

el invierno   *winter*
el otoño   *autumn*
el verano   *summer*
la primavera   *spring*

Notas Culturales

■ Note that Latinos use a polite handshake when meeting someone for the first time. A handshake is also used for leave-taking.

■ When saying hello or good-bye and when being introduced, Hispanic men and women almost always shake hands. When greeting each other, girls and women often place their cheeks together, kissing not each other's cheek but the air. In Spain, this kissing is done on both cheeks. Men who are close friends normally embrace and pat each other on the back.

■ Remember that in the Southern hemisphere the seasons are reversed. For example, when it is winter in the United States, it is summer in Argentina.

ACTIVIDADES

Dígame... Answer the following questions, basing your answers on the dialogue.

1. ¿Para qué llamó la Sra. Ramos a la policía?

_____

2. ¿Para qué fue el agente Nieto a su casa?

_____

3. ¿Qué les robaron?

_____

4. ¿De qué marca son los televisores? ¿Y la computadora?

_____

5. ¿Sabe la Sra. Ramos todos los números de serie? ¿Por qué?

_____

6. ¿Cómo entraron los ladrones en la casa?

_____

7. ¿Para qué van a venir los técnicos?

_____

8. ¿Adónde fueron la Sra. Ramos y su familia ayer?

_____

9. ¿Qué más va a pasar?

_____

10. ¿Qué le dio el sargento Nieto a la Sra. Ramos?

_____

👥 **Hablemos** Interview a classmate, using the following questions. When you have finished, switch roles.

1. ¿Adónde fue Ud. ayer?

2. ¿Le dio su identificación a alguien?

3. ¿Se quedó en casa anoche?

4. ¿Tiene Ud. una computadora en su casa? ¿De qué marca es? Cuando la compró, ¿anotó el número de serie?

5. ¿Se acuerda Ud. dónde compró su televisor? ¿Lo compró a plazos?

6. ¿Alguien lo (la) llamó a Ud. esta mañana? ¿Quién fue?

7. Si Ud. ve a alguien sospechoso rondando una casa, ¿qué hace?

8. ¿Llovió anoche? ¿Qué tiempo hizo?

🌐 Quiz **VAMOS A PRACTICAR**

A Change the following paragraph to indicate that the actions took place in the past. Pay special attention to the verbs in italics.

Cuando la familia García *sale* de su casa, los ladrones *entran* y le *roban* la computadora. Cuando la familia *regresa,* la Sra. García *llama* a la policía. *Habla* con el sargento Smith y le *da* el número de serie del equipo. El sargento le *dice* que va a investigar el caso. Por la tarde, el sargento *va* a la casa de los García.

_____

_____

_____

_____

_____

B Fill in the blanks with **por** or **para** as needed.

1. Los ladrones entraron _____ una ventana.

2. El sargento viene _____ investigar el robo.

3. Me llamó _____ teléfono _____ decirme tonterías.

4. Ella guarda dinero _____ su fiesta.

5. Compré una computadora _____ mi hija _____ muy poco dinero.

6. No puede identificar la cámara de vídeo _____ no tener el número de serie.

7. _____ entrar en la casa, los ladrones forzaron la ventana.

8. Salimos _____ la mañana, pero la fiesta fue _____ la noche.

9. Nos fuimos de vacaciones _____ dos semanas.

10. Hay muchas nubes. Creo que está _____ llover.

C Write questions that elicit the following answers.

1. _____

Anoche entramos por la ventana.

2. _____

Fuimos a la casa de la Sra. Araújo.

3. _____

Les di cien dólares.

4. _____

No, no entendimos la conversación.

5. _____

Volví a mi casa a las nueve y media.

6. _____

Sí, yo fui el agente que investigó el robo.

Conversaciones breves
Complete the following dialogue, using your imagination and the vocabulary from this lesson.

Investigando un robo:

Agente —_____

Mujer —Me robaron un televisor y una cámara de vídeo.

Agente —_____

Mujer —El televisor es un RCA portátil, de diecinueve pulgadas y la cámara de vídeo, una Sony.

Agente —_____

Mujer —Hacía mucho calor y estábamos en la playa.

Agente —_____

Mujer —Entraron por la ventana.

Agente —_____

Mujer —¡Bah! Mis vecinos nunca ven nada. Siempre están mirando televisión.

Agente —_____

En estas situaciones With two or more classmates, act out the following situations in Spanish.

1. You are investigating a burglary. Ask the victim if he/she called the police, when the burglary took place, what the burglars took, and whether he/she knows how they got in.

2. You are talking to a burglary victim. Say that you are going to talk with the neighbors to try to find out if anybody saw anything. Explain that the technicians are going to come this afternoon to look for fingerprints. The victim asks you to call if you find out anything new.

3. You are talking to the neighbors of a person whose house was robbed. Introduce yourself and explain the reason for your visit. Ask if they saw anyone prowling around last night. They say they saw two suspicious young men in a strange car in front of the house, but they never got out. Tell them to call you if they remember anything new.

Casos With you and a partner playing the roles, work through the following scenarios.

1. You are a police officer talking to a victim of a burglary.

2. You describe to your partner, who was not on duty last night, all you know about the break-in on Cisne Street.

Un paso más

A Review the **Vocabulario adicional** in this lesson and then list the paraphernalia that you associate with the following crimes.

1. el vandalismo _____

_____

2. el homicidio _____

_____

3. el uso de drogas _____

_____

4. el robo _____

_____

5. el contrabando _____

_____

6. la estafa (*swindle*) _____

_____

B Review the expressions in the **Vocabulario adicional** for describing weather conditions. Describe what the weather is like in each of the following cities during the season that is indicated.

1. Phoenix, Arizona, en el verano: _____

2. Chicago, Illinois, en el otoño: _____

3. Portland, Oregón, en el invierno: _____

4. San Diego, California, en la primavera: _____

5. San Francisco, California, en el invierno: _____

LECTURA 2

RECOMENDACIONES PARA PREVENIR EL ROBO EN LAS TIENDAS

Search RECOMENDACIONES PARA PREVENIR EL ROBO EN LAS TIENDAS

Read the information about shoplifting in the following pamphlet for shop owners. Try to guess the meaning of all cognates.

RECOMENDACIONES PARA PREVENIR EL ROBO EN LAS TIENDAS

1. Los empleados tienen que estar alertas. Ud. debe formular un método sistemático que todos los empleados puedan seguir[1] si ven a una persona robando.

2. Los empleados tienen que poder ver todo lo que[2] pasa en la tienda. Los mostradores[3] no deben ser más altos que el nivel de la cintura.[4] Se recomienda poner espejos[5] en los rincones[6] de la tienda.

3. Deben colocar[7] los mostradores cerca de la puerta de salida.[8] De este modo,[9] los clientes pasan frente a los cajeros.[10]

4. No recomendamos poner la mercancía más cara[11] cerca de la puerta.

5. Deben instalar cámaras de seguridad en varios puntos[12] de la tienda?

Debe haber una advertencia contra[13] el robo a la vista.

© Cengage Learning

---

[1]**puedan...** *can follow*
[2]**lo...** *what*
[3]*counters*
[4]*waist*

[5]**poner...** *to put mirrors*
[6]*corners*
[7]*place*
[8]*exit*

[9]**De...** *This way*
[10]*cashiers*
[11]*expensive*
[12]*locations*
[13]*against*

Dígame...

1. Which of the following suggestions does the brochure make to prevent shoplifting?

____ **a.** Recomiendan tener una puerta en el fondo (*in the back*) de la tienda.

____ **b.** Cada empleado(a) debe decidir por sí mismo(a) (*by him/herself*) qué hacer si ve a una persona robando.

____ **c.** Es una buena idea poner en un lugar (*place*) muy visible una advertencia contra el robo en las tiendas.

____ **d.** Los mostradores deben ser muy bajos (*low*).

____ **e.** No deben poner los productos más caros cerca de la puerta.

____ **f.** Debe haber grabadoras ocultas (*hidden*).

2. If you were advising the owner of a store in a high-crime area, which of the anti-shoplifting measures in the Spanish brochure would you present as the most effective?

LECCIONES 6-10

REPASO

Práctica de vocabulario

A Circle the word or phrase that does not belong in each group.

1. automóvil   carro   dedo

2. aguja   juicio   abogada

3. mano   derecho   brazo

4. infracción de tránsito   multa   equipo

5. tragos   corazón   borracho

6. antes   a plazos   después

7. peca   tío   hijo

8. mentira   cigarrillo   fumar

9. rubio   lastimado   pelirrojo

10. hablar   correr   decir

11. aceptar   abusar   maltratar

12. volver   pegar   matar

13. enojada   en este lugar   adentro

14. agarra   coge   apaga

15. botan   tiran   averiguan

16. ordenador   computadora   cerradura

17. anoche   cercano   de al lado

18. cámara de vídeo   guantera   televisor

B Circle the word or phrase that best completes each sentence.

1. No sé quién cometió (el delito / el derecho / la escuela).

2. ¿Dónde está el dinero? ¿En tu (joven / bolsillo / aguja)?

3. (El edificio / La pared / El chofer) está en el carro.

4. El reproductor MP3 es de ella; ella es (la clienta / la dueña / la estudiante).

5. No (recuerdo / detengo / empiezo) el nombre de este señor.

6. Maneja (dentro del / bajo los efectos del / a cargo del) alcohol.

7. ¿Es gordo o (delgado / amarillo / endrogado)?

8. El coche está (en la licorería / en la navaja / en la zona de estacionamiento).

9. Mide seis pies, cuatro (tatuajes / suelos / pulgadas).

10. Le va a pegar con un (miembro / cinto / aliento).

11. Vienen a las cuatro de la mañana. (¡De madrugada! / ¡Cualquiera! / ¡Durante!)

12. (Las huellas / Las monedas / Los números) digitales están en la ventana.

13. Yo voy con Roberto. Nosotros siempre vamos (cansados / callados / juntos).

14. Con el dinero que robó, el ladrón quiere (vender / limpiar / comprar) drogas.

15. Tenemos (más o menos / a la fuerza / en contra de) cien dólares.

16. Tiene que (echar / mostrar / dar) nueve pasos.

17. Eche la cabeza (hacia / juntos / luego) atrás.

18. Dejaron huellas de barro en la alfombra porque anoche (llovió / apagó / dejó).

19. Párese con los talones (a menudo / juntos / después).

20. Ponga los brazos (a los costados / a diez millas / de nuevo) del cuerpo.

C   Match the items in column **A** with the appropriate word or phrase in column **B**.

A

1. _____ Muéstreme el registro, por favor.

2. _____ ¿Ellas están muy enojadas con la vecina?

3. _____ ¿De qué país son?

4. _____ ¿Dices que él está muy enfermo?

5. _____ ¿Qué puedo hacer?

6. _____ ¿Cuándo lo viste?

7. _____ ¿Con quién va Teresa?

8. _____ ¿No va a conducir Juan?

9. _____ ¿Cómo está tu tío?

10. _____ ¿Qué tienes en el cuarto?

11. _____ ¿Qué le van a hacer?

12. _____ ¿Dónde está el hospital?

13. _____ ¿Tú hablaste con él?

14. _____ ¿Por qué no van a esa calle?

15. _____ ¿Se van hoy?

B

a. Sí, está ingresado en el hospital.

b. Ayer.

c. Lo siento, pero no lo tengo conmigo.

d. No, porque está borracho.

e. A dos millas de aquí.

f. Porque el tránsito está prohibido.

g. De Colombia.

h. No sé. Tú tienes que decidir.

i. Sí, y vuelven la semana próxima.

j. Conmigo.

k. Sí, porque ella siempre dice tonterías.

l. La prueba del alcohol.

m. Un disco compacto.

n. Mejor.

o. No, porque él se niega a verme.

D Crucigrama

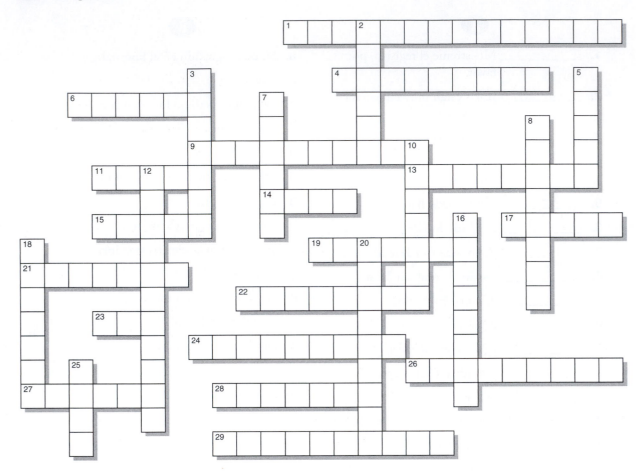

HORIZONTALES

1. con frecuencia

4. ¿Cuál es la _____ máxima?

6. ¿Es por la _____ o por la tarde?

9. María dice que son de Lima, pero ella está _____; son de Santiago.

11. Tóquese la punta de la _____.

13. *to forgive,* en español

14. un revólver, por ejemplo

15. No es diferente; es el _____.

17. Escribe con la mano izquierda porque es _____.

19. opuesto de "gorda"

21. persona de uniforme que anda en patrullero

22. El Empire State, por ejemplo

23. opuesto de "con"

24. Es el esposo de mi mamá, pero no es mi papá; es mi _____.

26. carro

27. toma

28. mostrar

29. alfabeto

VERTICALES

2. Ella _____ de uno a diez en español.

3. parecer: yo _____

5. Quiero ése en _____ de éste.

7. opuesto de "dar"

8. cinto

10. Luis tiene prisa: está _____.

12. Tienes que manejar a 25 millas por hora en un distrito _____.

16. Es muy tarde y no hay _____ tiempo para terminar el informe hoy.

18. bar

20. Se puede comprar bebidas alcohólicas en una _____.

25. No me hace _____.

Práctica oral
Listen to the following exercise on the audio program. The speaker will ask you some questions. Answer the questions, using the cues provided. The speaker will confirm the correct answer. Repeat the correct answer.

1. ¿Cuánto mide Ud.? (cinco pies, diez pulgadas)

2. ¿Qué marcas visibles tiene Ud.? (un tatuaje en el brazo izquierdo)

3. ¿Adónde fue Ud. ayer? (a la comisaría)

4. ¿Con quién habló Ud. ayer? (con el técnico)

5. ¿A quién vio Ud. anoche? (a mi familia)

6. ¿A qué hora volvió a su casa anoche? (a las ocho)

7. ¿Hay alguien en su casa en este momento? (no)

8. Cuando Ud. necesita dinero, ¿a quién se lo pide? (a nadie)

9. ¿Le robaron a Ud. algo esta mañana? (sí, mis joyas)

10. ¿De qué marca es su televisor? (Sony)

11. ¿Cuándo compró Ud. su televisor? (en abril)

12. ¿Sabe Ud. el número de serie de su videocámara? (no)

13. ¿A quiénes llama Ud. si alguien está lastimado? (a los paramédicos)

14. ¿Cómo se llama la doctora? (Luisa Morales)

15. ¿Quién pagó una multa esta tarde? (la señora de al lado)

16. Cuando Ud. sospecha que alguien maneja bajo la influencia del alcohol, ¿qué hace? (la prueba del alcohol)

17. ¿Alguien se negó a someterse a la prueba del alcohol? (sí, la Srta. Silva)

18. Si alguien maneja muy rápido, ¿lo detiene Ud.? (sí)

19. ¿Recuerda Ud. la advertencia Miranda? (claro que sí)

20. ¿Puede leerle la advertencia Miranda a alguien en español? (sí)

21. ¿Puede Ud. interrogar a un detenido en español? (sí)

22. ¿Siempre entiende bien cuando alguien le habla en español? (a veces)

23. ¿A quién interrogó Ud. hoy? (al esposo de una mujer maltratada)

24. ¿Ya terminó la averiguación? (sí)

25. ¿Investiga Ud. casos de maltrato a menudo? (sí, frecuentemente)

LECCIÓN 11

¡MÁS ROBOS!

OBJECTIVES

Structures

- Time expressions with **hacer**
- Irregular preterits
- The preterit of stem-changing verbs (**e:i** and **o:u**)
- Command forms: **tú**

Communication

- Investigating a burglary: reporting a robbery; interviewing victims at the police station
- Indicating times of the day

¡MÁS ROBOS!

El Sr. Gómez vino a la comisaría a denunciar el robo de su carro. Ahora está hablando con el sargento Alcalá, de la Sección de Robos.

Sargento Alcalá	—¿Cuándo le robaron su carro?
Sr. Gómez	—Anoche. Mi hijo lo dejó estacionado frente a la casa y yo creo que no lo cerró con llave.
Sargento Alcalá	—¿El carro es suyo o de su hijo?
Sr. Gómez	—Es mío, pero anoche mi hijo me lo pidió prestado para ir a una fiesta. Él fue el último que lo manejó.
Sargento Alcalá	—¿A qué hora regresó su hijo?
Sr. Gómez	—Como a las once.
Sargento Alcalá	—¿Vio el carro Ud. a esa hora?
Sr. Gómez	—Sí, señor. Y él me dio la llave cuando llegó.
Sargento Alcalá	—Por favor, dígame la marca, el modelo y el año de su carro.
Sr. Gómez	—Es un Ford Taurus, azul claro, del año dos mil cinco.
Sargento Alcalá	—¿Cuál es el número de la placa de su carro?

Sr. Gómez	—PED 530.
Sargento Alcalá	—¿Está asegurado su carro?
Sr. Gómez	—Sí, señor, contra todo riesgo.
Sargento Alcalá	—¿Ya está totalmente pagado el carro, Sr. Gómez?
Sr. Gómez	—No, todavía debo muchos plazos.
Sargento Alcalá	—¿Está atrasado en los pagos?
Sr. Gómez	—La verdad es que no estoy al día. Debo como dos meses. Es que tuvimos que pagar muchas cuentas, pero ahora mi esposa consiguió un buen trabajo.
Sargento Alcalá	—Muy bien. Voy a entregarles las copias del informe a los patrulleros.
Sr. Gómez	—A ver si lo encuentran pronto. Muchas gracias, sargento.
Sargento Alcalá	—No hay de qué, Sr. Gómez.

La Sra. Vega también vino a la comisaría a denunciar un robo. Ahora está hablando con el sargento Rivas.

Sra. Vega	—¡No puedo creerlo! Hace veinte años que vivo aquí y nunca antes hubo un robo en el vecindario.
Sargento Rivas	—¿Revisó bien la casa para ver todo lo que le falta?
Sra. Vega	—Sí. Hice una lista de lo que falta: cubiertos de plata, la videocasetera, una grabadora, una cámara de vídeo y una computadora.
Sargento Rivas	—¿Se llevaron algún arma?
Sra. Vega	—¡Ah, sí...! Una pistola de mi esposo.
Sargento Rivas	—Esa pistola, ¿está registrada?
Sra. Vega	—Creo que sí, pero no estoy segura. Mi esposo murió el año pasado.
Sargento Rivas	—Anóteme la marca, descripción y valor aproximado de todos los objetos robados, por favor.
Sra. Vega	—Muy bien.
Sargento Rivas	—¿Son todos los objetos robados propiedad de Ud.?
Sra. Vega	—Sí, señor. Son míos.
Sargento Rivas	—Bien, vamos a hacer todo lo posible por recobrarlos. (*Al agente Soto*) Lleva a la Sra. Vega a su casa, por favor. Después ven a mi oficina y tráeme los informes que te pidió el sargento Viñas.

🔊 **¡Escuchemos!** While listening to the dialogue, circle **V (verdadero)** if the statement is true and **F (falso)** if it is false.

1. El Sr. Gómez le dice al sargento Alcalá que le robaron su computadora. V F
2. El hijo del Sr. Gómez dejó el carro estacionado frente a su casa. V F
3. El Sr. Gómez cree que su hijo no dejó el carro cerrado con llave. V F
4. El hijo del Sr. Gómez no manejó el carro anoche. V F
5. El carro del Sr. Gómez está asegurado contra todo riesgo. V F
6. El Sr. Gómez compró el carro a plazos. V F

7. El Sr. Gómez está al día en los pagos. V F

8. El sargento Alcalá va a entregarles las copias del informe a los patrulleros. V F

9. En el vecindario de la Sra. Vega hay muchos robos. V F

10. El esposo de la Sra. Vega estaba en la playa anoche. V F

🌐 VOCABULARIO
Audio

Cognados

aproximado(a)
la copia
la descripción
la lista
el modelo
el objeto
registrado(a)

Nombres

el año *year*
los cubiertos *silverware (forks, knives, etc.)*
la cuenta *bill*
el empleo, el trabajo *job*
la fiesta *party*
la grabadora *tape recorder*
el pago *payment*
la placa, la chapa *license plate*
la plata *silver*
el plazo *installment*
la propiedad *property*
el riesgo *risk*
el valor *value*
la verdad *truth*
la videocasetera, la videograbadora
 videocassette recorder (VCR)

Verbos

deber *to owe*
encontrar (o:ue) *to find*

entregar *to give, to turn over (i.e., something to someone)*
llevarse *to steal (literally, to carry away)*
morir (o:ue), fallecer *to die, to pass away*
recobrar *to recover*

Adjetivos

asegurado(a) *insured*
atrasado(a) *behind*
cerrado(a) *closed, locked*
claro(a) *light (in color)*
estacionado(a) *parked*
pagado(a) *paid (for)*
pasado(a) *last*
todo(a) *all*
último(a) *last (in a series)*

Otras palabras y expresiones

al día *up to date*
como *about, approximately*
contra *against*
hubo *there was (were)*
nunca antes *never before*
pedir prestado(a) *to borrow*
todo lo posible *everything possible*
totalmente *totally*

VOCABULARIO ADICIONAL

Pasado, presente y futuro
(*Past, present, and future*)

a la mañana   *in the morning*
a la noche   *in the evening*
a la tarde   *in the afternoon*
a mediados de mes   *about the middle of the month*
a mediados de semana   *about the middle of the week*
a medianoche   *at midnight*
al amanecer, de madrugada   *at dawn, at daybreak*
al anochecer   *at dusk*
al mediodía   *at noon*
anteanoche, antes de anoche   *the night before last*
anteayer, antes de ayer   *the day before yesterday*

el año que viene, el año próximo   *next year*
durante el día   *during the day*
durante la noche   *during the night*
el mes pasado   *last month*
el mes que viene, el mes próximo   *next month*
pasado mañana   *the day after tomorrow*
la semana pasada   *last week*
la semana que viene, la semana próxima   *next week*
temprano   *early*

Otras palabras y expresiones

el reproductor de DVD   *DVD player*
el reproductor MP3   *MP3 player*
el videojuego   *videogame*

Notas Culturales

■ Automobile insurance is not mandatory in many Spanish-speaking countries, and thus the habit of insuring cars is not as widespread in Latin America as it is in the United States. Many Latinos who immigrate to the United States leave their cars uninsured, either out of habit, because they are unaware that automobile insurance is mandatory, or because they cannot afford to pay high insurance premiums.

■ In most Latino families children generally live with their parents until they get married or go away to college. They have a very close relationship not only with their parents, but also with their grandparents and other members of the extended family.

ACTIVIDADES

Dígame...   Answer the following questions, basing your answers on the dialogues.

1. ¿Para qué fueron el Sr. Gómez y la Sra. Vega a la comisaría? ¿Con quién está hablando el Sr. Gómez ahora?

_____

2. ¿Quién fue el último que manejó el carro? ¿Dónde lo dejó estacionado?

_____

3. ¿Puede Ud. describir el carro del Sr. Gómez?

_____

4. ¿Está totalmente pagado el carro del Sr. Gómez?

_____

5. ¿Cuántos meses debe el Sr. Gómez? ¿Por qué está atrasado en los pagos?

_____

6. ¿Cuántos años hace que la Sra. Vega vive en el barrio?

_____

7. ¿Hubo antes algún robo en el vecindario?

_____

8. ¿Qué hizo la Sra. Vega después del robo?

_____

9. ¿Qué se llevaron los ladrones?

_____

10. ¿Está registrada la pistola del Sr. Vega?

_____

11. ¿De quién son los objetos robados?

_____

12. ¿Qué va a hacer el agente Soto?

_____

 Hablemos Interview a classmate, using the following questions. When you have finished, switch roles.

1. ¿Cuánto tiempo hace que Ud. trabaja en el Departamento de Policía?

2. ¿Hacen Uds. todo lo posible por recobrar objetos robados?

3. ¿Cuándo fue la última vez que Ud. hizo un informe sobre (*about*) un robo de un carro?

4. ¿Cuál es el número de la chapa de su carro?

5. ¿Está Ud. atrasado(a) en los pagos de su carro?

6. ¿Está asegurado su carro?

7. ¿Cerró Ud. con llave su carro anoche?

8. ¿Hubo algún robo en su barrio recientemente (*recently*)?

🌐 VAMOS A PRACTICAR
Quiz

A Create sentences with the elements provided, using **hace** + *time* + **que** + *verb.*

1. tres años / (yo) tener / carro

_____

2. dos horas / sargento Alcalá / hablar / Sr. Gómez

_____

3. ¿Cuántos años / (Ud.) vivir / en esa casa?

_____

4. quince minutos / (yo) revisar / la casa

_____

5. veinte años / mi esposo / tener / esas pistolas

_____

6. media hora / la Sra. Vega / anotar / la marca / los objetos robados

_____

7. dos meses / (nosotros) no estar / al día

_____

B Rewrite the following sentences in the preterit tense according to the cues given.

MODELO   Hoy la agente Rojas viene a entregar el informe.
            Ayer **la agente Rojas *vino* a entregar el informe.**

1. Tengo que anotar todos los datos.

Ayer _____.

2. Estamos en la fiesta de una vecina.

Anoche _____.

3. No puedo comprar un seguro contra todo riesgo.

Cuando compré el carro _____.

4. Ellos lo saben.

Anoche _____.

5. La Sra. Ramos hace la denuncia en la estación de policía.

Ayer _____.

6. No quiere decir nada.

Anoche _____.

7. La señora dice la verdad.

Ayer _____.

8. Conduzco el coche de mi tío a toda velocidad.

Anoche _____.

9. Sirven tequila en la fiesta.

El sábado pasado _____.

10. Elsa duerme muy mal.

Anoche _____.

11. Uds. no le piden nada.

Ayer _____.

12. Muchas personas prefieren ir a México.

El año pasado _____.

C Doña Marta wants her son Roberto to help her out. She gives Roberto the following instructions. Use the Spanish equivalent of each command in parentheses.

Doña Marta —_____ (*Come*) aquí, Roberto. _____ (*Do me*) un favor: _____ (*bring me*) hoy los libros a la oficina, pero _____ (*don't give them*) a mi secretaria; _____ (*put them*) en mi escritorio (*desk*). _____ (*Call*) a tu papá y _____ (*tell him*) que necesito hablar con él. _____ (*Give him*) el número de teléfono de mi nuevo trabajo. Esta noche, _____ (*go*) a la casa de tu hermano Diego y _____ (*ask him*) si puede venir a casa mañana. Pero _____ (*come back*) a las ocho porque tienes que estudiar. ¡Ah!, si no puedes hablar con tu papá, _____ (*write him*) una nota.

Conversaciones breves
Complete the following dialogues, using your imagination and the vocabulary from this lesson.

El sargento Miño habla con la Sra. Paz del robo de su carro.

Sargento Miño —_____

Sra. Paz —No, no estoy al día. Debo como cuatro meses.

Sargento Miño —_____

Sra. Paz —No, no tengo seguro.

Sargento Miño — _____

Sra. Paz —Lo dejé en la calle. No lo puse en el garaje anoche.

Sargento Miño — _____

Sra. Paz —No, no las tengo. Las dejé en el coche.

Sargento Miño — _____

Sra. Paz —Sí, yo sospecho de mi vecino...

Sargento Miño — _____

Sra. Paz —Es un Mazda 2002, de cuatro puertas.

Sargento Miño — _____

El Sr. Ortega denuncia un robo.

Agente Barrios —¿Hizo Ud. una lista de lo que falta?

Sr. Ortega — _____

Agente Barrios —¿Puede darme la marca, descripción y valor aproximado de los objetos robados?

Sr. Ortega — _____

_____

_____

Agente Barrios —¿De quién son los objetos robados, señor?

Sr. Ortega — _____

👥 En estas situaciones With two or more classmates, act out the following situations in Spanish.

1. You are speaking to someone who has just come to the police station to report that his/her car was stolen. Question the owner about where he/she left the car, when it was stolen, whether it was locked, and whether it was insured. Ask for a description of the vehicle.

2. You are investigating a burglary. Ask the victim if he/she checked the house carefully to see what is missing. Find out if the burglars took any weapons. Finally, request that he/she write down the description and the approximate value of the DVD player, the computer, the MP3 player, and the silverware. Say that you'll let him/her know right away if you find the stolen items.

Casos With you and a partner playing the roles, work through the following scenarios.

1. You are a desk sergeant speaking with a man/woman who is reporting the theft of his/her car.

2. You are an officer speaking with a person whose home has been burglarized.

Un paso más
Review the **Vocabulario adicional** in this lesson and complete the following minidialogues.

1. —¿Cuándo viene Teresa?

   —El 16 de agosto, creo... A _____.

   —¿Y Jorge?

   —El viernes al mediodía. Hoy es miércoles. Llega _____.

2. —¿Van temprano?

   —¡Muy temprano! ¡De _____!

3. —¡Va a llegar muy tarde! ¡Son las once y media de la noche!

   —¡Casi (*Almost*) _____!

4. —¿Qué fecha es hoy?

   —El 12 de noviembre.

   —¿Cuándo regresó Rafael?

   —El 10... ¡_____!

   —¿Y Ana María?

   —Ella regresó el _____. El 20 de octubre, creo.

5. —¿Cuándo prefieres hacer la tarea?

   —Generalmente la hago _____.

6. —¿En qué momento del día usas el reproductor de DVD?

   —Lo uso _____. Veo películas con mi hermano.

CON UN AGENTE DE LA SECCIÓN DE TRÁNSITO

OBJECTIVES

Structures

- The imperfect tense
- The past progressive
- The preterit contrasted with the imperfect
- **En** and **a** as equivalents of *at*

Communication

- Traffic police: giving a ticket; issuing a warning; talking to a woman who left her baby in a locked car
- Identifying road signs

CON UN AGENTE DE LA SECCIÓN DE TRÁNSITO

Con la conductora de un coche que se pasa un semáforo con la luz roja.

Agente Reyes —Buenas tardes, señora.

Mujer —Buenas tardes, señor. ¿Por qué me detuvo? Yo no iba muy rápido.

Agente Reyes —No, pero pasó un semáforo en rojo.

Mujer —¡Pero yo empecé a cruzar la calle cuando el semáforo tenía la luz amarilla!

Agente Reyes —Pero antes de terminar de cruzarla ya estaba la luz roja.

Mujer —Bueno, yo no tengo la culpa de eso. La luz cambió muy rápido.

Agente Reyes —Ud. sólo debe iniciar el cruce de la calle con luz amarilla si está tan cerca de la línea de parada que no tiene tiempo para parar.

Mujer —Pero el carro de atrás venía a demasiada velocidad.

Agente Reyes —Lo siento, señora, pero tengo que imponerle una multa. Firme aquí, por favor.

En la autopista, con un conductor que cambia de carriles imprudentemente.

Agente Reyes —Señor, está cambiando de carriles imprudentemente. En cualquier momento va a causar un accidente.

Conductor	—Es que tengo mucha prisa. No quiero llegar tarde al trabajo. Debo llegar a las siete.
Agente Reyes	—Ésa no es una excusa válida. Ud. está poniendo en peligro su vida y la de los demás.
Conductor	—Es que mi jefe me dijo que si llegaba tarde otra vez me iba a despedir.
Agente Reyes	—Bien. Esta vez solamente le voy a dar una advertencia. Aquí la tiene. Buenos días y maneje con cuidado.
Conductor	—Muchísimas gracias, agente.

Con una señora que dejó a su bebé en un carro cerrado.

Señora	—¿Qué sucede, agente?
Agente Reyes	—Abra la puerta, por favor. ¿Es Ud. la madre de este bebé?
Señora	—Sí, señor. Lo dejé solamente por un momento.
Agente Reyes	—Eso es muy peligroso, señora. Alguien puede secuestrar al bebé. Además, la temperatura en el coche es muy alta. Es de unos 115 grados.

Eran las cuatro de la tarde cuando el agente regresó a la oficina.

🔊 **¡Escuchemos!** While listening to the dialogue, circle **V (verdadero)** if the statement is true and **F (falso)** if it is false.

1.	El agente detuvo a la conductora porque iba muy rápido.	V	F
2.	Ella se detuvo en un semáforo en rojo.	V	F
3.	Antes de terminar de cruzar la luz estaba roja.	V	F
4.	La conductora dice que la luz cambió muy rápido.	V	F
5.	También dice que el carro de atrás venía a demasiada velocidad.	V	F
6.	El agente detuvo al conductor por cambiar de carriles imprudentemente.	V	F
7.	Tener mucha prisa es una excusa válida.	V	F
8.	El agente le impuso una multa al conductor imprudente.	V	F
9.	La señora dejó al bebé en el carro abierto.	V	F
10.	Eran las cuatro de la tarde cuando el agente regresó a su casa.	V	F

🌐 VOCABULARIO
Audio

Cognados

la excusa
la temperatura
válido(a)

Nombres

la advertencia *warning*
la autopista *highway*
el bebé *baby*
el carril, la vía *lane*
el (la) conductor(a), el chofer *driver*
el cruce *crossing, intersection*
el grado *degree*
el (la) jefe(a) *boss*
la línea de parada *stop line*
la oficina *office*
el semáforo *traffic light*

Verbos

cambiar *to change*
causar *to cause*
cruzar *to cross*
despedir (e:i) *to fire (from a job)*
firmar *to sign*
girar, doblar *to turn*
iniciar *to begin*
parar *to stop*
secuestrar *to kidnap*

Adjetivos

alto(a) *high*
demasiado(a) *excessive, too much*

Otras palabras y expresiones

atrás *behind*
cerca (de) *close*
con cuidado *carefully*
es de unos... grados *it's about . . . degrees*
imponer (dar) una multa *to impose a fine, to give a ticket*
imprudentemente *imprudently, recklessly*
llegar tarde *to be late*
¡Maneje con cuidado! *Drive safely!*
mejor *better, best*
pasarse la luz roja *to go through a red light*
poner en peligro *to endanger*
rápido *fast*
tan *so*
tener la culpa (de), ser culpable (de) *to be at fault, to be guilty*
tener razón *to be right*

VOCABULARIO ADICIONAL

Señales de tránsito (*Traffic signs*)

Narrow Bridge

Yield

COMIENZA LA AUTOPISTA
Begin Freeway

Stop

One Way

R.R. Crossing
(*ferrocarril*)

Dangerous Curve

Don't Litter

DESVÍO
Detour

Danger

PROHIBIDO ESTACIONAR
No Parking

Pedestrian Crossing

Two-way Traffic

Slow Traffic Right Lane

Keep to the Right

Private Property
(No Trespassing)

Más señales de tránsito

Despacio *Slow*

Escuela, cruce de niños *School crossing*

Estacionamiento de emergencia sola-
mente *Emergency parking only*

Estacionamiento para residentes *Resident parking*

Mantenga su derecha *Keep right*

No entre *Do not enter, Wrong way*

No pasar, No rebasar (*Méx.*) *Do not pass*

Prohibido el cruce de peatones
  No pedestrian crossing

Prohibido girar en rojo *No turn on red*

Prohibido pasar *No trespassing*

Termina la doble vía *End of divided road*

Velocidad máxima *Speed limit*

Zona de grúa *Tow zone*

Notas Culturales

- In most Latin American countries and Spain, gasoline and automobiles are much more expensive than they are in the United States. For this reason, motorcycles are very popular, especially among young people.

- The metric system is used in Spanish-speaking countries. One kilometer is equivalent to 0.6 miles; one gallon is equivalent to 3.8 liters. See *Appendix D: Weights and Measures* for more information about the metric system and conversions.

ACTIVIDADES

Dígame... Answer the following questions, basing your answers on the dialogues.

1. ¿Por qué detuvo el agente Reyes a la mujer?

   _____

2. ¿Con qué luz empezó a cruzar la calle?

   _____

3. ¿Cuándo se puede iniciar el cruce de una calle con luz amarilla?

   _____

4. ¿Qué hacía el conductor que venía en el carro de atrás, según (*according to*) la mujer?

   _____

5. ¿Por qué estaba poniendo en peligro su vida y la de los demás el otro conductor?

   _____

6. ¿Por qué no quiere llegar tarde al trabajo?

   _____

7. ¿El agente Reyes le impone una multa a este conductor? ¿Qué le da?

_____

8. ¿Qué encontró el agente en un coche cerrado?

_____

9. ¿Por qué es peligroso dejar a un bebé solo en un coche?

_____

10. ¿Qué hora era cuando el agente Reyes regresó a la oficina?

_____

Hablemos
Interview a classmate, using the following questions. When you have finished, switch roles.

1. ¿Cuál es la velocidad máxima en la autopista de tu estado?

2. Si manejo en la autopista a noventa millas por hora, ¿me van a imponer una multa por exceso de velocidad?

3. ¿Qué señal indica que debe dejar pasar a otro carro?

4. ¿Tiene Ud. que manejar muy rápido a veces? ¿Cuándo?

5. Generalmente, ¿cuántas multas impone Ud. en un día?

6. ¿Llega Ud. tarde al trabajo a veces?

7. ¿Qué hora era cuando Ud. regresó a su casa anoche?

VAMOS A PRACTICAR
Quiz

A Complete the following sentences, using the preterit or the imperfect of the verbs given.

1. El coche que yo _____ (ver) _____ (ir) a más de noventa millas por hora.

2. Ayer yo le _____ (decir) a mi jefe que _____ (necesitar) otro carro.

3. La luz _____ (cambiar) cuando yo _____ (estar) cruzando la calle.

4. Él _____ (venir) a setenta millas por hora cuando el policía lo _____ (detener).

5. _____ (Ser) las tres de la tarde cuando ellas _____ (llegar).

6. El carro que yo _____ (tener) _____ (ser) rojo.

B Complete the following sentences with the Spanish equivalent of the words in parentheses.

1. Mi esposa no está _____ (*at home*) ahora.

2. Puedes irte, pero debes volver _____ (*at eight*).

3. La hija del conductor está _____ (*at school*).

4. Ella no está _____ (*at the party*).

C Complete the following exchanges using the past progressive forms of the verbs given.

1. —¿Qué _____ (hacer) él cuando tú llegaste?

    —_____ (Leer) el anuncio.

2. —¿Qué _____ (decir) Uds.?

    —_____ (Decir) que tenías que parar.

3. —¿Qué _____ (escribir) tú?

    —_____ (Escribir) el informe.

Conversaciones breves Complete the following dialogue, using your imagination and the vocabulary from this lesson.

La agente Nieto, de la Policía de Patrulla, habla con el Sr. Soto.

Agente Nieto —Ud. iba manejando a ochenta millas por hora, señor.

Sr. Soto —_____

Agente Nieto —Déjeme ver su licencia de conducir, por favor.

Sr. Soto —_____

Agente Nieto —También se pasó Ud. una luz roja en la calle Magnolia y cambió de carriles imprudentemente.

Sr. Soto —_____

Agente Nieto —Ésa no es una excusa válida.

Sr. Soto —_____

Agente Nieto —Lo siento, pero voy a tener que darle una multa por exceso de velocidad y por pasarse
una luz roja.

En estas situaciones With a partner, act out the following situations in Spanish.

1. You pull over a car that has just run a red light. The driver says he/she didn't know that there was a
light there and didn't see it. Tell the driver that you have to give him/her a ticket. Advise him/her to
drive carefully.

2. You stop someone who seems to be driving recklessly. He/She was going more than 60 miles per hour and was changing lanes too quickly when you stopped him/her. The driver explains he/she was going to see his/her mother in the hospital. Say that this time you're issuing a warning, but next time you're going to give him/her a ticket.

Casos With you and a partner playing the roles, work through the following scenarios.

1. Stop someone for running a red light.

2. Give someone a warning for reckless driving.

Un paso más Review the **Vocabulario adicional** in this lesson and indicate in Spanish which signs the following people are not obeying.

1. A cyclist is trying to enter a highway.

_____

2. A driver is speeding.

_____

3. A driver is trying to park in a zone designated for emergency vehicles.

_____

4. Someone is driving above the speed limit in a school zone.

_____

5. A passenger in a car just threw a paper bag out the window.

_____

6. Someone is going over a fence to get his frisbee.

_____

7. A driver is passing another car illegally.

_____

8. Cars must stop, but this person drives through.

_____

9. A driver just turned the wrong way onto a one-way street.

_____

10. A car is going 40 miles per hour in the left lane of a highway, holding up the cars behind.

_____

UN ACCIDENTE

OBJECTIVES

Structures

- **Hace** meaning *ago*
- Changes in meaning with the imperfect and preterit of **conocer, saber,** and **querer**

Communication

- Witnessing an accident: interviewing witnesses; talking to accident victims
- Recognizing parts of the body

🔊 UN ACCIDENTE

Hubo un accidente en la carretera. Un camión chocó con un carro y una motocicleta. El hombre que manejaba el carro y sus dos pasajeros murieron. El agente Peña, que acaba de llegar, está tratando de ayudar al muchacho que venía en la motocicleta.

Agente Peña	—No trate de levantarse. Quédese quieto.
Muchacho	—¿Qué pasó? Me siento mareado...
Agente Peña	—Hubo un accidente. ¿Le duele algo?
Muchacho	—Sí. La pierna derecha y la mano izquierda...
Agente Peña	—A ver... Voy a ponerle una venda para parar la sangre.
Muchacho	—¿Qué le pasó a la chica que venía conmigo?
Agente Peña	—Se lastimó la cara y los brazos, pero no es serio... Nosotros queríamos llevarla al hospital, pero ella no quiso ir. Se fue a su casa.
Muchacho	—Por suerte los dos llevábamos puestos los cascos de seguridad.
Agente Peña	—¿Sabía Ud. que en este estado el uso del casco de seguridad es obligatorio?
Muchacho	—No, no lo sabía. ¿Y... mi motocicleta? Hace solamente un mes que la compré.
Agente Peña	—Lo siento. Está debajo del camión. Por suerte Uds. saltaron a tiempo.

El agente va hacia el camión y ve que hay un incendio en la cabina. Corre y apaga el incendio con un extinguidor de incendios. El hombre que manejaba el camión está a un lado del camino.

Agente Peña	—¿Cómo se siente?
Hombre	—Todavía estoy temblando. Hice todo lo posible para evitar el choque, pero no pude.
Agente Peña	—¿Qué recuerda del accidente?
Hombre	—El chofer del coche trató de rebasar sin darse cuenta de que una motocicleta venía en sentido contrario. Trató de desviarse, pero perdió el control del vehículo, y chocó con mi camión.
Agente Peña	—Mire, ya vino la ambulancia. Van a llevarlo al hospital a Ud. también. ¿Quiere llamar a alguien?
Hombre	—Sí, a mi esposa, pero la tienda donde ella trabaja no se abre hasta las diez. Además, yo no necesito ir al hospital.
Agente Peña	—Es una precaución. Probablemente le van a tomar radiografías y el médico lo va a examinar. Necesito su nombre y su dirección.
Hombre	—Rafael Soto, calle La Sierra, 517.
Agente Peña	—¿Cuál es su número de teléfono?
Hombre	—328-9961.

🔊 **Escuchemos!** While listening to the dialogue, circle **V (verdadero)** if the statement is true and **F (falso)** if it is false.

1. Un camión chocó con un carro y con una motocicleta.	V	F
2. Las tres personas que venían en el carro murieron en el accidente.	V	F
3. La chica que venía en la motocicleta también murió.	V	F
4. Al muchacho de la motocicleta no le duele nada.	V	F
5. El uso del casco de seguridad es obligatorio en ese estado.	V	F
6. El chofer del camión no hizo nada para evitar el accidente.	V	F
7. El chofer del coche trató de rebasar cuando la motocicleta venía en sentido contrario.	V	F
8. La tienda donde trabaja la esposa del camionero se abre a las nueve.	V	F
9. El camionero dice que no necesita ir al hospital.	V	F
10. Le van a tomar radiografías y el médico lo va a examinar.	V	F

🌐 VOCABULARIO

Audio

Cognados

la ambulancia
el control
la motocicleta
la precaución
serio(a)
el vehículo

Nombres

la cabina   *cab (of a truck)*
el camino   *road*
el camión   *truck*
la cara   *face*
la carretera   *highway*
el (la) chico(a), el (la) chamaco(a)
    (Méx.)   young boy/girl
el choque   *collision, crash*
**el extinguidor de incendios, el extintor de
    incendios** *(Esp.)   fire extinguisher*
el hueso   *bone*
el lado   *side*
el (la) pasajero(a)   *passenger*
la pierna   *leg*
la radiografía   *X-ray*
la venda   *bandage*

Verbos

apagar   *to put out (a fire)*
chocar   *to collide, to run into, to hit*
desviarse   *to swerve*

examinar, chequear   *to examine*
lastimarse   *to get hurt*
levantarse   *to get up*
rebasar *(Méx.),* **pasar**   *to pass (a car)*
saltar   *to jump*
sentirse (e:ie)   *to feel*
temblar (e:ie)   *to shake, to tremble, to shiver*

Adjetivos

derecho(a)   *right*
desmayado(a)   *unconscious*
mareado(a)   *dizzy*
obligatorio(a)   *compulsory*
quebrado(a)   *broken*
quieto(a)   *still, quiet, calm*

Otras palabras y expresiones

a tiempo   *on time, just in time*
acabar de (+ inf.)   *to have just (done
    something)*
darse cuenta de   *to realize, to become
    aware of*
debajo de   *under, underneath, below*
en sentido contrario   *in the opposite
    direction*
hace un mes   *a month ago*
por suerte   *fortunately*

🌐 Audio VOCABULARIO ADICIONAL

Las partes del cuerpo (*Parts of the body*)

el pelo, el cabello
la frente
el oído
la oreja
la mejilla
la ceja
las pestañas
el ojo
la nariz
el labio
los dientes
la lengua
la barbilla
la boca

la cabeza
la cara
el cuello
el pecho
el brazo
el estómago
la cintura
la muñeca
la mano
la rodilla
la pierna
la cadera
el dedo del pie
el tobillo
el pie

el codo

el cuello

el hombro

la espalda

el brazo

el dedo

la cintura

Los dedos de la mano

el dedo mayor (corazón)

el dedo índice

el dedo anular

el dedo meñique

el dedo pulgar

Search

Notas Culturales

■ As a result of the North American Free Trade Agreement (NAFTA), every day more Mexican trucks are traveling U.S. highways, particularly in California, Arizona, New Mexico, and Texas. Standardized visual traffic signs are used throughout the world; however the U.S. highway system relies more extensively on written signs, which truckers who do not read English cannot understand. This poses some challenges and perhaps risks for all drivers.

■ To avoid confusion among Mexican drivers accustomed to the metric system, highway signs near the Mexican border often post speed limits in both miles and kilometers. This can also be seen close to the Canadian border.

ACTIVIDADES

Dígame... Answer the following questions, basing your answers on the dialogue.

1. ¿Con qué chocó el camión?

_____

2. ¿Quiénes murieron?

_____

3. ¿Qué está haciendo el agente Peña?

_____

4. ¿Cómo se siente el muchacho que venía en la motocicleta? ¿Qué le duele?

_____

5. ¿Qué le van a hacer al muchacho para parar la sangre?

_____

6. ¿Qué le pasó a la chica que venía con el muchacho?

_____

7. ¿Adónde querían llevar a la muchacha? ¿Por qué no la llevaron?

_____

8. ¿Adónde se fue?

_____

9. ¿Qué ve el agente cuando va hacia el camión? ¿Qué hace él?

_____

10. ¿Cómo se siente el hombre que manejaba el camión?

_____

11. ¿Cómo ocurrió (*happened*) el accidente?

_____

12. ¿A quién quiere llamar el hombre?

_____

13. ¿Qué le van a hacer al hombre en el hospital?

_____

 Hablemos Interview a classmate, using the following questions. When you have finished, switch roles.

1. ¿Cómo se siente Ud.?

2. ¿Le duele algo ahora?

3. ¿Qué tipo de vehículo le gusta manejar?

4. Cuando un(a) policía llega a un accidente en la autopista, ¿qué debe hacer primero?

5. ¿Es obligatorio el uso del casco de seguridad en este estado?

6. ¿Sabe Ud. a qué hora se abren las tiendas en esta ciudad? ¿A qué hora se cierran?

🌐 VAMOS A PRACTICAR
Quiz

A Tell how long ago the following things happened.

MODELO   Estamos en el año 2010.
Julio vino a este estado en el año 2008.
Hace dos años que Julio vino a este estado.

1. Estamos en septiembre.

Nosotros llegamos en junio.

_____

2. Son las diez de la mañana.

Ella se levantó a las seis.

_____

3. Son las diez y veinte.

Las tiendas se abren a las diez.

_____

4. Hoy es viernes.

Hubo un accidente el miércoles.

_____

B Complete the following sentences with the Spanish equivalent of the words in parentheses.

1. Yo _____ (*didn't know*) a la mamá de Claudia. _____ (*I met her*) anoche en el hospital.

2. Ellos _____ (*knew*) que nosotros estábamos aquí; no vinieron porque _____ (*they didn't want*) venir.

3. Yo _____ (*didn't want*) comprar la motocicleta, pero decidí comprarla.

4. Yo no sé _____ (*what*) es tu dirección.

5. ¿Dónde _____ (*are sold*) esos cascos de seguridad?

Conversaciones breves Complete the following dialogue, using your imagination and the vocabulary from this lesson.

Hubo un accidente en la autopista.

Agente Smith —Quédese quieto. No trate de levantarse.

Hombre —_____

Agente Smith —Un camión chocó con su carro. ¿Le duele algo?

Hombre —_____

Agente Smith —Déjeme ponerle una venda para parar la sangre.

Hombre —_____

Agente Smith —¿No recuerda el accidente?

Hombre —_____

Agente Smith —Aquí viene la ambulancia para llevarlo al hospital.

Hombre —_____

 ## En estas situaciones With a partner, act out the following situations in Spanish.

1. You are talking to an accident victim. Tell him/her to stay still and ask him/her what hurts. Tell the victim his/her son is hurt but not seriously. Say that an ambulance is coming, and it will take both of them to the hospital.

2. While on traffic duty, you see a motorcyclist collide with a car. When you question the motorcyclist, the person seems not to feel well and asks what happened. Explain that the motorcycle collided with a car coming in the opposite direction. The motorcyclist was driving too fast to avoid the collision. He/She was wearing a helmet but is injured nevertheless. Unfortunately, the person doesn't want to go to the hospital and says he/she doesn't like hospitals, ambulances, and doctors.

 ## Casos With you and a partner playing the roles, work through the following scenarios.

1. You are a police officer helping an accident victim who is badly hurt and very scared.

2. You are a police officer talking to someone who witnessed an accident on the highway.

Un paso más

A Review the **Vocabulario adicional** in this lesson and name the part of the body that corresponds to each number.

1. _____
2. _____
13. _____
3. _____
14. _____
4. _____
5. _____
6. _____
7. _____
10. _____
11. _____
9. _____
8. _____
12. _____

15. _____
16. _____
17. _____
18. _____
20. _____
21. _____
22. _____
19. _____
23. _____
25. _____
24. _____
26. _____

32. _____

33. _____

27. _____

28. _____

29. _____

30. _____

31. _____

B Review the **Vocabulario adicional** in this lesson once again, and name the finger that corresponds to each number.

3. _____

2. _____

4. _____

5. _____

1. _____

LECCIÓN 14

INTERROGATORIOS

OBJECTIVES

Structures

- The past participle
- The present perfect tense
- The past perfect (pluperfect) tense

Communication

- Interrogating a suspect
- Talking to a witness

INTERROGATORIOS

El sargento Vega acaba de detener a Carlos Guzmán. Le ha leído la advertencia Miranda y ahora empieza a interrogarlo.

Sargento Vega	—¿Entiende Ud. los derechos que le he leído?
Sr. Guzmán	—Sí, señor, pero yo no necesito un abogado porque soy inocente.
Sargento Vega	—¿Sabe Ud. de qué se le acusa? ¿Entiende Ud. la acusación?
Sr. Guzmán	—Sí, señor. Se me acusa de un robo que yo no cometí.
Sargento Vega	—Bien, la computadora que Ud. trató de empeñar era robada.
Sr. Guzmán	—Sí, eso me han dicho, pero yo no lo sabía.
Sargento Vega	—¿Cómo llegó a sus manos esa computadora?
Sr. Guzmán	—Se la compré a un hombre que me ofreció una ganga.
Sargento Vega	—¿No sospechó Ud. que era robada? Comprar artículos robados es un delito mayor.
Sr. Guzmán	—Yo no sabía que él la había robado. Me dijo que tenía que venderla urgentemente porque se había quedado sin trabajo.
Sargento Vega	—¿Dónde estaba Ud. la noche del sábado veinte de abril?
Sr. Guzmán	—En un bar de la calle Franklin.

147

Sargento Vega	—¿A qué hora salió de allí?
Sr. Guzmán	—Después de las doce de la noche.
Sargento Vega	—Sin embargo, yo he hablado con testigos que dicen que lo vieron a eso de las diez de la noche en el edificio donde ocurrió el robo.
Sr. Guzmán	—No puede ser. El dueño del bar puede decirle que yo estoy allí todas las noches hasta muy tarde.
Sargento Vega	—Sí, pero un empleado me dijo que esa noche Ud. había salido de allí antes de las diez.
Sr. Guzmán	—Eso es mentira. Es alguien que me quiere perjudicar.

El sargento arresta al hombre.

El detective Rubio interroga al Sr. Darío, un hombre acusado de estafa.

Detective Rubio	—Ud. le vendió un collar de perlas a la Sra. Carmen Hernández, ¿verdad?
Sr. Darío	—Sí, señor. Hace una semana.
Detective Rubio	—¿Ud. le dijo a la señora que las perlas eran de cultivo?
Sr. Darío	—No, señor.
Detective Rubio	—Pero Ud. le cobró las perlas como de primera calidad.
Sr. Darío	—Bueno, también yo le había dicho que el collar tenía un gran valor sentimental para mí.
Detective Rubio	—Ud. no le dijo la verdad. Sinceramente, yo creo que Ud. la engañó, pero el jurado va a decidir si la estafó o no. Yo no soy el que lo va a juzgar.

🔊 **¡Escuchemos!** While listening to the dialogue, circle **V (verdadero)** if the statement is true and **F (falso)** if it is false.

1. El sargento Vega le ha leído la advertencia Miranda al Sr. Guzmán. V   F

2. El Sr. Guzmán dice que él necesita un abogado. V   F

3. Él dice que sabía que la computadora era robada. V   F

4. Le compró la computadora a un hombre que le ofreció una ganga. V   F

5. Comprar artículos robados es un delito mayor. V   F

6. El sábado el Sr. Guzmán estaba en el bar de la calle Franklin. V   F

7. El Sr. Guzmán dice que salió del bar a eso de las diez de la noche. V   F

8. Ningún testigo vio al Sr. Guzmán en el edificio donde ocurrió el robo. V   F

9. El Sr. Darío le vendió un collar de perlas a la Sra. Hernández. V   F

10. Las perlas del collar eran de primera clase. V   F

🌐 VOCABULARIO
Audio

Cognados

la acusación
el artículo
el (la) detective
inocente
sentimental

engañar   *to cheat, to deceive*
estafar   *to swindle*
juzgar   *to judge*
ocurrir, pasar   *to occur*
ofrecer[1]   *to offer*
perjudicar   *to cause damage, to hurt*

Nombres

el collar   *necklace*
el delito mayor, el delito grave   *felony*
el (la) empleado(a)   *employee, clerk*
la estafa   *swindle, fraud*
la ganga   *bargain*
el jurado   *jury*
la perla   *pearl*
el (la) testigo   *witness*

Verbos

cobrar   *to charge, to collect*
empeñar   *to pawn*

Adjetivo

gran   *great*

Otras palabras y expresiones

a eso de   *at about (used with time)*
como de   *as, like*
de cultivo   *cultured (pearl)*
de primera calidad   *first class, top quality*
para mí   *for me*
quedarse sin trabajo   *to lose one's job*
sin embargo   *nevertheless, however*
sinceramente   *sincerely*
urgentemente   *urgently*

🌐 VOCABULARIO ADICIONAL
Audio

El juicio (*Trial*)

el (la) abogado(a) defensor(a)   *counsel for the defense*
absuelto   *acquitted*
el (la) acusado(a), el (la) reo   *defendant*
la apelación   *appeal*
apelar   *to appeal*
la cárcel, la prisión   *jail, prison*
el centro de reclusión de menores   *juvenile hall*
comparecer ante un juez   *to appear in court*
el (la) cómplice   *accomplice*
confesar (e:ie)   *to confess*

la confesión   *confession*
la corte, el juzgado   *court*
culpable   *guilty*
declarar culpable   *to convict*
la demanda   *lawsuit*
demandar   *to sue*
dictar sentencia, sentenciar   *to sentence*
el fallo, el veredicto   *decision, verdict*
el (la) fiscal   *prosecutor, district attorney*
el (la) intérprete   *interpreter*
los miembros del jurado   *jury members*
el (la) perito   *expert*

---

[1]Irregular first person present indicative: **yo ofrezco**

presentar una apelación	*to file an appeal*	**el (la) taquígrafo(a)**	*court reporter, stenographer*
procesado(a)	*indicted*		
la prueba	*evidence*	**el Tribunal Supremo**	*Supreme Court*
la sentencia, la condena	*sentence*		

Search

Notas Culturales

■ The justice system in Spanish-speaking countries is very different from that of the United States. Juries do not exist, and the guilt or innocence of the accused is decided by either a judge or a tribunal. Punishments are determined in accordance with a code that establishes minimum and maximum sentences for various categories of offense.

■ Many people from Spanish-speaking countries do not want to serve jury duty because they don't believe in the jury system. To them, people who are not trained to interpret the law should not decide legal matters.

ACTIVIDADES

Dígame... Answer the following questions, basing your answers on the dialogues.

1. ¿Qué acaba de hacer el sargento Vega?

_____

2. ¿Por qué dice el Sr. Guzmán que no necesita un abogado?

_____

3. ¿De qué se le acusa?

_____

4. ¿Qué dice el sargento Vega de la computadora que el Sr. Guzmán trató de empeñar?

_____

5. Según (*According to*) el Sr. Guzmán, ¿cómo consiguió la computadora?

_____

6. Según el Sr. Guzmán, ¿dónde estaba la noche del robo? ¿Hasta qué hora estuvo allí?

_____

7. ¿Qué han dicho los testigos?

_____

8. ¿Qué hizo el Sr. Darío hace una semana?

_____

9. ¿Por qué cree el detective Rubio que el Sr. Darío no le dijo la verdad a la Sra. Hernández?

_____

10. ¿Qué va a tener que decidir el jurado?

_____

Hablemos   Interview a classmate, using the following questions. When you have finished, switch roles.

1. ¿Recuerda Ud. dónde estaba la noche del cuatro de julio?

2. ¿Ha empeñado Ud. algo?

3. ¿Cuánto tiempo hace que Ud. compró su carro?

4. ¿Cómo llegó a sus manos su televisor?

5. ¿Ha vendido Ud. alguna vez (*ever*) un artículo de gran valor?

6. ¿Ha sido estafado(a) alguna vez?

7. ¿Se ha quedado Ud. sin trabajo alguna vez?

8. ¿Ha sido Ud. testigo de algún delito grave?

VAMOS A PRACTICAR

A   Complete the following sentences with the Spanish equivalent of the words in parentheses.

1. Todas las ventanas estaban _____ (*closed*), pero la puerta estaba _____ (*open*).

2. El hombre estaba _____ (*dead*).

3. La ropa está _____ (*made*) en la República Dominicana.

4. La información está _____ (*written*) en español.

5. Los objetos eran _____ (*stolen*).

6. Armando tenía un brazo _____ (*broken*).

B Rewrite the following sentences, first in the present perfect, then in the past perfect.

1. Me dice la verdad.

   _____

   _____

2. Lo interrogan.

   _____

   _____

3. Le decimos que no.

   _____

   _____

4. Esa mujer me ofrece una ganga.

   _____

   _____

5. ¿Uds. son testigos?

   _____

   _____

6. Yo no compro artículos robados.

   _____

   _____

7. Los testigos no pueden hablar con el detective.

   _____

   _____

8. Empeñan un collar de perlas y otras joyas.

   _____

   _____

Conversaciones breves Complete the following dialogue, using your imagination and the vocabulary from this lesson.

El teniente Casas interroga a Juan Luna.

Casas —_____

Luna —No, yo no estuve en ese edificio anoche.

Casas —_____

Luna —¿Dos testigos dijeron eso? ¡No puede ser!

Casas —_____

Luna —¿La computadora? Me la dio un amigo...

Casas —_____

Luna —Bueno, yo no sabía que era robada.

Casas —(*Le lee la advertencia Miranda.*)_____

Luna —Sí, entiendo.

Casas —_____

Luna —No. No quiero hablar con un abogado...

Casa —_____

 ## En estas situaciones With a partner, act out the following situations in Spanish.

1. You are interrogating a suspect. Ask where he/she was yesterday at 3 P.M. Say that three witnesses saw him/her at the school talking to some children. The suspect claims to have been talking on the telephone with a friend. Find out the friend's name, address, and telephone number.

2. You are talking to a witness. Ask if he/she is sure about the identification of the person he/she saw in the building the night of the robbery. The man he/she described was not there.

 ## Casos With you and a partner playing the roles, work through the following scenarios.

1. You are an officer interrogating a robbery suspect.

2. You are an officer talking to a suspect about his/her legal rights.

Un paso más

A Review the **Vocabulario adicional** in this lesson and complete the following sentences with an appropriate expression from the list.

1. Él fue _____ (*indicted*) por el gran jurado y ahora está esperando el juicio.

2. Si Ud. le dijo al _____ (*defendant*) dónde estaba el dinero, Ud. es _____ (*accomplice*) del delito.

3. El _____ (*prosecutor*) dice que el acusado es culpable y el _____ (*counsel for the defense*) dice que es inocente.

4. Los _____ (*experts*) examinan las pruebas.

5. Ella confesó su delito, pero la _____ (*confession*) no fue aceptada porque no le habían dicho que su abogado _____ (*could*) estar presente.

6. La testigo no pudo _____ (*identify*) al acusado.

7. Hoy vamos a saber el _____ (*verdict*) del jurado. Si es culpable, el juez la va a _____ (*sentence*) la semana que viene.

8. La _____ (*court reporter*) escribe todo lo que dicen los testigos.

9. La _____ (*sentence*) fue de dos años en un _____ (*juvenile hall*).

B Match the questions or statements in column **A** with the responses in column **B**.

A	B
1. _____ ¿Lo arrestaron?	**a.** Lo encontraron culpable.
2. _____ ¿El acusado fue declarado culpable?	**b.** No. Necesita un intérprete.
3. _____ ¿El acusado no habla inglés?	**c.** No, culpable.
4. _____ ¿Te estafaron?	**d.** Sí, pero el Tribunal Supremo no la aceptó.
5. _____ ¿Qué decidieron los miembros del jurado?	**e.** Sus huellas digitales.
6. _____ ¿Presentaron una apelación?	**f.** Sí, va a comparecer ante un juez mañana.
7. _____ ¿Fue absuelto?	**g.** Sí, les voy a poner una demanda.
8. _____ ¿Qué prueba tienen contra él?	**h.** Sí, pero va a apelar ante (*before*) el Tribunal Supremo.

CON LA POLICÍA SECRETA

OBJECTIVES

Structures

- The future tense
- The conditional tense

Communication

- Working undercover: infiltrating a gang; arresting solicitors of prostitution
- Investigating drug use and distribution

CON LA POLICÍA SECRETA

Isabel Cabrera, agente de la policía secreta, ha sido asignada a la Sección de Servicios Especiales. Se ha matriculado en una escuela secundaria del barrio hispano para infiltrarse en una pandilla que distribuye drogas en la escuela. Ahora, la agente Cabrera habla con María, una estudiante cuyo novio podría ser miembro de una pandilla.

Agente Cabrera	—Tú hablas español, ¿verdad?
María	—Sí, lo aprendí en casa. Soy latina.
Agente Cabrera	—Yo no hablo bien el inglés. ¿Podrías ayudarme con mis clases?
María	—Sí, aunque yo soy muy mala estudiante. ¿De dónde vienes, Isabel?
Agente Cabrera	—De Texas. Vinimos a Chicago hace una semana.
María	—¿Te gusta Chicago?
Agente Cabrera	—Sí, pero aquí no tengo amigos.
María	—Tú verás que pronto encuentras amigos aquí.
Agente Cabrera	—Espero que sí. ¿Qué se hace aquí para pasarlo bien?
María	—No sé, vamos al cine, tenemos fiestas... Ya sabes, hay de todo, si tienes dinero: bebida, yerba, piedra...
Agente Cabrera	—Aquí tengo cien dólares que me regaló mi tía.
María	—Si quieres, mi novio nos conseguirá una botella de tequila, y te presento a algunos de nuestros amigos.

Agente Cabrera —Me gustaría conocerlos. ¿Cómo se llama tu novio?
María —Roberto Álvarez.

A las once de la noche, la agente Rosales, vestida como una prostituta, tiene a su cargo detener hombres que solicitan sexo en una calle de la ciudad. Un hombre que maneja un carro azul se acerca a ella y la saluda. Empiezan a hablar.

Hombre —Hola... ¿Quieres pasar un buen rato?
Agente Rosales —Tú lo pasarás mejor...
Hombre —Eso espero. Sube.
Agente Rosales —¿Adónde me llevas?
Hombre —Vamos a un motel. Quiero pasar toda la noche contigo.
Agente Rosales —Bueno, hace falta algo más que querer...
Hombre —Aquí tienes cien dólares y si haces todo lo que yo quiero, te daré más.
Agente Rosales —No hace falta. Esto es suficiente. Está Ud. detenido. (*Le empieza a leer la advertencia Miranda.*)
Hombre —Por favor, soy un hombre de negocios y esto me perjudicaría muchísimo. Mire, aquí tiene mil dólares.
Agente Rosales —Eso es un intento de soborno. Su situación se agrava, señor.

🔊 **¡Escuchemos!** While listening to the dialogue, circle **V (verdadero)** if the statement is true and **F (falso)** if it is false.

		V	F
1.	María es una agente de la policía secreta.	V	F
2.	El novio de María podría ser miembro de una pandilla.	V	F
3.	María es muy buena estudiante.	V	F
4.	Hay una pandilla que distribuye drogas en la escuela.	V	F
5.	La agente dice que vinieron de Oregón hace una semana.	V	F
6.	La agente Rosales se viste de prostituta para detener hombres que solicitan sexo.	V	F
7.	Un hombre le dice que quiere pasar la noche con ella.	V	F
8.	Si hace todo lo que él quiere, el hombre le dará cien dólares.	V	F
9.	El hombre es un profesor de la escuela secundaria.	V	F
10.	El hombre le ofrece mil dólares para que no lo arreste.	V	F

Nombre _____ Sección _____ Fecha _____

🌐 VOCABULARIO
Audio

Cognados

el (la) latino(a), hispano(a)
el motel
el (la) prostituto(a)
el servicio
el sexo
suficiente
la tequila

Nombres

la botella *bottle*
el cine *movie theater, the movies*
la escuela secundaria[1] *junior high school, high school*
el hombre (la mujer) de negocios *businessman (woman)*
el intento *attempt*
la piedra (coll.), **el crac** *rock (crack cocaine)*
la policía secreta *undercover police*
el soborno *bribe*
la yerba (coll.) *marijuana*

Verbos

agravarse *to get worse, to worsen*
aprender *to learn*

costar (o:ue) *to cost*
distribuir[2] *to distribute*
encontrar (o:ue) *to find*
infiltrar(se) *to infiltrate*
matricularse *to register, to enroll (in a school)*
presentar *to introduce*
regalar *to give (a gift)*
responder *to respond*
saludar *to greet*
solicitar *to solicit*

Adjetivos

asignado(a) *assigned*
secreto(a) *secret*

Otras palabras y expresiones

aunque *although*
contigo *with you (informal)*
cuyo(a) *whose*
hay de todo *you can find everything*
muchísimo *very much*
pasarlo bien, pasar un buen rato *to have a good time*
tener a su cargo *to be in charge of*

🌐 VOCABULARIO ADICIONAL
Audio

Nombres comunes de algunas drogas

el ácido[3] *LSD*
la anfetamina *amphetamine*

la cocaína, la coca *cocaine*
el hachich, el hachís[4] *hashish*
la heroína *heroin*

[1]**Escuela primaria (elemental)** *grade school*
[2]Present tense: **distribuyo, distribuyes, distribuye, distribuimos, distribuyen**
[3]Colloquialisms: **el pegao, el sello, la pastilla**
[4]Colloquialisms: **el chocolate, el kif, la grifa**

el leño, la cucaracha, el porro *joint*
la marihuana, la mariguana *marijuana*
la metadona *methadone*
la morfina *morphine*
el opio *opium*

Nombres de algunas drogas en germanía (*Delinquents' slang*)

la marihuana:
una Juanita
la mota
el pasto
el pito
la yerba
la yesca
el zacate

un kilo de marihuana (2.2 lbs.):
el tabique
el ladrillo

la cocaína:
la blanca
la coca
el perico
el polvo

la speed:
el clavo

la heroína:
el caballo
la chiva
la manteca

la heroína negra:
la negra

el crac:
la piedra
la roca
la coca cocinada

Otras palabras relacionadas con el uso de drogas

adicto(a) *addicted*
las alucinaciones *hallucinations*
darse un pase *to snort, to be stoned, to take a drug*
el delírium tremens *DTs*
la desintoxicación *detoxification*
endrogarse *to take drugs, to become addicted to drugs*
la jeringuilla, la jeringa hipodérmica *hypodermic syringe*
pullar (*Caribe*) *to shoot up*
la sobredosis *overdose*

Search

Notas Culturales

According to the United States Census Bureau, out of a total U.S. population of roughly 293.7 million, approximately 41.3 million are Latino. The largest groups are Mexican Americans (66%), Puerto Ricans (9%), Cubans (4%), and Central and South Americans (14%). The states with the highest Latino populations are California, Texas, New York, Florida, Illinois, Arizona, New Jersey, New Mexico, and Colorado. More than half of all Hispanic Americans live in California and Texas alone. The Hispanic population in the United States is now higher than that of Central America. Hispanics are also now the largest minority, followed by African Americans.

ACTIVIDADES

Dígame... Answer the following questions, basing your answers on the dialogues.

1. ¿Qué hará la agente Cabrera en la escuela secundaria?

_____

2. ¿Por qué habla la agente Cabrera con María?

_____

3. ¿Cuándo dice la agente Cabrera que vino a Chicago?

_____

4. ¿Qué dice la agente Cabrera de Chicago?

_____

5. ¿Qué hacen María y sus amigos para pasarlo bien?

_____

6. ¿Cuánto dinero tiene la agente Cabrera?

_____

7. ¿Qué dice María que puede hacer su novio?

_____

8. Describa el trabajo que se le ha asignado a la agente Rosales esta noche.

_____

9. ¿Por qué detiene su carro un hombre?

_____

10. ¿Qué le ofrece el hombre a la agente Rosales? ¿Le ofrece algo más?

_____

11. Cuando la agente Rosales empieza a leerle la advertencia Miranda, ¿cómo responde el hombre?

_____

12. ¿Por qué le dice la agente Rosales al hombre que su situación se ha agravado?

_____

Hablemos Interview a classmate, using the following questions. When you have finished, switch roles.

1. ¿Hay pandillas en la ciudad donde Ud. vive? ¿Son un problema para la policía?

2. ¿Sabe Ud. si se venden drogas en algunas de las escuelas secundarias de su ciudad?

3. ¿Cómo podría conseguir un(a) estudiante drogas o bebidas en su ciudad?

4. ¿Ha trabajado Ud. en la Sección de Servicios Especiales? Describa lo que hizo.

5. ¿Tiene amigos latinos? ¿Cómo son?

 VAMOS A PRACTICAR

A Rewrite the following sentences, replacing the underlined verb phrases with the future tense.

MODELO   Su situación <u>se va a agravar</u>.
Su situación *se agravará*.

1. Nosotros <u>vamos a tratar</u> de infiltrarnos en la pandilla.

_____

2. Mi compañera me <u>va a ayudar</u> con el español.

_____

3. Ellos <u>van a ir</u> a Chicago.

_____

4. La botella de tequila te <u>va a costar</u> doce dólares.

_____

5. Yo te la <u>voy a conseguir.</u>

_____

6. Ella no <u>va a venir</u> a la fiesta.

_____

7. Nosotros no <u>vamos a poder</u> matricularnos este año.

_____

8. Yo <u>voy a tener</u> que demandarlo.

_____

B Answer the questions, using the cues provided.

MODELO ¿Qué dijo María? (su novio poder conseguirle una botella)
María dijo que su novio *podría* conseguirle una botella.

1. ¿Qué dijo la Sra. Santos? (su hija no poder matricularse mañana)

_____

2. ¿Qué dijo la estudiante? (su amigo salir pronto)

_____

3. ¿Qué creías tú? (mi tía estar en mi casa en dos horas)

_____

4. ¿Qué dijo el hombre de negocios? (eso perjudicarle)

_____

5. ¿Qué pensaba el hombre? (ellos pasar un buen rato)

_____

6. ¿Qué dijo el sargento? (la agente tener que infiltrarse en la pandilla)

_____

7. ¿Qué pensaba la agente? (el acusado no decir la verdad)

_____

Conversaciones breves Complete the following dialogue, using your imagination and the vocabulary from this lesson.

El agente Gómez, de la Sección de Servicios Especiales, se ha infiltrado en una pandilla que vende drogas en una escuela. Habla con un miembro de la pandilla.

Tomás —Me dice Juana que tú querías hablar conmigo...

Agente Gómez —_____

Tomás —Pues, sí. Puedo venderte eso por cincuenta dólares.

Agente Gómez —_____

Tomás —¡Hombre, verás que la roca que te voy a conseguir es de primera calidad!

Agente Gómez —_____

Tomás —Ven a mi casa a las tres.

Agente Gómez —_____

Tomás —A una cuadra de aquí. Calle Nogales, número 28.

Agente Gómez —_____

Tomás —Sí, cómo no. Les diré que vas a traer una botella de tequila para compartirla con nosotros. Nos vemos, ¿eh?

Agente Gómez —_____

En estas situaciones With a partner, act out the following situations in Spanish.

1. You are an undercover agent who has been assigned to infiltrate a gang that has been selling drugs and guns to high school students in the neighborhood. Pretend you just moved to the area and want to get a gun as well as some drugs. Introduce yourself to a gang member at school and ask if he/she could help you get what you want. Mention that money is not a problem, but you're in a hurry to get what you need. Try to arrange to see a dealer later in the day.

2. You are posing as a prostitute in order to arrest people soliciting sex at night in the city. A person approaches you with interest. Ask where he/she wants to take you and discuss the price. After you agree on a price, identify yourself and announce that the person is under arrest. Say that you will read him/her the Miranda warning.

Casos With you and a partner playing the roles, work through the following scenarios.

1. You are an undercover agent making a drug deal at the high school with a gang member.

2. You arrest a person who tried to solicit sex from a prostitute and who tries to bribe you.

Un paso más Review the **Vocabulario adicional** in this lesson and place a 1, 2, 3, 4, 5, or 6 next to each of the following terms according to the definition.

1. marihuana
2. hashish
3. cocaína
4. ácido
5. heroína
6. crac

_____ chocolate	_____ sello	_____ piedra
_____ zacate	_____ polvo	_____ roca
_____ coca	_____ grifa	_____ yerba
_____ pegao	_____ kif	_____ pito
_____ mota	_____ pastilla	_____ perico

A joint is a _____, _____, or _____.

SEGURIDAD DOMÉSTICA: ROBOS

Search **SEGURIDAD DOMÉSTICA: ROBOS**

Read the following information about home burglaries. Try to guess the meaning of all cognates. Then, do the exercise that follows.

Seguridad doméstica: Robos

Más de seis millones de robos residenciales ocurren en los Estados Unidos cada año: ¡uno cada diez segundos!

Prevención: Cuando Ud. salga[1] de la casa...

- siempre cierre con llave las puertas y asegure ventanas. (En casi[2] el 50% de los casos, los ladrones entran en las casas por puertas y ventanas abiertas[3]).
- nunca deje la llave donde se pueda encontrar fácilmente[4] : bajo un felpudo[5], en una maceta de flores[6], etc.
- use un regulador de encendido para que las luces, la radio y el televisor se prendan y se apaguen automáticamente para dar la impresión de que alguien está en casa.
- en caso de viajes[7] extensos, acuérdese de suspender la entrega de la correspondencia y de los periódicos o pídale a un(a) vecino(a) que los recoja.

Si Ud. llega a casa y ve indicaciones de que alguien ha forzado la cerradura de la puerta o de la ventana, no entre.
¡Llame a la policía enseguida!

¡Buenos vecinos!
Si ven algo sospechoso en la casa de un vecino, llamen a la policía enseguida. Nunca traten de detener[8] a un delincuente; puede ser peligroso. Recuerden: ¡Una comunidad que trabaja en cooperación con la policía es la mejor protección contra[9] los delitos!

---

[1]*leave*	[3]*open*	[5]*mat*	[7]*trips*	[9]*against*
[2]*almost*	[4]**se**... *can easily be found*	[6]**maceta**... *flower pot*	[8]*to stop*

Write in Spanish three precautions you would recommend to someone concerned about preventing a robbery at his/her home.

1. _____

2. _____

3. _____

🌐 Search **EVITE EL ROBO DE SU AUTOMÓVIL**

Read the following list of advice about vehicular security. Again, try to guess the meaning of all cognates. Then, do the exercise item that follows.

EVITE EL ROBO DE SU AUTOMÓVIL HACIENDO LO SIGUIENTE:

1. Cierre su carro con llave y lleve las llaves con Ud.
2. Cierre todas las ventanillas y el maletero (*trunk*) del coche.
3. No deje cosas de valor en los asientos; póngalas en el maletero.
4. Si tiene que dejar su carro en un estacionamiento público por mucho tiempo, asegúrese de que esté atendido.
5. No ponga su nombre y domicilio en el llavero (*keychain*).
6. Por la noche, estacione siempre en un lugar bien iluminado (*illuminated*).
7. Si es posible, utilice aparatos antirrobos (*anti theft*).

Indicate in Spanish the advice you would give to the following people, according to what they do wrong.

1. Javier, who works nights, always parks his car in a dark alley.

_____

_____

2. Analía often leaves the car keys in the ignition.

_____

_____

3. Daniel's name, address, and telephone number appear on his key ring.

_____

_____

4. Mrs. Agustoni likes to leave her car windows open in the summer so the car won't be too hot when she comes back to it.

_____

_____

5. When Mrs. Valente goes shopping, you can always look inside her car and see store bags full of interesting things.

_____

_____

6. Mr. Cota thinks antitheft devices are too expensive and really unnecessary.

_____

_____

7. Antonio doesn't want to pay for parking, so he leaves his car in unattended parking places.

_____

_____

REPASO

LECCIONES 11-15

Práctica de vocabulario

A Circle the word or phrase that does not belong in each group.

1. chapa   placa   plata
2. robar   encontrar   llevarse
3. todo lo posible   de nada   no hay de qué
4. carril   vía   valor
5. pasarse la luz roja   poner en peligro   manejar con cuidado
6. sólo   sola   solamente
7. mejor   atrás   cerca
8. carretera   autopista   venda
9. pierna   cara   choque
10. apagar   chequear   examinar
11. collar   testigo   perla
12. estafar   ofrecer   perjudicar
13. tía   tequila   botella
14. agravarse   necesitar   hacer falta
15. dar   responder   regalar
16. morir   despedir   fallecer
17. año   oficina   jefe
18. próximo   pasado   rápido

B Circle the word or phrase that best completes each sentence.

1. Ud. (inició / cruzó / evitó) la calle cuando la luz estaba roja.
2. Hay muchos (camiones / caminos / cubiertos) en la carretera.
3. El coche estaba (atrasado / pagado / estacionado) frente a mi casa.
4. Me robaron (la verdad / la computadora / el plazo).
5. No tengo dinero porque (me ofrecieron trabajo / cobré ayer / me quedé sin trabajo).

6. ¿Es Ud. la madre de este (semáforo / bebé / cruce)?

7. Ella no tiene la culpa; es (inocente / asignada / quieta).

8. Lo vende barato. Es (una ganga / una pandilla / un soborno).

9. Se (matriculó / infiltró / lastimó) la pierna.

10. Yo vi el accidente. Todavía estoy (chocando / aprendiendo / temblando).

11. Necesito el extinguidor de (lados / incendios / pasajeros).

12. Estaba en la (estafa / piedra / cabina) del camión.

13. No estoy al día. (Debo / Entrego / Recobro) como dos meses.

14. Es un Chevrolet azul (rojo / claro / derecho).

15. Es un hombre de (negocios / intento / novios).

16. Tuvimos que pagar (los grados / las cuentas / el jurado).

17. Voy a (abrir / juzgar / infiltrar) la puerta de la calle.

18. La temperatura es muy (roja / alta / atrasada).

C Match the questions in column **A** with the answers in column **B**.

A

1. _____ ¿Cómo se siente?

2. _____ ¿Dónde está la motocicleta?

3. _____ ¿Qué harán para pasarlo bien?

4. _____ ¿Adónde me llevarás?

5. _____ ¿Está asegurado tu carro?

6. _____ ¿Cuándo le robaron el coche?

7. _____ ¿Se llevaron algún arma?

8. _____ ¿Son propiedad de Uds.?

9. _____ ¿Sabe Ud. de qué se le acusa?

10. _____ ¿Las perlas son de primera calidad?

11. _____ ¿Hace una semana que lo vio?

12. _____ ¿Te impuso una multa?

B

a. Sí, contra todo riesgo.

b. Sí, señor. Pero soy inocente.

c. No, por suerte hace solamente dos días.

d. Sí, una pistola.

e. No, sólo me dio una advertencia.

f. Debajo del camión.

g. A un motel.

h. No, son de cultivo.

i. Anoche.

j. Bien.

k. No, no son nuestros.

l. Iremos a fiestas.

D Crucigrama

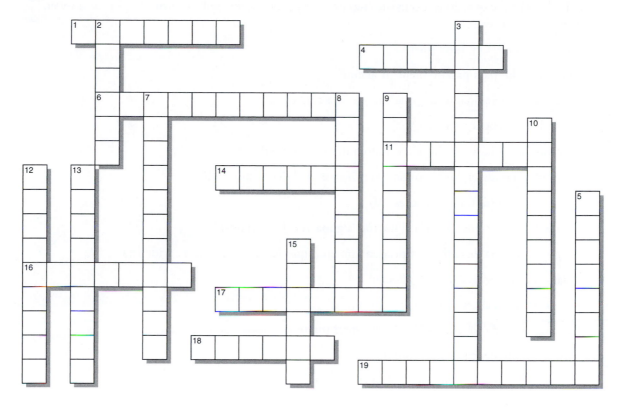

HORIZONTALES

1. pasar

4. opuesto de "primero"

6. *X-ray,* en español

11. ¡Maneje con _____!

14. *jury,* en español

16. *chico,* en México

17. *clerk,* en español

18. Tienes que parar en la línea de _____.

19. daría

VERTICALES

2. vía

3. sin prudencia

5. *gang,* en español

7. acción de describir

8. No es una carretera; es una _____.

9. mucho, mucho

10. persona que conduce (*m.*)

12. camión, carro, etc. (*pl.*)

13. acción de acusar

15. que tiene valor

🔊 **Práctica oral** Listen to the following exercise on the audio program. The speaker will ask you some questions. Answer the questions, using the cues provided. The speaker will confirm the correct answer. Repeat the correct answer.

1. ¿Cómo se siente Ud. hoy? (bien)

2. ¿Qué hace Ud. para pasarlo bien? (ir al cine)

3. ¿Dónde está estacionado su coche? (frente a la comisaría)

4. ¿Cerró Ud. su coche con llave? (sí)

5. ¿Contra qué está asegurado su coche? (contra todo riesgo)

6. ¿Está Ud. atrasada en los pagos de su coche o está al día? (estoy al día)

7. ¿Llega Ud. tarde al trabajo a veces? (sí)

8. ¿Se pasó Ud. un semáforo con la luz roja alguna vez? (no, nunca)

9. Si alguien cambia de carriles imprudentemente, ¿qué puede causar? (un accidente)

10. ¿Cuándo hubo un accidente? (anoche)

11. ¿Dónde ocurrió el accidente? (en la carretera)

12. ¿Cuántas personas murieron en el accidente? (nadie)

13. ¿Se lastimó alguien? (sí, una señora)

14. ¿Qué usa Ud. si hay un incendio? (un extinguidor de incendios)

15. ¿Prefiere Ud. manejar un coche o una motocicleta? (una motocicleta)

16. Cuando Ud. maneja una motocicleta, ¿qué lleva puesto siempre? (el casco de seguridad)

17. ¿Perdió Ud. el control de su vehículo alguna vez? (no, nunca)

18. ¿Ud. impone multas frecuentemente o prefiere dar advertencias? (dar advertencias)

19. ¿Qué le pasó a la chica que cruzaba la calle? (nada)

20. ¿Qué estaban haciendo muchas pandillas en las escuelas secundarias? (distribuir drogas)

21. ¿Hay a veces robos en su vecindario? (sí, frecuentemente)

22. ¿Ha recobrado Ud. algún objeto robado? (sí, muchos)

23. ¿Ha leído Ud. la advertencia Miranda en español alguna vez? (no, nunca)

24. ¿Se ha quedado Ud. sin trabajo alguna vez? (sí, dos veces)

25. ¿Ha empeñado Ud. algo alguna vez? (no, nunca)

EN UNA CELDA DE DETENCIÓN PREVENTIVA

OBJECTIVES

Structures

- The present subjunctive
- The subjunctive with verbs of volition

Communication

- Arresting and booking suspects

🔊 EN UNA CELDA DE DETENCIÓN PREVENTIVA

El Sr. Bravo acaba de llegar, esposado, a la estación de policía. Después de registrarlo, un policía toma las precauciones necesarias antes de encerrarlo en una celda de detención.

Policía	—Quiero que se vacíe los bolsillos por completo y que ponga todas sus cosas en el mostrador.
Sr. Bravo	—Solamente tengo la cartera con el dinero, un pañuelo y un peine.
Policía	—(*Cuenta el dinero a la vista del detenido.*) Ud. tiene aquí setenta y un dólares y treinta y cuatro centavos. ¿Está de acuerdo?
Sr. Bravo	—Sí, señor.
Policía	—Ahora quítese el reloj y la cadena que lleva al cuello.
Sr. Bravo	—Por favor, anote ahí que el reloj y la cadena son de oro.
Policía	—Sí. Todas sus pertenencias serán puestas en un sobre sellado.
Sr. Bravo	—Quiero que se las entreguen a mi esposa, por favor.
Policía	—Bien, pero es necesario que Ud. lo autorice por escrito. Ahora lo vamos a retratar y a tomarle las huellas digitales.
Sr. Bravo	—Yo quiero llamar por teléfono a mi señora.
Policía	—Está bien. Ud. tiene derecho a hacer una llamada telefónica. Después de ficharlo le daremos la oportunidad de hacerla.

Sr. Bravo	—Está bien.
Policía	—Párese allí y mire a la cámara. Bien. Ahora mire hacia la derecha. Bien, ahora hacia la izquierda. No se mueva.
Sr. Bravo	—¿Eso es todo?
Policía	—Sí. Ahora el técnico le va a tomar las huellas digitales.
Técnico	—Deme su mano derecha.
Policía	—(*Después de que el técnico terminó de tomarle las huellas digitales*) Ahora quítese el cinto y quíteles los cordones a los zapatos, y me lo entrega todo.
Sr. Bravo	—Para eso necesito que me quite las esposas.
Policía	—Primero voy a encerrarlo en su celda.

Con el oficial investigador:

Sr. Bravo	—¿Qué van a hacer conmigo ahora?
Investigador	—Después de terminar todas las investigaciones preliminares, el fiscal lo pondrá a disposición de un juez.
Sr. Bravo	—¿Me dejarán salir en libertad bajo palabra?
Investigador	—Es posible. Ud. no está acusado de homicidio.
Sr. Bravo	—Pero me pondrán en libertad bajo fianza, ¿verdad?
Investigador	—Eso lo decidirá el juez, y depende, en buena parte, de si tiene o no antecedentes penales.
Sr. Bravo	—Si me ponen una fianza muy alta, yo no voy a tener dinero para pagarla. Entonces me llevarán a la cárcel.
Investigador	—Su familia podría comprar un bono pagando una prima.
Sr. Bravo	—Necesito un fiancista. ¿A quién me recomienda que llame?
Investigador	—Lo siento, pero no nos está permitido recomendar a nadie.
Sr. Bravo	—Entonces, ¿qué me aconseja que haga?
Investigador	—Yo le sugiero que busque uno en la guía de teléfonos.

🔊 **¡Escuchemos!** While listening to the dialogue, circle **V (verdadero)** if the statement is true and **F (falso)** if it is false.

		V	F
1.	El Sr. Bravo llegó a la estación de policía esposado.	V	F
2.	El policía pone el dinero del Sr. Bravo sobre la mesa.	V	F
3.	Van a encerrar al Sr. Bravo en una celda de detención.	V	F
4.	El Sr. Bravo tiene más de cien dólares en su cartera.	V	F
5.	El Sr. Bravo dice que quiere llamar por teléfono a su abogado.	V	F
6.	Un técnico le va a tomar las huellas digitales al detenido.	V	F
7.	El detenido puede quitarles los cordones a los zapatos con las esposas puestas.	V	F

8. El agente va a quitarle las esposas al detenido después de encerrarlo en su celda.

          V   F

9. No es posible que pongan en libertad bajo fianza al detenido.

          V   F

10. Si le ponen una fianza muy alta el detenido no va a tener dinero para pagarla.

          V   F

🌐 VOCABULARIO

Cognados

la **detención**
la **investigación**
el (la) **investigador(a)**
necesario(a)
la **oportunidad**
preliminar

Nombres

los **antecedentes penales**   *criminal record*
el **bono**   *bond*
la **cadena**   *chain*
la **cartera**, la **billetera**   *wallet*
la **celda**   *cell*
el **centavo**   *cent*
el **cordón (del zapato)**   *shoelace*
el **cuello**   *neck*
la **derecha**   *right-hand side*
el (la) **detenido(a)**   *person under arrest*
las **esposas**   *handcuffs*
el (la) **fiancista**   *bailor, bail bondsman*
la **fianza**   *bail*
el (la) **fiscal**   *prosecutor, district attorney*
la **guía de teléfonos**   *telephone book*
el **homicidio**   *manslaughter, homicide*
el **mostrador**   *counter*
el **oro**   *gold*

el **pañuelo**   *handkerchief*
el **peine**   *comb*
las **pertenencias**   *belongings*
la **prima**   *premium*
el **reloj**   *watch*
el **sobre**   *envelope*

Verbos

aconsejar   *to advise*
autorizar   *to authorize, to allow*
depender   *to depend*
dudar   *to doubt*
encerrar (e:ie)   *to lock up*
poner a disposición   *to appear before*
quitarse   *to take off (clothing)*
recomendar (e:ie)   *to recommend*
registrar, fichar   *to book, to log in*
retratar   *to photograph*
sugerir (e:ie)   *to suggest*
vaciar   *to empty*

Adjetivos

esposado(a)   *handcuffed*
permitido(a)   *permitted*
preventivo(a)   *preventive*
sellado(a)   *sealed*

Otras palabras y expresiones

a la vista de   *in the presence of, in front of*
ahí   *there*
en buena parte   *to a large extent*
en libertad bajo fianza   *out on bail*

en libertad bajo palabra   *out on one's own recognizance*
estar de acuerdo   *to agree*
por completo   *completely*
por escrito   *in writing*
tomar las huellas digitales   *to fingerprint*

VOCABULARIO ADICIONAL

Para arrestar y fichar

¡Abra las piernas y los brazos!   *Spread eagle!*
el alias, el apodo   *alias*
avisar   *to notify*
la bala   *bullet*
el calibre   *caliber*
la coartada   *alibi*
¿Cómo se escribe?   *How do you spell it?*
¡Queda arrestado!   *You're under arrest!*

¡Manos arriba!   *Hands up!*
el motivo   *motive*
¡Párese!, ¡Póngase de pie!   *Stand up!*
la pista   *clue*
Ponga las manos en la pared.   *Put your hands against the wall.*
por poseer drogas   *for possession of drugs*
la resistencia a la autoridad   *resisting arrest*
Súbase al carro.   *Get in the car.*

Search

Notas Culturales

In most Spanish-speaking countries, the police by law must either free a person or bring him or her before a judge within 24 or 48 hours of the arrest, depending on the country. The judge then has 72 hours to indict or release the accused.

ACTIVIDADES

Dígame... Answer the following questions, basing your answers on the dialogues.

1. ¿Dónde está el Sr. Bravo?

   _____

2. ¿Qué quiere el policía que haga el Sr. Bravo con sus pertenencias?

   _____

3. ¿Qué tiene el Sr. Bravo en los bolsillos?

   _____

4. Si el Sr. Bravo desea que el policía le entregue sus cosas a su esposa, ¿qué debe hacer?

_____

5. ¿Por qué el Sr. Bravo no puede llamar a su esposa en este momento?

_____

6. ¿Qué hace el técnico?

_____

7. ¿Dónde encerrará el policía al Sr. Bravo?

_____

8. ¿De qué no está acusado el Sr. Bravo?

_____

9. ¿Qué decidirá el juez?

_____

10. ¿Es un hombre muy rico (*rich*) el acusado? ¿Cómo lo sabe?

_____

11. ¿Por qué el investigador no puede recomendar un fiancista?

_____

12. ¿Qué le sugiere el investigador al Sr. Ramos?

_____

Hablemos Interview a classmate, using the following questions. When you have finished, switch roles.

1. ¿Qué es lo primero que Ud. hace cuando ficha a una persona detenida?

2. Cuando Ud. arresta a alguien, ¿le toma las huellas digitales?

3. Si un(a) detenido(a) le pide a Ud. que le dé sus pertenencias a un miembro de su familia, ¿qué responde Ud.?

4. Si una persona detenida le pide a Ud. que le recomiende un buen abogado, ¿qué hace Ud.?

5. ¿Dónde conseguiría Ud. el dinero para una fianza?

6. Necesito un fiancista; ¿qué me aconseja Ud. que haga?

⊕ VAMOS A PRACTICAR
Quiz

A Complete the following verb chart in the subjunctive mood.

Infinitivo	Yo	Tú	Ud., Él, Ella	Nosotros(as)	Uds., Ellos(as)
1. trabajar					
2.	diga				
3.		conduzcas			
4.			venga		
5.				vayamos	
6.					entiendan
7. morir					
8.	dé				
9.		estés			
10.			conozca		
11.				sepamos	
12.					sean
13. mover					
14.	ponga				
15.		salgas			
16.			haga		
17.				veamos	
18.					encierren

B Rewrite the following sentences, beginning each one with the cue given.

MODELO Él pone sus cosas en el mostrador.
Quiero que **él *ponga* sus cosas en el mostrador.**

1. Ella paga la prima del bono.

Queremos que _____.

2. Me muestra el sobre con sus pertenencias.

Necesito que _____.

3. Ud. habla con un abogado.

Le recomiendo que _____.

4. Yo deseo entregarle el reloj y la cadena a mi esposa.

Yo deseo que Ud. _____.

5. Le quitan las esposas.

Necesita que _____.

6. Ellos van a su celda.

Yo les pido que _____.

7. Me hablas del homicidio.

No quiero que _____.

8. Ud. me dice la hora y el lugar del accidente.

Yo le pido que _____.

9. Ellos los ponen en libertad bajo fianza.

Deseamos que _____.

10. Uds. me dan la información.

Necesito que _____.

Conversaciones breves Complete the following dialogue, using your imagination and the vocabulary from this lesson.

El Sr. Paz está en la cárcel.

Sr. Paz —¿Dónde estoy? ¿Por qué me trajeron a la cárcel?

Agente Muñoz —_____

Sr. Paz —¿Cuánto tiempo tendré que quedarme aquí?

Agente Muñoz —_____

Sr. Paz —¿De mis antecedentes...? ¿Y qué me van a hacer ahora...?

Agente Muñoz —_____

Sr. Paz —Esto es todo lo que tengo en los bolsillos... y aquí están mi reloj, mi cinto y los cordones de mis zapatos.

Agente Muñoz —_____

Sr. Paz —Huellas digitales... fotografía... ¡pero yo no soy un criminal...!

Agente Muñoz —_____

Sr. Paz —¿Y qué pasa si no consigo el dinero para la fianza?

Agente Muñoz —_____

👤👤 **En estas situaciones** With a partner, act out the following situations in Spanish.

1. You have just arrested someone. Describe the booking procedure. Explain what to do with personal items.

2. Having booked someone who was arrested, answer his/her questions about the preliminary investigation, the judge, bail, and about being released.

👤👤 **Casos** With you and a partner playing the roles, work through the following scenarios.

1. Book someone who has just been charged with homicide.

2. Tell someone who has just been arrested that you need to fingerprint him/her.

Un paso más Review the **Vocabulario adicional** in this lesson and give the Spanish equivalent of the following.

1. Put your hands against the wall.

   _____

2. Stand up!

   _____

3. Spread eagle!

   _____

4. Hands up! You're under arrest!

   _____

5. How do you spell your last name?

   _____

6. Do you have an alias?

   _____

7. You are under arrest for possession of drugs.

   _____

LECCIÓN 17

UNA MUCHACHA SE ESCAPA DE SU CASA

OBJECTIVES

Structures

- The subjunctive to express emotion
- The subjunctive with some impersonal expressions

Communication

- Investigating runaways: talking to parents
- Interrogating a teenager who runs away

UNA MUCHACHA SE ESCAPA DE SU CASA

El agente Gómez habla con los Sres. Ruiz, padres de una adolescente que se escapó de su casa.

Agente Gómez	—¿Cuándo fue la última vez que vieron a su hija?
Sr. Ruiz	—Anoche. Nos dijo que iba a estudiar con una compañera.
Agente Gómez	—¿Cuándo se dieron cuenta de que se había escapado?
Sra. Ruiz	—Ya eran las once de la noche y no había regresado. Entonces llamamos a casa de su amiga y supimos que no había estado allí.
Agente Gómez	—Su hija puede haber sido víctima de un secuestro. ¿Por qué piensan que se escapó de la casa?
Sr. Ruiz	—Su amiga nos dijo que ella estaba pensando en escaparse.
Agente Gómez	—¿Qué edad tiene ella?
Sr. Ruiz	—Dieciséis años.
Agente Gómez	—Es necesario que me den una descripción completa de su hija.
Sr. Ruiz	—Se llama María Elena Ruiz Portillo. Es baja —mide cinco pies y dos pulgadas— delgada, de pelo negro y ojos negros. Tiene un lunar cerca de la boca y una cicatriz en la mejilla derecha.
Agente Gómez	—¿Qué ropa tenía puesta?
Sra. Ruiz	—Tenía puesta una falda blanca, una blusa roja y un suéter negro... sandalias blancas, y tenía una bolsa blanca.

179

Agente Gómez	—¿Llevaba algunas joyas?
Sra. Ruiz	—Sí, una cadena de oro con una cruz, un anillo de plata y unos aretes rojos.
Agente Gómez	—Espero que tengan una fotografía reciente de ella.
Sr. Ruiz	—Sí, aquí tengo una en la billetera.
Agente Gómez	—Esto debe ser muy difícil para Uds., pero ¿tienen idea de por qué se escapó? ¿Ha tenido algún problema con Uds. o en la escuela?
Sr. Ruiz	—Bueno... ella estaba saliendo con un muchacho... y nosotros le dijimos que no nos gustaba... Estuvo preso dos veces.
Agente Gómez	—¿Creen que su hija se fue con él?
Sra. Ruiz	—Yo creo que sí, pero puede ser que esté con otra amiga.
Agente Gómez	—¿Qué edad tiene él?
Sra. Ruiz	—No sé exactamente. Es dos o tres años mayor que ella.
Agente Gómez	—¿Saben cómo se llama y dónde vive?
Sra. Ruiz	—Él se llama José Ramírez. No sé dónde vive, pero los dos asisten a la misma escuela secundaria.
Agente Gómez	—¿Su hija se había escapado de su casa en alguna otra ocasión?
Sra. Ruiz	—No, nunca. Yo creo que él se la llevó contra su voluntad...
Agente Gómez	—¿Saben si tenía dinero?
Sra. Ruiz	—Sí, tenía unos setenta y cinco dólares, por lo menos.
Agente Gómez	—¿Tienen alguna idea de dónde puede estar? Es importante que traten de recordar cualquier detalle.
Sr. Ruiz	—No, ninguna, pero tememos que ya esté lejos de aquí.
Agente Gómez	—¿Tiene carro?
Sra. Ruiz	—No. Nosotros no queremos que maneje. Es muy joven...
Agente Gómez	—¿Tiene algún documento de identificación?
Sra. Ruiz	—Es posible que lleve la tarjeta de la escuela en la cartera...
Agente Gómez	—Bueno. Es necesario que me avisen enseguida si recuerdan algo más o si reciben alguna información.
Sra. Ruiz	—Ojalá que puedan encontrarla pronto.
Agente Gómez	—Vamos a hacer todo lo posible, señora.

🔊 **¡Escuchemos!** While listening to the dialogue, circle **V (verdadero)** if the statement is true and **F (falso)** if it is false.

1. María Elena, una muchacha de dieciséis años, se escapó de su casa. V   F

2. María Elena les dijo a sus padres que iba para la escuela. V   F

3. Los padres de María Elena llamaron por teléfono a la escuela. V   F

4. Los padres piensan que su hija puede haber sido secuestrada. V   F

5. María Elena tenía puesta una blusa azul y una falda gris. V   F

6. El Sr. Ruiz tiene una fotografía de su hija en su billetera.   V   F

7. Ella está saliendo con un muchacho que estuvo preso.   V   F

8. La madre no cree que la muchacha se fue con su hermano.   V   F

9. El muchacho es dos o tres años mayor que ella.   V   F

10. María Elena se había escapado otras veces.   V   F

🌐 VOCABULARIO
Audio

Cognados

el (la) adolescente
el documento
la ocasión
reciente
la sandalia
el suéter
la víctima

Nombres

el anillo, la sortija   *ring*
el arete   *earring*
la blusa   *blouse*
la boca   *mouth*
la cartera, la bolsa, el bolso   *purse*
la cicatriz   *scar*
el (la) compañero(a) (de clase)   *classmate*
la cruz   *cross*
el detalle   *detail*
la edad   *age*
la falda   *skirt*
el (la) jovencito(a)   *youth, teenager*
el lunar   *mole*
la mejilla, el cachete   *cheek*
el pelo   *hair*
la voluntad   *will*

Verbos

asistir (a)   *to attend*
escaparse, fugarse   *to run away*
estudiar   *to study*
medir (e:i)   *to measure, to be (amount) tall*
saber   *to find out; to know*
salir con   *to go out (with), to date*
temer   *to fear, to be afraid*
tener puesto(a), llevar puesto(a)   *to have on, to wear*

Adjetivos

bajo(a), bajito(a) (*Cuba*)   *short*

Otras palabras y expresiones

de pelo (negro)   *with (black) hair*
dos veces   *twice*
exactamente   *exactly*
lejos (de)   *far (from)*
ojalá   *I hope*
por lo menos   *at least*
puede ser   *it may be*
los señores[1] (Ruiz)   *Mr. and Mrs. (Ruiz)*

---

[1]Abbreviated **Sres.**

VOCABULARIO ADICIONAL

Para investigar a las personas desaparecidas (*To investigate missing persons*)

abandonar los estudios   *to drop out of school*
el alojamiento, el hospedaje   *lodging*
el cadáver   *corpse*
el (la) conocido(a)   *acquaintance*
el (la) delincuente juvenil   *juvenile delinquent*
desaparecer   *to disappear*
la estación de ómnibus, la estación de autobuses   *bus station*

el (la) maestro(a)   *teacher*
mayor de edad   *of age, adult*
menor de edad   *minor*
la morgue   *morgue*
el paradero   *whereabouts*
pornográfico(a)   *pornographic*
la prostitución   *prostitution*
refugiarse   *to find refuge, shelter*
rescatar   *to rescue*
el rescate   *ransom*
el tribunal de menores   *juvenile court*

Notas Culturales

Latinos in the United States tend to marry within their own groups of origin. Intermarriage between Latinos and Anglos is increasing, however, especially among second-generation individuals.

ACTIVIDADES

Dígame... Answer the following questions, basing your answers on the dialogue.

1. ¿Por qué habla el agente Gómez con los Sres. Ruiz?

_____

2. ¿Cuándo fue la última vez que el Sr. Ruiz vio a su hija?

_____

3. ¿Qué les dijo la muchacha a sus padres?

_____

4. ¿Qué es necesario que hagan los padres de la muchacha?

_____

5. ¿La muchacha es alta? ¿Cuánto mide?

_____

6. ¿Tiene María Elena algunas marcas visibles?

_____

7. ¿Qué ropa tenía puesta?

_____

8. ¿Qué joyas llevaba María Elena?

_____

9. ¿Qué espera el agente Gómez?

_____

10. ¿Cuál es el problema que María Elena ha tenido con sus padres?

_____

11. ¿Qué cree la mamá de María Elena? ¿Por qué piensa Ud. que ella cree eso?

_____

12. ¿Por qué no tiene carro María Elena?

_____

 Hablemos Interview a classmate, using the following questions. When you have finished, switch roles.

1. ¿A qué escuela secundaria asistió Ud.?

2. Cuando era estudiante de la escuela secundaria, ¿pensaba en hacerse (*becoming*) policía?

3. Cuando Ud. era adolescente, ¿se escapó alguna vez de su casa?

4. ¿Tiene Ud. una fotografía reciente de su familia?

5. ¿Es importante que una persona siempre traiga consigo (*with him/her*) un documento de identificación? ¿Por qué?

6. ¿Tiene Ud. algún documento de identificación ahora? ¿Puede mostrármelo?

7. ¿Cuánto dinero tenía Ud. cuando salió de su casa hoy?

⊕ VAMOS A PRACTICAR
Quiz

A Rewrite the following sentences, beginning each one with the cue given.

MODELO Ella tiene documentos.
Espero que **ella _tenga_ documentos.**

1. Compran las faldas negras.

Ojalá que _____.

2. Ellos nos traen las fotografías.

Nos alegramos de que (*We are glad*) _____.

3. No están interrogando al acusado.

Esperamos que _____.

4. Ella va a escaparse.

Temo que _____.

B Rewrite the following sentences, beginning each one with the cue given. Make the necessary changes.

1. Ud. nos avisa enseguida.

Es necesario que _____.

2. Ella se escapa con su novio.

Es posible que _____.

3. Asisten a esa escuela.

Es importante que _____.

4. Tú no sales con ese muchacho.

Es mejor que _____.

Conversaciones breves Complete the following dialogue, using your imagination and the vocabulary from this lesson.

El agente Silva y el Sr. Ochoa hablan del hijo del Sr. Ochoa.

Agente Silva — _____

Sr. Ochoa — Esta mañana supe que él se había escapado porque no durmió (*didn't sleep*) en casa...

Agente Silva — _____

Sr. Ochoa —Lo vi ayer por la tarde antes de ir a la oficina.

Agente Silva —_____

Sr. Ochoa —Tengo una fotografía de él, pero no es reciente.

Agente Silva —_____

Sr. Ochoa —Llevaba puesto un pantalón azul, pero no recuerdo de qué color era la camisa.

Agente Silva —_____

Sr. Ochoa —Solamente un anillo de oro.

Agente Silva —_____

Sr. Ochoa —No, no ha tenido problemas conmigo.

Agente Silva —_____

Sr. Ochoa —Sí, se escapó una vez cuando tenía diez años, pero regresó a casa al día siguiente (*the next day*).

Agente Silva —_____

Sr. Ochoa —No, generalmente no lleva ningún documento.

Agente Silva —_____

_____

Sr. Ochoa —Sí, si recuerdo algo más, le aviso enseguida. Ojalá que puedan encontrarlo pronto.

Agente Silva —_____

 ## En estas situaciones With two or more partners, act out the following situations in Spanish.

1. You are investigating a runaway. Ask the parents for a description of the child's physical characteristics and the clothing the child was wearing. Question them about his/her friends. Ask for a recent photograph of the child and tell them to notify you immediately if they remember any other details.

2. You are talking to a teenager who ran away from home. Explain that you want to help and ask why he/she ran away. Reassure him/her that if there have been problems with parents or at school, he/she can talk with you.

3. You are investigating a missing person case. Ask the person reporting it to recall when he/she first realized the person wasn't home. Ask for a complete description of the missing person. Promise to do everything possible to find the person.

Casos With you and a partner playing the roles, work through the following scenarios.

1. You are a police officer speaking with the parents of a child who has run away from home.

2. You are an officer speaking with the best friend of a runaway. Ask for as much information as the friend can—or is willing to—provide.

Un paso más
Review the **Vocabulario adicional** in this lesson and match the questions in column **A** with the answers in column **B**.

 A

 B

1. _____ ¿Está muerta (*dead*)?

2. _____ ¿Es Ud. mayor de edad?

3. _____ ¿No está en la escuela?

4. _____ ¿Se escapó anoche?

5. _____ ¿Dónde está el cadáver?

6. _____ ¿Consiguió alojamiento?

7. _____ ¿Son amigos?

8. _____ ¿No está aquí?

9. _____ ¿Cuánto piden de rescate?

10. _____ ¿El ladrón tiene 15 años...?

11. _____ ¿Están en la escuela?

12. _____ ¿Dónde estaba el hombre?

13. _____ ¿Dónde la van a juzgar?

14. _____ ¿Vendían libros pornográficos?

15. _____ ¿La víctima del secuestro está en su casa ahora?

16. _____ ¿La cárcel está cerca de aquí?

a. En la morgue.

b. Cincuenta mil dólares.

c. No, solamente conocidos.

d. Sí, la rescataron anoche.

e. Sí, y ahora están presos.

f. En el tribunal de menores.

g. No, abandonó los estudios.

h. Sí. No conocemos su paradero.

i. Sí, está en un motel.

j. Sí, es un delincuente juvenil.

k. Sí, la mató su esposo.

l. No... desapareció...

m. No, está lejos.

n. Sí, con la maestra.

o. En la estación de ómnibus.

p. No, soy menor de edad.

UNA VIOLACIÓN

OBJECTIVES

Structures

- The subjunctive to express doubt, disbelief, and denial
- The subjunctive to express indefiniteness and nonexistence

Communication

- Investigating rape: talking to victims on the telephone and in person
- Describing an attacker

UNA VIOLACIÓN

Una muchacha hispana de dieciséis años llama a la policía, diciendo que acaban[1] de violarla. La muchacha pide que manden a alguien que hable español, porque ella no habla bien el inglés. La agente Rocha está con la víctima ahora.

Víctima	—¡Ayúdeme, por favor!
Agente Rocha	—¿Tus padres no están en casa...?
Víctima	—No, y dudo que lleguen antes de la medianoche.
Agente Rocha	—Bueno, cálmate y cuéntame lo que pasó.
Víctima	—Yo estaba en mi cuarto, leyendo, cuando tocaron[1] a la puerta... Fui a abrir, y un hombre entró y me empujó... Y me caí... y me golpeó... (*Llora histéricamente.*)
Agente Rocha	—Mira, yo comprendo que esto es muy difícil para ti, pero para poder ayudarte y arrestar al hombre que te violó, necesitamos información.
Víctima	—Sí, lo sé... pero primero quiero bañarme, quitarme esta ropa... ¡Me siento sucia!
Agente Rocha	—Lo siento, pero es mejor esperar. Primero, tiene que examinarte un médico. Además, un baño puede destruir evidencia necesaria. ¿Conocías al hombre que te atacó?

---

[1]The third person is often used (without a subject) to express an indefinite *he, she,* or *they.*

Víctima	—No, no, no. Era un extraño.
Agente Rocha	—¿Puedes reconocerlo, si lo ves?
Víctima	—No creo que pueda olvidar esa cara.
Agente Rocha	—¿De qué raza era?
Víctima	—Era blanco. Más bien bajo, gordo, de ojos castaños. Tenía barba y bigote, pero era calvo.
Agente Rocha	—¿Nunca lo habías visto antes?
Víctima	—No, estoy segura de que nunca lo había visto.
Agente Rocha	—¿Qué hora era, más o menos?
Víctima	—Eran como las nueve y media.
Agente Rocha	—¿Te cambiaste de ropa?
Víctima	—Todavía no. Llamé en cuanto se fue.
Agente Rocha	—Bien, no te cambies. Un médico debe examinarte enseguida. Tenemos que llevarte al hospital. ¿Dónde están tus padres?
Víctima	—Están en la casa de mi tía. Su número de teléfono está en aquella libreta.
Agente Rocha	—Ahora, ¿el hombre llegó a violarte? Es decir, ¿hubo penetración?
Víctima	—Sí. Me amenazó con un cuchillo. Tuve miedo y no hice resistencia.
Agente Rocha	—¿Te obligó a realizar algún acto sexual anormal durante la violación?
Víctima	—No.
Agente Rocha	—¿Se puso un condón?
Víctima	—No, y eso me tiene aterrorizada. Tal vez tiene SIDA o una enfermedad venérea...
Agente Rocha	—Trata de tranquilizarte. Se te harán las pruebas necesarias. ¿Qué más recuerdas de él? ¿Tenía alguna marca visible? ¿Un tatuaje?
Víctima	—Tenía un tatuaje en el brazo izquierdo: un corazón atravesado por una flechita. Además, usaba anteojos.
Agente Rocha	—¿Tenía algún acento? ¿Te dijo algo?
Víctima	—No, no le noté ningún acento. Sólo me dijo que si gritaba, me mataba.
Agente Rocha	—Y no pudiste luchar con él para defenderte, ¿verdad?
Víctima	—No. Tenía tanto miedo...
Agente Rocha	—Comprendo. ¿Hay alguien que pueda venir a quedarse contigo?
Víctima	—No, no conozco a nadie que pueda venir a esta hora.

🔊 **¡Escuchemos!** While listening to the dialogue, circle **V (verdadero)** if the statement is true and **F (falso)** if it is false.

1. Acaban de violar a una joven hispana de dieciséis años.	V	F
2. Rocha es el apellido de la muchacha violada.	V	F
3. Los padres de la joven violada están en su casa.	V	F
4. La muchacha no se acuerda de lo que pasó.	V	F
5. La muchacha se cayó y el hombre la golpeó.	V	F
6. La joven debe esperar a que el médico la examine antes de bañarse.	V	F
7. Ella no conocía al hombre que la violó.	V	F

8. Ella había visto antes al hombre que la violó. V   F

9. La muchacha no tuvo miedo e hizo resistencia. V   F

10. El hombre le dijo que si gritaba la mataba. V   F

🌐 VOCABULARIO
Audio

Cognados

el acento

el acto

anormal

el condón

la evidencia

la penetración

sexual

Nombres

los anteojos, los lentes, los espejuelos
(*Cuba, Puerto Rico*), las gafas   *eyeglasses*

el baño   *bath*

la barba   *beard*

el bigote   *moustache*

el cuchillo   *knife*

la enfermedad venérea   *venereal disease*

la flecha, la flechita   *arrow, small arrow*

la libreta   *address book*

la raza   *race*

el SIDA (síndrome de inmunodeficiencia
adquirida)   *AIDS*

la violación   *rape*

Verbos

amenazar   *to threaten*

atacar   *to attack*

atar   *to tie*

bañarse   *to bathe*

caerse[1]   *to fall*

calmarse   *to calm down*

comprender   *to understand*

contar (o:ue)   *to tell*

defender(se)   *to defend (oneself)*

destruir[2]   *to destroy*

empujar   *to push*

gritar   *to scream, to shout*

llorar   *to cry*

luchar   *to fight, to struggle*

obligar   *to obligate, to force*

olvidar   *to forget*

ponerse   *to put on*

realizar   *to perform, to carry out*

violar   *to rape*

Adjetivos

aquel, aquella   *that*

aterrorizado(a)   *terrified, frightened*

atravesado(a)   *pierced*

calvo(a), pelado(a)   *bald*

castaño, café   *brown (ref. to eyes or hair)*

sucio(a)   *dirty*

---

[1]Irregular first person present indicative: **me caigo**

[2]Orthographic change in the present indicative, in all forms except the **nosotros** form: **destruyo, destruyes, destruye, destruimos, destruyen**

Otras palabras y expresiones

cambiarse de ropa *to change clothes*
en cuanto *as soon as*
Eran como las (+ hora). *It was about (+ time).*
es decir... *that is to say . . .*
estar seguro(a) *to be certain*
hacer resistencia *to resist*

Hasta mañana. (*I'll*) *see you tomorrow.*
histéricamente *hysterically*
llegar a (+ inf.) *to succeed in (doing something)*
para ti *for you*
¿Qué hora era...? *What time was it . . . ?*
tal vez *perhaps*
¡Tenía tanto miedo! *I was so scared!*

🌐 VOCABULARIO ADICIONAL
Audio

Más descripciones

La piel (*Skin*)

el acné *acne*
el grano *pimple*
la mancha *spot, mark, blemish*
la peca *freckle*
la verruga *wart*

Los ojos

bizco(a) *cross-eyed*
el ojo de vidrio *glass eye*
los ojos saltones *bulging eyes, bug eyes*

El cuerpo (*Body*)

deforme *deformed*
desfigurado(a) *disfigured*
embarazada *pregnant*
musculoso(a) *muscular*

El pelo

la peluca *wig, hairpiece*
el vello *body hair*
velludo(a) *hairy*

Para describir la ropa

de cuadros *plaid*
de lunares *polka dot*
de rayas *striped*
estampado(a) *print*
mangas cortas *short sleeves*
mangas largas *long sleeves*
ropa interior *underwear*
sin mangas *sleeveless*

Otras palabras

hablar con (la) zeta *to lisp*
tartamudear *to stutter*

Search

Notas Culturales

■ Latinos constitute about 10.3% of the population in the United States, yet they account for 14% of the reported AIDS cases, nearly 21% of AIDS cases among women, and 22% of all pediatric AIDS cases. Latinos are at greater risk for HIV infection because of factors such as living in high-prevalence areas and exposure to intravenous drug use, not because of their race and culture. AIDS is most prevalent in large urban centers, with three cities (New York, San Francisco, and Los Angeles) accounting for about 60% of all cases. Nearly half of the Hispanic Americans with AIDS are heterosexuals, and most of the Hispanic AIDS cases in the Northeast are among intravenous drug users. Heterosexual transmission of HIV from intravenous drug users to their sexual partners is more prevalent among Latinos because of attitudes regarding the use of condoms. A recent survey indicates that Hispanic Americans know less about HIV and AIDS than non-Latinos. The American Medical Association has recommended that AIDS prevention education programs be tailored to subgroups such as Mexican Americans and Puerto Ricans due to cultural and language differences.

■ Like many women, Latina females may feel uncomfortable or embarrassed discussing matters of sex, especially with a male police officer. This reaction may be due in part to cultural taboos, level of education, or both. In some cultures, it is not possible, or it is considered socially unacceptable, to talk about female anatomy or any aspect of sexuality. Therefore, it is important to be sensitive and diplomatic when dealing with these topics.

ACTIVIDADES

Dígame... Answer the following questions, basing your answers on the dialogue.

1. ¿Cuántos años tiene la muchacha que llama a la policía?

_____

2. ¿Qué dice la muchacha y qué pide?

_____

_____

3. ¿Dónde estaba la víctima y qué estaba haciendo cuando tocaron a la puerta?

_____

4. ¿Qué pasó cuando la muchacha abrió la puerta?

_____

5. ¿Qué quiere hacer la muchacha antes de hablar con la agente?

_____

6. ¿Por qué dice la agente Rocha que es mejor esperar?

_____

_____

7. ¿Conocía la muchacha al hombre que la atacó?

_____

8. Describa al hombre que violó a la muchacha. ¿Tenía alguna marca visible?

_____

9. ¿Se cambió de ropa la muchacha?

_____

10. ¿Esperó mucho tiempo la muchacha antes de llamar a la policía?

_____

11. ¿El hombre llegó a violar a la muchacha?

_____

12. ¿Trató de defenderse la muchacha? ¿Por qué?

_____

Hablemos Interview a classmate, using the following questions. When you have finished, switch roles.

1. ¿Qué estaba haciendo Ud. anoche cuando tocaron a la puerta?

2. ¿Se cambió Ud. de ropa antes de ir a trabajar?

3. ¿Solamente las mujeres pueden ser víctimas del abuso sexual?

4. En un caso de violación, ¿qué debe hacer el (la) agente de policía para ayudar a la víctima?

5. ¿Ha investigado Ud. casos de violación?

6. ¿Cómo puede defenderse una mujer si es atacada por un hombre?

VAMOS A PRACTICAR

A Rewrite the following sentences, beginning each one with the cue given.

MODELO Puedo olvidar su cara.
No creo que *pueda* olvidar su cara.

1. Mis padres llegan mañana.

No creo que _____.

2. Él la empuja, la golpea y la ata.

Dudo que _____.

3. Esto es muy difícil.

No es verdad que _____.

4. Él tiene bigote y barba.

No estoy segura de que _____.

B Rewrite the following sentences, beginning each one with the cue given. Make the necessary changes.

1. ¿Habla inglés?

   ¿Hay alguien que _____?

2. Un médico puede examinarte.

   Busco un médico que _____.

3. Un testigo está seguro de que lo vio allí.

   Necesito encontrar un testigo que _____.

4. La fotografía identifica al violador.

   Espero conseguir una fotografía que _____.

Conversaciones breves
Complete the following dialogue, using your imagination and the vocabulary from this lesson.

El agente Mena habla con Sara, la víctima de una violación.

Agente Mena —_____

Sara —No, nunca lo había visto antes.

Agente Mena —_____

Sara —Era blanco... alto... de pelo negro y ojos azules.

Agente Mena —_____

Sara —Tenía bigote, pero no tenía barba.

Agente Mena —_____

Sara —No recuerdo nada más...

Agente Mena —_____

Sara —No, no usaba lentes.

Agente Mena —_____

Sara —Sí, me amenazó con un cuchillo.

Agente Mena —_____

Sara —Sí, traté de defenderme, pero no pude hacer nada.

Agente Mena —_____

Sara —Sí, llegó a violarme... hubo penetración...

Agente Mena —_____

Sara —No, nada anormal...

En estas situaciones With a partner, act out the following situations in Spanish.

1. You answer a call from a hysterical rape victim. Calm her down and ask her to describe what happened. Explain that you know it is difficult for her to talk about it, but that you need to know all the details to find the man who raped her.

2. You are with a rape victim. Advise her not to bathe or change clothes, and help to arrange for a medical examination for her at a hospital. Find out from her if there is anyone else you should call.

3. You are investigating a rape. Ask the victim to describe the man. Help her to remember as many details as possible about the rapist by asking questions about his physical characteristics, clothing, accent, etc.

 Casos With you and a partner playing the roles, work through the following scenarios.

1. You are an officer trying to calm down a hysterical rape victim.

2. You are talking to a rape victim, trying to get information about the rapist and what happened.

Un paso más Review the **Vocabulario adicional** in this lesson and match the questions in column **A** with the answers in column **B**.

A

1. _____ ¿Es una verruga?
2. _____ ¿Es gordo?
3. _____ ¿Tiene alguna marca visible?
4. _____ ¿Tiene acné?
5. _____ ¿Tartamudea?
6. _____ ¿Es velludo?
7. _____ ¿Tiene pecas?
8. _____ ¿Está embarazada?
9. _____ ¿Es bizco?
10. _____ ¿Cómo son los ojos?
11. _____ ¿Tuvo un accidente?
12. _____ ¿Es calvo?
13. _____ ¿Tiene las dos piernas?
14. _____ ¿Es deforme?
15. _____ ¿Cómo es la camisa?
16. _____ ¿La falda es de lunares?
17. _____ ¿Por qué no te gusta la blusa?

B

a. Sí, tiene muchos granos.
b. No, habla con zeta.
c. No, no tiene problemas con los ojos.
d. Sí, algunas, en la nariz.
e. Saltones.
f. Sí, tiene mucho vello.
g. Una es artificial.
h. No, de cuadros.
i. Sí, pero usa peluca.
j. No, es musculoso.
k. Porque es sin mangas.
l. Sí, una mancha en la cara.
m. Sí, y ahora está desfigurada.
n. No, es perfecto.
o. No, es un lunar.
p. Sí, va a tener el bebé en octubre.
q. De rayas y mangas cortas.

UNA TARDE CUALQUIERA

OBJECTIVES

Structures

- The subjunctive after certain conjunctions
- The present perfect subjunctive
- Uses of the present perfect subjunctive

Communication

- Talking to parents of troubled teenagers
- Dealing with attempted suicide
- More on traffic violations

🔊 UNA TARDE CUALQUIERA

Una tarde en la vida del agente Cabañas, de la Cuarta Estación de Policía, en Elizabeth, Nueva Jersey.

Las dos de la tarde:
El agente Cabañas habla con el padre de un menor de edad a quien acaban de arrestar.

Padre	—Buenos días. Me avisaron que mi hijo estaba detenido aquí.
Agente Cabañas	—¿Cómo se llama su hijo?
Padre	—Enrique Fernández.
Agente Cabañas	—Sí, señor. Está aquí.
Padre	—¿Por qué lo arrestaron? ¿De qué lo acusan?
Agente Cabañas	—Su hijo está acusado de venderles drogas a sus compañeros, en su escuela.
Padre	—¡No es posible! Eso no puede ser cierto. No creo que mi hijo haya hecho tal cosa. ¿Puedo hablar con él?
Agente Cabañas	—Sí, señor, pero debe esperar hasta que hayan terminado de interrogarlo.

Las tres y cuarto de la tarde:
El agente Cabañas va a la casa de Felipe Núñez para hablar con él. Habla con la mamá del muchacho.

Agente Cabañas	—Necesito hablar con Felipe Núñez, señora. Es urgente.
Sra. Núñez	—No está, y no sé a qué hora va a regresar.

Agente Cabañas —Bueno, cuando regrese, dígale que me llame a este número, por favor. Dígale que quiero hacerle unas preguntas.

Sra. Núñez —Muy bien. Se lo diré en cuanto lo vea.

Las cinco de la tarde:
El agente Cabañas va al apartamento de una muchacha que trató de suicidarse.

Agente Cabañas —¿Dónde está la muchacha?

Vecino —Allí, en la cocina. La encontré con la cabeza metida en el horno.

Agente Cabañas —¿Había olor a gas?

Vecino —Sí, por eso llamé al 911 en cuanto llegué. Ya vienen los paramédicos.

Van a la cocina y el agente habla con la muchacha.

Agente Cabañas —¿Puedes oírme? ¿Cómo te sientes?

Muchacha —Mal... Tomé...

Agente Cabañas —¿Qué tomaste? ¿Veneno? ¿Qué veneno tomaste...?

Muchacha —No... calmantes... en el baño... más de diez...

Las seis de la tarde:
El agente Cabañas detiene a una señora que maneja con los faros del carro apagados.

Agente Cabañas —La detuve porque los faros de su carro no están prendidos.

Señora —Sí... parece que están descompuestos...

Agente Cabañas —Bueno, no puede manejar este carro a menos que haga arreglar los faros.

Señora —Muy bien. Mañana, sin falta.

Agente Cabañas —Cuando el carro esté listo, llévelo a esta dirección. Ahí le van a firmar el dorso de esta papeleta para confirmar que Ud. hizo arreglar el desperfecto.

🔊 **¡Escuchemos!** While listening to the dialogue, circle **V (verdadero)** if the statement is true and **F (falso)** if it is false.

1. Acaban de arrestar a un menor de edad.   V   F

2. El agente Cabañas está hablando con la madre del joven detenido.   V   F

3. El joven está acusado de venderles drogas a sus compañeros.   V   F

4. La mamá de Felipe Núñez no sabe a qué hora va a regresar su hijo.   V   F

5. Felipe debe llamar al 911 cuando regrese.   V   F

6. El agente Cabañas va al apartamento de una joven que fue violada.   V   F

7. Un vecino encontró a la muchacha con la cabeza metida en el horno.   V   F

8. La muchacha tomó calmantes en el baño. V   F

9. Los faros del carro de la señora están prendidos. V   F

10. La señora no puede manejar el carro a menos que haga arreglar los faros. V   F

🌐 VOCABULARIO

Cognado

intoxicado(a)

Nombres

el calmante, el sedante, el sedativo   *sedative*
el desperfecto   *(slight) damage, imperfection*
el dorso   *back (of paper)*
el faro   *headlight*
el frasco   *bottle (of pills)*
el gas   *gas*
el horno   *oven*
el olor   *smell*
la papeleta   *form*
la pastilla, la píldora   *pill*
la rehabilitación   *rehab*
el veneno   *poison*

Verbos

arreglar   *to fix*
confirmar   *to confirm*

oír[1]   *to hear*
suicidarse   *to commit suicide*

Adjetivos

descompuesto(a)   *broken, not working*
listo(a)   *ready*
metido(a)   *inside, inserted in*
prendido(a), encendido(a)   *lit, turned on (a lamp)*

Otras palabras y expresiones

a menos que   *unless*
en cuanto, tan pronto como   *as soon as*
hacer arreglar   *to have (something) fixed*
hacer una pregunta   *to ask a question*
hasta que   *until*
olor a   *smell of*
sin falta   *without fail*
tal cosa   *such a thing*

---

[1]Irregular present indicative: **oigo, oyes, oye, oímos, oyen**

VOCABULARIO ADICIONAL

Para responder a una llamada

ahogarse   *to drown*
la agresión, el ataque   *aggression, attack, assault*
el (la) agresor(a)   *aggressor, assailant*
arrancar   *to start (a car)*
el (la) asesino(a)   *murderer, assassin*
la camilla   *stretcher*
dar respiración artificial   *to give CPR*
dar una puñalada   *to stab*
en defensa propia   *in self-defense*

el helicóptero   *helicopter*
pegar un tiro, pegar un balazo   *to shoot*
la pelea, la riña   *fight*
la piscina, la alberca (*Méx.*)   *swimming pool*
los primeros auxilios   *first aid*
la queja   *complaint*
respirar   *to breathe*
el ruido   *noise*
la silla de ruedas   *wheelchair*
tocar la bocina   *to honk the horn*

Notas Culturales

Most Latino children are taught from an early age that the family comes first. Knowing one's place in a hierarchical, sometimes authoritarian family structure, and showing appropriate deference and respect to older family members are of great importance, as is recognizing the interdependence of family members and the necessity of placing the family's well-being ahead of one's own needs or desires. Within this context, traditional American values such as individualism, freedom of choice, and self-sufficiency are of secondary importance.

ACTIVIDADES

Dígame... Answer the following questions, basing your answers on the dialogues.

1. ¿Por qué vino a la estación de policía el padre de un menor de edad?

_____

2. ¿De qué está acusado su hijo?

_____

3. ¿Qué cree el padre de la acusación?

_____

4. Si el padre quiere ver a su hijo, ¿hasta cuándo tiene que esperar?

_____

5. ¿Habla el agente Cabañas con Felipe Núñez? ¿Por qué?

_____

6. ¿Para qué quiere hablar con él?

_____

7. ¿Cuándo le va a decir la Sra. Núñez a su hijo que el agente quiere hablar con él?

_____

8. ¿Dónde está la muchacha que trató de suicidarse?

_____

9. ¿Cómo encontró el vecino a la muchacha?

_____

10. ¿Qué olor había?

_____

11. ¿Esperó mucho tiempo el vecino para llamar a la policía?

_____

12. ¿Qué tomó la muchacha?

_____

13. ¿Por qué detiene el agente Cabañas a una señora?

_____

14. ¿Qué tiene que hacer la señora mañana?

_____

15. ¿Qué debe hacer la señora cuando los faros del carro estén listos?

_____

Hablemos Interview a classmate, using the following questions. When you have finished, switch roles.

1. ¿Qué va a hacer Ud. en cuanto llegue a su casa?

2. ¿A quién quiere Ud. hacerle unas preguntas?

3. ¿Qué le dirá Ud. a su profesor(a) cuando lo (la) vea?

4. ¿Necesita hacer arreglar su coche?

5. ¿Están prendidos o apagados los faros de su carro en este momento?

VAMOS A PRACTICAR

Quiz

A Complete the following sentences, using the cues in parentheses.

1. Se lo voy a preguntar cuando _____ (verlos).

2. Yo le avisaré en cuanto el policía _____ (arrestarlas).

3. Lleve el carro a este lugar tan pronto como el mecánico _____ (arreglar los faros).

4. No me llame hasta que ellas _____ (traer al detenido).

B Rewrite the following sentences, beginning each one with the cue given.

MODELO   Le leen sus derechos.
Espero que *le hayan leído* sus derechos.

1. Todos toman pastillas.
No creo que _____.

2. El joven está intoxicado.
Ojalá que _____.

3. Tiene que hacer rehabilitación.
Es posible que _____.

4. Se suicida.
Ella tiene miedo de que él _____.

5. Lo encuentran.
Espero que _____.

6. Los frascos han desaparecido.
Dudo que _____.

Conversaciones breves
Complete the following dialogues, using your imagination and the vocabulary from this lesson.

El agente Ross y el Sr. Soto:

Agente Ross —_____

Sr. Soto —Lo siento, pero en este momento no está.

Agente Ross —_____

Sr. Soto —No sé. Sólo me dijo que iba a regresar más tarde.

Agente Ross —_____

Sr. Soto —Sí, señor. Se lo diré cuando lo vea.

La agente León y la Sra. Torres:

Agente León —¿Qué pasa, señora?

Sra. Torres —_____

Agente León —¿Dónde está su hijo ahora?

Sra. Torres —_____

Agente León —¿Llamó Ud. a los paramédicos?

Sra. Torres —_____

Agente León —Voy a llamarlos. ¿Qué tomó su hijo, señora?

Sra. Torres —_____

La agente Suárez y el Sr. Gil:

Agente Suárez —_____

Sr. Gil —Buenos días. Busco a mi hijo. Me han dicho que está aquí.

Agente Suárez —_____

Sr. Gil —Se llama Alberto Gil Rosas.

Agente Suárez —_____

Sr. Gil —Pero, ¿por qué? Alberto es un buen muchacho.

Agente Suárez —_____

Sr. Gil —¿Cómo? ¿Mi hijo? ¡No puede ser! Quiero verlo ahora mismo.

Agente Suárez —_____

Sr. Gil —Está bien. Voy a esperar, pero primero quiero llamar a mi abogado.

Agente Suárez —_____

👥 En estas situaciones With a partner, act out the following situations in Spanish.

1. Explain to the parent of a minor who has been arrested that he/she can't speak with the child until they've finished booking him/her. Say that the child was arrested for selling drugs at school and for carrying a gun. Tell the parent to take a seat in the waiting room and try to calm him/her down.

2. You want to speak with Mr. Olmedo. Leave this message with his wife: "When your husband returns, have him call me at this number without fail. It is very urgent, because I want to ask him a few questions."

3. Tell a motorist that he/she has to have his/her car fixed. Tell the motorist also that, after the car is ready, he/she has to take it to 125 Flores Street, where someone will sign the back of the form to confirm that the damage has been fixed.

👥 Casos With you and a partner playing the roles, work through the following scenarios.

1. You are talking with the angry and distraught parent of a minor who has just been arrested.

2. You are having difficulty getting in touch with a young woman you need to interrogate, so you leave several messages with her roommate.

3. You talk to a motorist whose car lights are not on and advise him/her on what to do.

Un paso más Review the **Vocabulario adicional** in this lesson and give the Spanish equivalent of the following.

1. There has been a possible drowning.

   a. The child fell in the pool.

   _____

   b. He almost drowned.

   _____

   c. The paramedics gave him CPR.

   _____

2. There has been a complaint.

   a. Is there a fight at this party? There's a lot of noise.

   _____

   b. Who was the aggressor?

   _____

c. She stabbed him.

_____

d. He shot her with a gun.

_____

e. She's not breathing. (She doesn't breathe.)

_____

f. He killed her in self-defense.

_____

3. There has been an accident on the highway.

a. Her car wouldn't start.

_____

b. He was honking the horn.

_____

c. He crashed into her car.

_____

d. Do you know anything about first aid?

_____

e. We're going to put her on a stretcher.

_____

f. Is there a wheelchair for him?

_____

OTRO DÍA, POR LA MAÑANA

OBJECTIVES

Structures

- The imperfect subjunctive
- Uses of the imperfect subjunctive
- *If* clauses

Communication

- More on investigating robberies: asking to search a suspect's car; arresting a pickpocket
- Breaking up an illegal gathering

🔊 OTRO DÍA, POR LA MAÑANA

Un día de trabajo para el agente Montero, de la Comisaría Tercera de la ciudad de Albuquerque, Nuevo México.

Las diez y media de la mañana:
El agente Montero investiga un robo en un mercado. Ahora está hablando con el dependiente.

Agente Montero	—Cuénteme exactamente lo que pasó.
Dependiente	—A eso de las nueve y media vino un hombre y dijo que quería una botella de vino...
Agente Montero	—¿Qué pasó entonces?
Dependiente	—Me apuntó con una pistola y me obligó a que le diera todo el dinero que había en la caja.
Agente Montero	—¿Podría Ud. reconocerlo si lo viera otra vez?
Dependiente	—No sé. Tenía barba y bigote... Si se afeitara, no sé si lo reconocería.
Agente Montero	—¿Cuánto medía, más o menos? ¿Era como de mi estatura?
Dependiente	—No, mucho más alto y más grande. Medía como seis pies y dos pulgadas, y pesaba unas doscientas cincuenta libras.
Agente Montero	—¿Cómo estaba vestido?
Dependiente	—A ver si recuerdo... Pantalón gris oscuro, camisa azul y una chaqueta de pana café.

Agente Montero —Ud. le dio todo el dinero. ¿Qué pasó después?

Dependiente —Traté de seguirlo, pero me apuntó con la pistola y me dijo que me quedara donde estaba.

Agente Montero —¿Puede describir la pistola?

Dependiente —Una pistola semiautomática, calibre treinta y dos, posiblemente.

Las once y media:

El agente Montero sospecha que hay drogas en el maletero de un carro. Ahora está hablando con la dueña.

Agente Montero —No tengo permiso del juez para registrar su carro, pero me gustaría ver lo que Ud. tiene el maletero. ¿Quiere darme la llave?

Mujer —Hay un gato y una llanta en el maletero...

Agente Montero —¿Me da Ud. permiso para registrarlo? No la estoy amenazando ni le estoy prometiendo nada. Si Ud. me da permiso, tiene que ser voluntariamente.

Mujer —Consiga una orden del juez si quiere registrar mi carro.

Las dos y media de la tarde:

El agente Montero arresta a un hombre que atacó a una mujer y trató de robarle la cartera.

Agente Montero —Póngase las manos sobre la cabeza y entrelace los dedos. Dese vuelta.

Hombre —¡Hijo de mala madre!

Agente Montero —¡Cállese! Camine hacia el carro patrullero. Súbase. ¡Cuidado con la cabeza...!

Las cuatro y media de la tarde:

El agente Montero ve un grupo de personas que están gritando obscenidades y amenazas frente a un consulado y les ordena dispersarse.

Agente Montero —Soy el agente Montero, de la Policía. Esta reunión queda declarada ilegal y, por lo tanto, les ordeno que se dispersen inmediatamente.

La multitud empieza a dispersarse y algunos murmuran obscenidades.

🔊 **¡Escuchemos!** While listening to the dialogue, circle **V (verdadero)** if the statement is true and **F (falso)** if it is false.

1. Hubo un robo en un mercado de la ciudad de Albuquerque.   V   F

2. Un hombre vino y pidió una botella de vino.   V   F

3. El hombre se llevó la botella de vino sin pagar.   V   F

4. La víctima no podría reconocer al ladrón si se afeitara.   V   F

5. El ladrón era mucho más alto que el agente.   V   F

6. La víctima no trató de seguir al ladrón.   V   F

7. El agente Montero tiene permiso del juez para registrar el carro.   V   F

8. El agente Montero está amenazando a la mujer.   V   F

9. El hombre debe ponerse las manos sobre la cabeza y entrelazar los dedos.   V   F

10. La reunión era legal y no tuvieron que dispersarse.   V   F

🌐 VOCABULARIO
Audio

Cognados

el calibre
el consulado
la obscenidad
semiautomático(a)
voluntariamente

Nombres

la amenaza *threat*
la caja *cash register*
la chaqueta, la chamarra (*Méx.*) *jacket*
la cerveza *beer*
el (la) dependiente(a) *clerk*
la embajada *embassy*
la estatura *height*
el gato, la gata (*Costa Rica*) *jack*
la libra *pound*
el licor *liquor, spirits*
la llanta, la goma (*Cuba*), **el neumático** *tire*
el maletero, la cajuela (*Méx.*), **el baúl**
    (*Puerto Rico*) *trunk (of a car)*
el mercado *market*
la multitud *crowd*
la pana *corduroy*
el permiso *warrant, permission*
la reunión, la congregación, el
    mitin *meeting, assembly*
el vino *wine*

Verbos

afeitarse *to shave*
apuntar *to point, to aim* (*a gun*)
dispersarse *to disperse*
entrelazar *to intertwine*
murmurar *to murmur*
ordenar *to order*
pesar *to weigh*
prometer *to promise*

Adjetivos

gris *gray*
liviano(a) *light*
pesado(a) *heavy*

Otras palabras y expresiones

¡Cállese! *Be quiet! Shut up!*
¡Cuidado! *Careful!*
Dese vuelta., Voltéese., Vírese.
    (*Cuba*) *Turn around.*
por lo tanto *therefore, so*
queda declarado(a) ilegal *is hereby*
    declared illegal
sobre *on, on top of*

🌐 VOCABULARIO ADICIONAL
Audio

Mandatos útiles (*Useful commands*)

¡Acuéstese en el suelo, boca abajo! *Lie down on the floor (ground), face down!*

¡Agáchese! *Bend down!*

¡Aléjese de la ventana! *Get away from the window!*

¡Bájese de allí! *Get down from there!*

¡Levante los brazos! *Lift your arms!*

¡Llame al perro! *Call off the dog!*

¡No dispare! ¡No tire! *Don't shoot!*

¡No salte! *Don't jump!*

¡No se mueva! *Don't move!*

¡Ponga las manos detrás de la espalda! *Put your hands behind your back!*

¡Póngase de rodillas! *Get on your knees!*

¡Salga con las manos en (sobre) la cabeza! *Come out with your hands on top of your head!*

¡Sáquese las manos de los bolsillos! *Take your hands out of your pockets!*

¡Separe los pies! *Spread your feet!*

¡Siga caminando! *Keep walking!*

¡Suelte el arma! *Drop the gun (weapon)!*

¡Suéltelo(la)! *Let go of him (her)!*

Search

> Until recently in most Latin American cities, people could walk the streets late at night without running the risk of being assaulted or mugged. Holdups were almost unheard of, and there were few incidents like the one described in this lesson. That is not the case today. Some areas in big Latin American cities have reputations for being rough. Travelers are often warned about increasing crime in most cities.

ACTIVIDADES

Dígame... Answer the following questions, basing your answers on the dialogues.

1. ¿Qué pasó a eso de las nueve y media en el mercado?

_____

2. ¿Qué hizo el hombre después de apuntarle al dependiente con una pistola?

_____

3. ¿Cómo era el hombre?

_____

4. ¿Qué ropa tenía puesta?

_____

5. ¿Qué hizo el hombre cuando el dependiente trató de seguirlo?

_____

6. ¿Qué clase de pistola tenía el hombre?

_____

7. El agente Montero sospecha que hay drogas en el maletero de un carro. ¿Por qué no le ordena a la dueña que lo abra?

_____

8. ¿Le da la mujer permiso al agente Montero para que abra el maletero y lo registre?

_____

9. El agente Montero arresta a un hombre. ¿Por qué?

_____

10. ¿Qué le ordena el agente Montero al hombre?

_____

11. ¿Qué está haciendo la gente que está frente a un consulado?

_____

12. ¿Qué les ordena el agente Montero?

_____

 Hablemos Interview a classmate, using the following questions. When you have finished, switch roles.

1. Si yo le apuntara con una pistola y le pidiera su dinero, ¿me lo daría?

2. José tiene barba y bigote. Si se afeitara, ¿lo reconocería Ud.?

3. Juana mide cinco pies, nueve pulgadas. ¿Cómo es de estatura?

4. ¿Qué ropa tenía Ud. puesta ayer por la tarde?

5. ¿Qué tiene Ud. en el maletero de su coche?

6. ¿Ayer tomó licor u otra bebida alcohólica?

7. Yo no tengo permiso del juez para registrar su casa. ¿Me da Ud. permiso voluntariamente?

Vamos a practicar

Quiz

A Rewrite each of the following sentences, using the cue given and the appropriate verb tense.

> **MODELO** Es importante que Ud. hable con él.
> Era importante **que Ud. *hablara* con él.**

1. Es importante que el agente tenga permiso del juez.

Era importante _____.

2. Quiero que Ud. abra el maletero.

Quería _____.

3. Les digo que me den la llave.

Les diría _____.

4. La mujer no cree que el gato esté en el maletero.

La mujer no creía _____.

5. Les ordeno que se dispersen.

Les ordenaría _____.

6. Ella duda que él ataque a las mujeres.

Ella dudaba _____.

7. La agente nos dice que pongamos las manos en la cabeza.

La agente nos dijo _____.

8. ¡Te digo que vayas a la embajada!

¡Te dije _____!

9. Es posible que tenga una pistola semiautomática.

Era posible _____.

10. El agente quiere que el dependiente le diga la verdad.

El agente quería _____.

B Answer the following questions, using **si** and the appropriate verb forms.

> **MODELO** ¿Por qué no compras ese carro? (tener dinero)
> **Si *tuviera* dinero, lo *compraría*.**

1. ¿Por qué no me cuentas lo que pasó? (saberlo)

_____

2. ¿Por qué no le dices qué ropa tenía puesta? (recordarlo)

_____

3. ¿Por qué no lo levantas? (ser liviano)

_____

4. ¿Por qué no registra el maletero? (tener permiso del juez)

_____

5. ¿Por qué no les ordenas que se dispersen? (hacer algo ilegal)

_____

C Change the following commands into statements, using **si** and the expressions in parentheses.

MODELO   Venga a verme. (tener tiempo, señor)
Si *tengo* tiempo, *vendré* a verlo, señor.

1. Arreste a este hombre. (hacer algo ilegal, señora)

_____

2. Registre el coche. (Ud. darme la llave, señorita)

_____

3. Dígale que venga. (verla, señor)

_____

4. Quédese aquí. (poder hacerlo, señor)

_____

5. Traiga a los niños. (tener el carro, señora)

_____

Conversaciones breves Complete the following dialogue, using your imagination and the vocabulary from this lesson.

El agente Ríos investiga un robo.

Agente Ríos   —_____

Dependiente   —Bueno... no recuerdo mucho... un hombre entró y me apuntó con una pistola...

© 2011 Heinle, Cengage Learning

Agente Ríos — _____

Dependiente —Me dijo que le diera todo el dinero de la caja.

Agente Ríos — _____

Dependiente —No sé cuánto medía.

Agente Ríos — _____

Dependiente —No, no era tan alto como Ud... y era muy delgado.

Agente Ríos — _____

Dependiente —Yo creo que pesaba unas ciento treinta libras...

Agente Ríos — _____

Dependiente —Tenía pantalón blanco y camisa azul... y sombrero.

Agente Ríos — _____

Dependiente —No, yo no entiendo nada de armas.

Agente Ríos — _____

Dependiente —Sí, vi el carro que manejaba. Era un Ford Escort azul.

Agente Ríos — _____

Dependiente —No, no sé el número de la chapa, pero era de otro estado.

 ## En estas situaciones With a partner, act out the following situations in Spanish.

1. You are investigating the armed robbery of a food store. Ask the employee to tell you exactly what happened and to describe the robber and his/her weapon. Then ask the employee if he/she would recognize the robber if he/she came into the store again.

2. You want to search somebody's car, but you don't have a warrant. Ask the owner's permission to search it. Make sure the owner knows that you are not threatening him/her.

3. You are arresting a suspect. Tell the person to do the following: "Put your hands on your head. Turn around. Be quiet. Get into the patrol car."

4. You are trying to disperse an unruly crowd. Tell them who you are and order them to disperse immediately.

Casos With you and a partner playing the roles, work through the following scenarios.

1. You are an officer questioning a shopkeeper whose store was just robbed.

2. You are an officer trying to convince someone to let you search his/her car without a warrant.

3. You are an officer arresting a belligerent suspect.

Un paso más Review the **Vocabulario adicional** in this lesson and respond to each of the following situations with an appropriate command.

1. You are going to handcuff a prisoner.

_____

2. Someone is near a window, and this might prove dangerous.

_____

3. Someone is going to jump off a roof.

_____

4. You want a suspect to drop his gun.

_____

5. You want a suspect to walk to the police car, but she stops.

_____

6. You want to stop someone from shooting.

_____

7. A suspect has his hands in his pockets.

_____

8. Someone's dog is running toward you with every intention of biting you.

_____

9. You want a suspect to lift his arms.

_____

10. Someone is holding a screaming girl, and you want him to let go of her.

_____

11. You need to instruct someone to bend over.

_____

12. You have to tell someone to lie on the floor, face down.

_____

13. You are pointing a gun at a suspect. You don't want her to make any sudden moves.

_____

14. You want a suspect to get on his knees.

_____

15. You want someone to spread his feet.

_____

16. Someone has climbed on a roof, and you want her down.

_____

17. There is a suspect inside a house, but he is ready to give himself up.

_____

LECTURA 4

EN CASOS DE AGRESIÓN SEXUAL

Search

EN CASOS DE AGRESIÓN SEXUAL

Read the following information from a pamphlet about sexual abuse. Try to guess the meaning of all cognates. Then, do the exercise item on the next page.

EN CASOS DE AGRESIÓN[1] SEXUAL

La violación y el abuso sexual

La violación es un delito en que la víctima es dominada por el uso de la fuerza[2] o la amenaza[3].

- Una de cada cuatro mujeres y uno de cada seis hombres serán víctimas de una agresión sexual durante su vida.
- Cualquier persona puede ser culpable[4] de una agresión sexual: vecinos, compañeros, miembros de la familia, desconocidos[5] o buenos amigos. En más del 50% de los casos, la víctima conoce al agresor.
- La violación es un acto violento en que una persona usa el sexo para humillar y controlar a otra. Es una experiencia violenta, aterrorizadora y brutal.

Si Ud. es víctima de una violación o de otro abuso sexual

1. Recuerde que Ud. no tiene la culpa[6].
2. Vaya a un lugar seguro[7].
3. Busque el apoyo[8] de su familia o de sus amigos o llame a un centro de ayuda para víctimas de violación.
4. Reciba atención médica.
5. Llame a la policía y recuerde que si se ducha[9] o se baña[10] puede destruir evidencia importante.
6. Considere la posibilidad de usar los servicios de un consejero profesional.

¡Recuerde!

Decidir qué hacer después de una agresión sexual es muy difícil. Es normal sentirse confuso. El centro de ayuda para víctimas de violación puede ofrecerle información y apoyo. Los consejeros están a su disposición.

[1]*assault*	[3]*threat*	[5]*strangers*	[7]*safe*	[9]**se...** *shower*
[2]*force*	[4]*guilty*	[6]*blame*	[8]*support*	[10]**se...** *bathe*

Using the information from the pamphlet, decide what you would say to the following people.

1. Leonardo thinks that, since he is not a girl, he never has to worry about being sexually abused.

_____

_____

_____

2. Liliana thinks that she only has to worry about strangers, but that she is safe with friends, class-mates, and acquaintances.

_____

_____

_____

3. Marta was sexually abused, and you are trying to give her some advice about what to do next.

_____

_____

_____

LECCIONES 16-20 **REPASO**

Práctica de vocabulario

A Circle the word or phrase that does not belong in each group.

1. llanta   maletero   neumático

2. calmante   sedante   cocina

3. baño   descompuesto   desperfecto

4. anteojos   faros   lentes

5. cuchillo   bigote   barba

6. gritar   llorar   bañarse

7. pelado   sucio   calvo

8. anillo   blusa   sortija

9. cruz   cartera   bolsa

10. gente   mejilla   cachete

11. lunar   cicatriz   arete

12. calmarse   escaparse   fugarse

13. billetera   celda   cartera

14. cambiarse de ropa   quitarse   moverse

15. reloj   voluntad   cadena

16. sugerir   temer   aconsejar

B Circle the word or phrase that best completes each sentence.

1. Todas sus pertenencias serán puestas en un (bono / cuello / sobre) sellado.

2. Lo voy a (retratar / vaciar / mirar) porque necesito su fotografía.

3. Ponga todas sus cosas en el (mostrador / centavo / oro).

4. Es una enfermedad (gris / metida / venérea).

5. Voy a tomarle (la fiscal / el homicidio / las huellas digitales).

6. Su esposa ha sido víctima de (un secuestro / un detalle / una falda).

7. Ponga (las manos / los pies / la cabeza) en la pared.

8. Había (pelo / olor / violación) a gas.

9. Entrelace (la multitud / los dedos / las cajas).

10. Por favor, lea el dorso de (este detenido / esta papeleta / este mercado).

11. Tengo que hacerlo arreglar porque está (listo / prendido / descompuesto).

12. El hombre me (ayudó / afeitó / amenazó) con un revólver.

13. Me caí porque ella me (murmuró / empujó / contó).

14. Tenía (una edad / una cicatriz / una amenaza) en la boca.

15. Ella no tiene (cordones / antecedentes / dependientes) penales.

16. Mi casa no está (cerca / lejos / sellada). Está a una cuadra de aquí.

C Match the questions in column **A** with the answers in column **B**.

A

1. _____ ¿Qué van a hacer con él ahora?

2. _____ ¿Le pusieron una fianza muy alta?

3. _____ ¿Ud. va a comprar el bono?

4. _____ ¿Está el Sr. Bravo?

5. _____ ¿Necesitas dinero?

6. _____ ¿A quiénes llamaste?

7. _____ ¿Qué ropa tenía puesta?

8. _____ ¿De qué raza es?

9. _____ ¿Lloraba?

10. _____ ¿La conocías?

11. _____ ¿Cuándo arreglarán el horno?

12. _____ ¿Cuánto medía?

B

a. Sí, acaba de llegar.

b. Sí, por lo menos cien dólares.

c. Una chaqueta de pana y un suéter negro.

d. No, era una extraña.

e. No, mi familia.

f. Sí, histéricamente.

g. Blanco.

h. Lo pondrán en libertad bajo palabra.

i. Era como de mi estatura.

j. Mañana, sin falta.

k. A los Sres. Ruiz.

l. Sí, y no pudo pagarla.

D Crucigrama

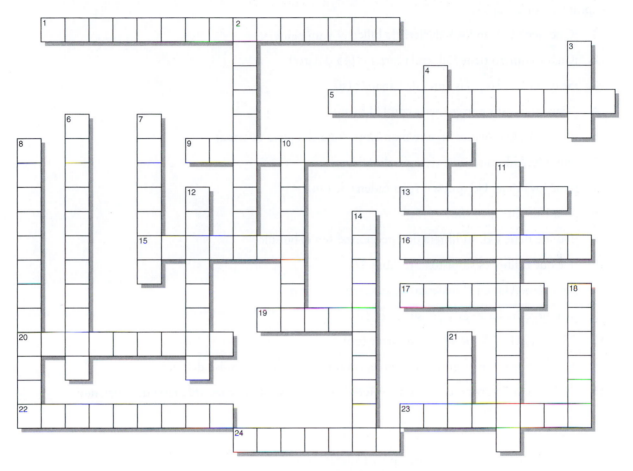

HORIZONTALES

1. sin obligación
5. normalmente
9. Ella no tiene _____ penales.
13. bolsa
15. Tengo su dirección en mi _____.
16. En México lo llaman cajuela.
17. Tomó _____ para suicidarse.
19. Lo necesito para saber la hora.
20. dar autorización
22. fichar
23. chaqueta, en México
24. No hable.

VERTICALES

2. que tiene importancia
3. Lo necesito para cambiar una llanta.
4. *test,* en español
6. El coche tiene un _____. Tengo que hacerlo arreglar.
7. Quiero comprar una _____ de vino.
8. persona que investiga (*m.*)
10. sedativo
11. *belongings,* en español
12. Está en _____ bajo fianza.
14. anteojos, en Cuba
18. *arrow,* en español
21. Él _____ 180 libras.

🔊 **Práctica oral** Listen to the following exercise on the audio program. The speaker will ask you some questions. Answer the questions, using the cues provided. The speaker will confirm the correct answer. Repeat the correct answer.

1. ¿Qué tiene Ud. en los bolsillos? (la billetera y un peine)

2. ¿Cuánto dinero tiene Ud. en la cartera? (45 dólares)

3. ¿Se quita Ud. las gafas antes de bañarse? (sí)

4. ¿Tiene todas sus pertenencias con Ud.? (no)

5. ¿Qué lleva Ud. puesto en este momento? (una chaqueta de pana)

6. ¿Necesita Ud. cambiarse de ropa ahora? (no)

7. ¿Qué joya tiene Ud. puesta? (una cadena de oro)

8. ¿Usa Ud. anteojos? (no)

9. ¿Dónde tiene Ud. su libreta de direcciones? (en el bolsillo)

10. ¿De qué calibre es su pistola? (calibre 32)

11. ¿Qué tiene Ud. en el maletero de su carro? (un gato)

12. ¿Ud. necesita hacer arreglar su carro? (sí)

13. ¿Tiene muchos desperfectos su carro? (no)

14. ¿Qué tiene que conseguir Ud. para registrar un carro? (un permiso del juez)

15. Si Ud. viera un grupo de personas gritando obscenidades, ¿qué les ordenaría que hicieran? (dispersarse inmediatamente)

16. ¿Cuándo fue la última vez que Ud. retrató a alguien? (ayer)

17. ¿Le está a Ud. permitido recomendar fiadores? (no)

18. ¿Dónde vivía Ud. cuando era adolescente? (en California)

19. Cuando Ud. era adolescente, ¿se escapó alguna vez de su casa? (no, nunca)

20. Si Ud. viera a un compañero de clase de la escuela, ¿podría reconocerlo? (sí)

21. ¿Le han tomado a Ud. las huellas digitales? (sí)

22. ¿Le han hecho a Ud. alguna prueba este año? (no)

23. ¿Prefiere Ud. defenderse con un cuchillo o con una pistola? (con una pistola)

24. ¿Tiene Ud. una fotografía reciente de sus padres? (no)

25. ¿Tiene Ud. alguna marca visible? (sí, un lunar en la mejilla)

APPENDIX A

INTRODUCTION TO SPANISH SOUNDS AND THE ALPHABET

Sections marked with a Web-audio icon are recorded on the website that supplements this text. Repeat each Spanish word after the speaker, imitating as closely as possible the correct pronunciation.

THE ALPHABET

LETTER	NAME	LETTER	NAME	LETTER	NAME	LETTER	NAME
a	a	h	hache	ñ	eñe	t	te
b	be (larga)	i	i	o	o	u	u
c	ce	j	jota	p	pe	v	ve, uve
d	de	k	ka	q	cu	w	doble ve, doble uve
e	e	l	ele	r	ere, erre	x	equis
f	efe	m	eme			y	i griega, ye
g	ge	n	ene	s	ese	z	zeta

THE VOWELS

Audio

1. The Spanish **a** has a sound similar to the English *a* in the word *father.* Repeat:

   Ana   casa   banana   mala   dama   mata

2. The Spanish **e** is pronounced like the English *e* in the word *eight.* Repeat:

   este   René   teme   deme   entre   bebe

3. The Spanish **i** is pronounced like the English *ee* in the word *see.* Repeat:

   sí   difícil   Mimí   ir   dividir   Fifí

4. The Spanish **o** is similar to the English *o* in the word *no,* but without the glide. Repeat:

   solo   poco   como   toco   con   monólogo

5. The Spanish **u** is similar to the English *ue* sound in the word *Sue.* Repeat:

   Lulú   un   su   universo   murciélago

🌐 THE CONSONANTS
Audio

1. The Spanish **p** is pronounced like the English *p* in the word *spot*. Repeat:

pan	papá	Pepe	pila	poco	pude

2. The Spanish **c** in front of **a, o, u, l,** or **r** sounds similar to the English *k*. Repeat:

casa	como	cuna	clima	crimen	cromo

3. The Spanish **q** is only used in the combinations **que** and **qui,** in which the **u** is silent, and also has a sound similar to the English *k*. Repeat:

que	queso	Quique	quinto	quema	quiso

4. The Spanish **t** is pronounced like the English *t* in the word *stop*. Repeat:

toma	mata	tela	tipo	atún	Tito

5. The Spanish **d** at the beginning of an utterance or after **n** or **l** sounds somewhat similar to the English *d* in the word *David*. Repeat:

día	dedo	duelo	anda	Aldo

In all other positions, the **d** has a sound similar to the English *th* in the word *they*. Repeat:

medida	todo	nada	Ana dice	Eva duda

6. The Spanish **g** also has two sounds. At the beginning of an utterance and in all other positions, except before **e** or **i,** the Spanish **g** sounds similar to the English *g* in the word *sugar*. Repeat:

goma	gato	tengo	lago	algo	aguja

In the combinations **gue** and **gui,** the **u** is silent. Repeat:

guerra	guineo	guiso	ligue	la guía

7. The Spanish **j,** and **g** before **e** or **i,** sounds similar to the English *h* in the word *home*. Repeat:

jamás	juego	jota	Julio	gente	Genaro	gime

8. The Spanish **b** and **v** have no difference in sound. Both are pronounced alike. At the beginning of the utterance or after **m** or **n,** they sound similar to the English *b* in the word *obey*. Repeat:

Beto	vaga	bote	vela	también	un vaso

Between vowels, they are pronounced with the lips barely closed. Repeat:

sábado	yo voy	sabe	Ávalos	Eso vale

9. In most Spanish-speaking countries, the **y** and the **ll** are similar to the English *y* in the word *yet*. Repeat:

yo	llama	yema	lleno	ya	lluvia	llega

10. The Spanish **r** is pronounced like the English *tt* in the word *gutter.* Repeat:

cara	pero	arena	carie	Laredo	Aruba

The Spanish **r** in an initial position and after **l, n,** or **s,** and **rr** in the middle of a word are pronounced with a strong trill. Repeat:

Rita	Rosa	torre	ruina	Enrique	Israel
perro	parra	rubio	alrededor	derrama	

11. The Spanish **s** sound is represented in most of the Spanish-speaking world by the letters **s, z,** and **c** before **e** or **i.** The sound is very similar to the English sibilant *s* in the word *sink.* Repeat:

sale	sitio	solo	seda	suelo
zapato	cerveza	ciudad	cena	

In most of Spain, the **z,** and **c** before **e** or **i,** is pronounced like the English *th* in the word *think.* Repeat:

zarzuela	cielo	docena

12. The letter **h** is silent in Spanish except when it's preceded by **c** to form the phoneme **ch.** Repeat:

hilo	Hugo	ahora	Hilda	almohada	hermano

13. The Spanish **ch** is pronounced like the English *ch* in the word *chief.* Repeat:

muchacho	chico	coche	chueco	chaparro

14. The Spanish **f** is identical in sound to the English *f.* Repeat:

famoso	feo	difícil	fuego	foto

15. The Spanish **l** is pronounced like the English *l* in the word *lean* except in the combination **ll** (see item **9**). Repeat:

dolor	ángel	fácil	sueldo	salgo	chaval

16. The Spanish **m** is pronounced like the English *m* in the word *mother.* Repeat:

mamá	moda	multa	médico	mima

17. In most cases, the Spanish **n** has a sound similar to the English *n.* Repeat:

nada	norte	nunca	entra	nene

The sound of the Spanish **n** is often affected by the sounds that occur around it. When it appears before **b, v,** or **p,** it is pronounced like the English *m.* Repeat:

invierno	tan bueno	un vaso	un bebé	un perro

18. The Spanish **ñ (eñe)** has a sound similar to the English *ny* in the word *canyon.* Repeat:

muñeca	leña	año	señorita	piña	señor

19. The Spanish **x** has two pronunciations, depending on its position. Between vowels, the sound is similar to the English *ks*. Repeat:

examen   boxeo   exigente   éxito

Before a consonant, the Spanish **x** sounds like the English *s*. Repeat:

expreso   excusa   exquisito   extraño

LINKING

In spoken Spanish, the various words in a phrase or sentence are not pronounced as isolated elements, but they are combined. This is called *linking*.

1. The final consonant of a word is pronounced together with the initial vowel of the following word. Repeat:

Carlos anda   un ángel   el otoño   unos estudiantes

2. The final vowel of a word is pronounced together with the initial vowel of the following word. Repeat:

su esposo   la hermana   ardua empresa   la invita

3. When the final vowel of a word and the initial vowel of the following word are identical, they are pronounced slightly longer than one vowel. Repeat:

Ana alcanza   me espera   mi hijo   lo olvida

The same rule applies when two identical vowels appear within a word. Repeat:

cooperación   crees   leemos   coordinación

4. When the final consonant of a word and the initial consonant of the following word are the same, they are pronounced as one consonant with slightly longer-than-normal duration. Repeat:

el lado   un novio   Carlos salta   tienes sed   al leer

RHYTHM

Rhythm is the variation of sound intensity that we usually associate with music. Spanish and English each regulate these variations in speech differently, because they have different patterns of syllable length. In Spanish the length of the stressed and unstressed syllables remains almost the same, while in English stressed syllables are considerably longer than unstressed ones. Pronounce the following Spanish words, enunciating each syllable clearly.

es-tu-dian-te   bue-no   Úr-su-la
com-po-si-ción   di-fí-cil   ki-ló-me-tro
po-li-cí-a   Pa-ra-guay

Because the length of the Spanish syllables remains constant, the greater the number of syllables in a given word or phrase, the longer the phrase will be.

INTONATION

Intonation is the rise and fall of pitch in the delivery of a phrase or a sentence. In general, Spanish pitch tends to change less than English, giving the impression that the language is less emphatic.

As a rule, the intonation for normal statements in Spanish starts in a low tone, raises to a higher one on the first stressed syllable, maintains that tone until the last stressed syllable, and then goes back to the initial low tone, with still another drop at the very end.

Tu amigo viene mañana.	José come pan.
Ada está en casa.	Carlos toma café.

SYLLABLE FORMATION IN SPANISH

General rules for dividing words into syllables are as follows.

Vowels

1. A vowel or a vowel combination can constitute a syllable.

a-lum-no   a-bue-la   Eu-ro-pa

2. Diphthongs and triphthongs are considered single vowels and cannot be divided.

bai-le   puen-te   Dia-na   es-tu-diáis   an-ti-guo

3. Two strong vowels (**a, e, o**) do not form a diphthong and are separated into two syllables.

em-ple-ar   vol-te-ar   lo-a

4. A written accent on a weak vowel (**i** or **u**) breaks the diphthong, thus the vowels are separated into two syllables.

trí-o   dú-o   Ma-rí-a

Consonants

1. A single consonant forms a syllable with the vowel that follows it.

po-der   ma-no   mi-nu-to

NOTE: **rr** is considered a single consonant: **pe-rro.**

2. When two consonants appear between two vowels, they are separated into two syllables.
al-fa-be-to   cam-pe-ón   me-ter-se   mo-les-tia

EXCEPTION: When a consonant cluster composed of **b, c, d, f, g, p,** or **t** with **l** or **r** appears between two vowels, the cluster joins the following vowel: **so-bre, o-tros, ca-ble, te-lé-gra-fo.**

3. When three consonants appear between two vowels, only the last one goes with following vowel.

ins-pec-tor   trans-por-te   trans-for-mar

EXCEPTION: When there is a cluster of three consonants in the combinations described in rule 2, the first consonant joins the preceding vowel, and the cluster joins the following vowel: **es-cri-bir, ex-tran-je-ro, im-plo-rar, es-tre-cho.**

ACCENTUATION

In Spanish, all words are stressed according to specific rules. Words that do not follow the rules must have a written accent to indicate the change of stress. The basic rules for accentuation are as follows.

1. Words ending in a vowel, **n**, or **s** are stressed on the next-to-the-last syllable.

hi-jo   **ca**-lle   **me**-sa   fa-**mo**-sos

flo-**re**-cen   **pla**-ya   **ve**-ces

2. Words ending in a consonant, except **n** or **s,** are stressed on the last syllable.

ma-**yor**   a-**mor**   tro-pi-**cal**   na-**riz**   re-**loj**   co-rre-**dor**

3. All words that do not follow these rules must have the written accent.

ca-**fé**   **lá**-piz   **mú**-si-ca   sa-**lón**

án-gel   **lí**-qui-do   fran-**cés**   **Víc**-tor

sim-**pá**-ti-co   rin-**cón**   a-**zú**-car   **dár**-se-lo

sa-**lió**   **dé**-bil   e-**xá**-me-nes   **dí**-me-lo

4. Pronouns and adverbs of interrogation and exclamation have a written accent to distinguish them from relative pronouns.

—¿**Qué** comes?   *"What are you eating?"*
—La pera que él no comió.   *"The pear that he did not eat."*

—¿**Quién** está ahí?   *"Who is there?"*
—El hombre a quien tú llamaste. *"The man whom you called."*

—¿**Dónde** está?   *"Where is he?"*
—En el lugar donde trabaja.   *"At the place where he works."*

5. Words that have the same spelling but different meanings take a written accent to differentiate one from the other.

el	*the*	él	*he, him*	te	*you*	té	*tea*
mi	*my*	mí	*me*	si	*if*	sí	*yes*
tu	*your*	tú	*you*	mas	*but*	más	*more*

REGULAR VERBS

Model -ar, -er, -ir *verbs*

INFINITIVE		
amar (*to love*)	**comer** (*to eat*)	**vivir** (*to live*)

GERUND		
amando (*loving*)	**comiendo** (*eating*)	**viviendo** (*living*)

PAST PARTICIPLE		
amado (*loved*)	**comido** (*eaten*)	**vivido** (*lived*)

SIMPLE TENSES

Indicative Mood

PRESENT		
(*I love*)	(*I eat*)	(*I live*)
am**o**	com**o**	viv**o**
am**as**	com**es**	viv**es**
am**a**	com**e**	viv**e**
am**amos**	com**emos**	viv**imos**
am**áis**[1]	com**éis**	viv**ís**
am**an**	com**en**	viv**en**

IMPERFECT		
(*I used to love*)	(*I used to eat*)	(*I used to live*)
am**aba**	com**ía**	viv**ía**
am**abas**	com**ías**	viv**ías**
am**aba**	com**ía**	viv**ía**
am**ábamos**	com**íamos**	viv**íamos**
am**abais**	com**íais**	viv**íais**
am**aban**	com**ían**	viv**ían**

---

[1]**Vosotros amáis:** The **vosotros** form of the verb is used primarily in Spain. This form has not been used in this text.

	PRETERIT	
(*I loved*)	(*I ate*)	(*I lived*)
am**é**	com**í**	viv**í**
am**aste**	com**iste**	viv**iste**
am**ó**	com**ió**	viv**ió**
am**amos**	com**imos**	viv**imos**
am**asteis**	com**isteis**	viv**isteis**
am**aron**	com**ieron**	viv**ieron**

	FUTURE	
(*I will love*)	(*I will eat*)	(*I will live*)
amar**é**	comer**é**	vivir**é**
amar**ás**	comer**ás**	vivir**ás**
amar**á**	comer**á**	vivir**á**
amar**emos**	comer**emos**	vivir**emos**
amar**éis**	comer**éis**	vivir**éis**
amar**án**	comer**án**	vivir**án**

	CONDITIONAL	
(*I would love*)	(*I would eat*)	(*I would live*)
amar**ía**	comer**ía**	vivir**ía**
amar**ías**	comer**ías**	vivir**ías**
amar**ía**	comer**ía**	vivir**ía**
amar**íamos**	comer**íamos**	vivir**íamos**
amar**íais**	comer**íais**	vivir**íais**
amar**ían**	comer**ían**	vivir**ían**

Subjunctive Mood

	PRESENT	
([*that*] *I* [*may*] *love*)	([*that*] *I* [*may*] *eat*)	([*that*] *I* [*may*] *live*)
am**e**	com**a**	viv**a**
am**es**	com**as**	viv**as**
am**e**	com**a**	viv**a**
am**emos**	com**amos**	viv**amos**
am**éis**	com**áis**	viv**áis**
am**en**	com**an**	viv**an**

IMPERFECT (two forms: **-ra**, **-se**)		
([that] I [might] love)	*([that] I [might] eat)*	*([that] I [might] live)*
am**ara(-ase)**	com**iera(-iese)**	viv**iera(-iese)**
am**aras(-ases)**	com**ieras(-ieses)**	viv**ieras(-ieses)**
am**ara(-ase)**	com**iera(-iese)**	viv**iera(-iese)**
am**áramos** **(-ásemos)**	com**iéramos** **(-iésemos)**	viv**iéramos** **(-iésemos)**
am**arais(-aseis)**	com**ierais(-ieseis)**	viv**ierais(-ieseis)**
am**aran(-asen)**	com**ieran(-iesen)**	viv**ieran(-iesen)**

Imperative Mood (Command Forms)

(love)	*(eat)*	*(live)*
am**a** (tú)	com**e** (tú)	viv**e** (tú)
am**e** (Ud.)	com**a** (Ud.)	viv**a** (Ud.)
am**emos** (nosotros)	com**amos** (nosotros)	viv**amos** (nosotros)
am**ad** (vosotros)	com**ed** (vosotros)	viv**id** (vosotros)
am**en** (Uds.)	com**an** (Uds.)	viv**an** (Uds.)

COMPOUND TENSES

PERFECT INFINITIVE		
haber amado	**haber comido**	**haber vivido**

PERFECT PARTICIPLE		
habiendo amado	**habiendo comido**	**habiendo vivido**

Indicative Mood

PRESENT PERFECT		
(I have loved)	*(I have eaten)*	*(I have lived)*
he amado	he comido	he vivido
has amado	has comido	has vivido
ha amado	ha comido	ha vivido
hemos amado	hemos comido	hemos vivido
habéis amado	habéis comido	habéis vivido
han amado	han comido	han vivido

PLUPERFECT

(*I had loved*)	(*I had eaten*)	(*I had lived*)
había amado	había comido	había vivido
habías amado	habías comido	habías vivido
había amado	había comido	había vivido
habíamos amado	habíamos comido	habíamos vivido
habíais amado	habíais comido	habíais vivido
habían amado	habían comido	habían vivido

FUTURE PERFECT

(*I will have loved*)	(*I will have eaten*)	(*I will have lived*)
habré amado	habré comido	habré vivido
habrás amado	habrás comido	habrás vivido
habrá amado	habrá comido	habrá vivido
habremos amado	habremos comido	habremos vivido
habréis amado	habréis comido	habréis vivido
habrán amado	habrán comido	habrán vivido

CONDITIONAL PERFECT

(*I would have loved*)	(*I would have eaten*)	(*I would have lived*)
habría amado	habría comido	habría vivido
habrías amado	habrías comido	habrías vivido
habría amado	habría comido	habría vivido
habríamos amado	habríamos comido	habríamos vivido
habríais amado	habríais comido	habríais vivido
habrían amado	habrían comido	habrían vivido

Subjunctive Mood

PRESENT PERFECT

(*[that] I [may] have loved*)	(*[that] I [may] have eaten*)	(*[that] I [may] have lived*)
haya amado	haya comido	haya vivido
hayas amado	hayas comido	hayas vivido
haya amado	haya comido	haya vivido
hayamos amado	hayamos comido	hayamos vivido
hayáis amado	hayáis comido	hayáis vivido
hayan amado	hayan comido	hayan vivido

([*that*] *I* [*might*] *have loved*)	([*that*] *I* [*might*] *have eaten*)	([*that*] *I* [*might*] *have lived*)
hubiera(-iese) amado	hubiera(-iese) comido	hubiera(-iese) vivido
hubieras(-ieses) amado	hubieras(-ieses) comido	hubieras(-ieses) vivido
hubiera(-iese) amado	hubiera(-iese) comido	hubiera(-iese) vivido
hubiéramos(-iésemos) amado	hubiéramos(-iésemos) comido	hubiéramos(-iésemos) vivido
hubierais(-ieseis) amado	hubierais(-ieseis) comido	hubierais(-ieseis) vivido
hubieran(-iesen) amado	hubieran(-iesen) comido	hubieran(-iesen) vivido

STEM-CHANGING VERBS

The -ar *and* -er *stem-changing verbs*

Stem-changing verbs are those that have a change in the root of the verb. Verbs that end in -ar and -er change the stressed vowel **e** to **ie** and the stressed **o** to **ue.** These changes occur in all persons, except the first and second persons plural of the present indicative, present subjunctive, and command.

INFINITIVE	PRESENT INDICATIVE	IMPERATIVE		PRESENT SUBJUNCTIVE
cerrar	cierro	—		cierre
(*to close*)	cierras	cierra		cierres
	cierra	(Ud.) cierre		cierre
	cerramos	cerremos		cerremos
	cerráis	cerrad		cerréis
	cierran	(Uds.) cierren		cierren

INFINITIVE	PRESENT INDICATIVE	IMPERATIVE	PRESENT SUBJUNCTIVE
perder (*to lose*)	pierdo	—	pierda
	pierdes	pierde	pierdas
	pierde	(Ud.) pierda	pierda
	perdemos	perdamos	perdamos
	perdéis	perded	perdáis
	pierden	(Uds.) pierdan	pierdan
contar (*to count, to tell*)	cuento	—	cuente
	cuentas	cuenta	cuentes
	cuenta	(Ud.) cuente	cuente
	contamos	contemos	contemos
	contáis	contad	contéis
	cuentan	(Uds.) cuenten	cuenten
volver (*to return*)	vuelvo	—	vuelva
	vuelves	vuelve	vuelvas
	vuelve	(Ud.) vuelva	vuelva
	volvemos	volvamos	volvamos
	volvéis	volved	volváis
	vuelven	(Uds.) vuelvan	vuelvan

Verbs that follow the same pattern include the following.

acertar	*to guess right*	**entender**	*to understand*
acordarse	*to remember*	**llover**	*to rain*
acostar(se)	*to go to bed*	**mostrar**	*to show*
almorzar	*to have lunch*	**mover**	*to move*
atravesar	*to go through*	**negar**	*to deny*
cegar	*to blind*	**nevar**	*to snow*
cocer	*to cook*	**pensar**	*to think, to plan*
colgar	*to hang*	**probar**	*to prove, to taste*
comenzar	*to begin*	**recordar**	*to remember*
confesar	*to confess*	**resolver**	*to decide on*
costar	*to cost*	**rogar**	*to beg*
demostrar	*to demonstrate, to show*	**sentar(se)**	*to sit down*
despertar(se)	*to wake up*	**soler**	*to be in the habit of*
empezar	*to begin*	**soñar**	*to dream*
encender	*to light, to turn on*	**tender**	*to stretch, to unfold*
encontrar	*to find*	**torcer**	*to twist*

The -ir stem-changing verbs

There are two types of stem-changing verbs that end in **-ir:** one type changes stressed **e** to **ie** in some tenses and to **i** in others and stressed **o** to **ue** or **u;** the second type always changes stressed **e** to **i** in the irregular forms of the verb.

Type I   **e:ie**   or   **i**
     -ir:
                         o:ue   or   **u**

These changes occur as follows.

Present Indicative: all persons except the first and second plural change **e** to **ie** and **o** to **ue.** *Preterit:* third person, singular and plural, changes **e** to **i** and **o** to **u.** *Present Subjunctive:* all persons change **e** to **ie** and **o** to **ue,** except the first and second persons plural, which change **e** to **i** and **o** to **u.** *Imperfect Subjunctive:* all persons change **e** to **i** and **o** to **u.** *Imperative:* all persons except the second person plural change **e** to **ie** and **o** to **ue;** first person plural changes **e** to **i** and **o** to **u.** *Present Participle:* changes **e** to **i** and **o** to **u.**

	Indicative		Imperative	Subjunctive	
INFINITIVE	**PRESENT**	**PRETERIT**		**PRESENT**	**IMPERFECT**
sentir	siento	sentí	—	sienta	sintiera(-iese)
(*to feel*)	sientes	sentiste	siente	sientas	sintieras
	siente	sintió	(Ud.) sienta	sienta	sintiera
PRESENT	sentimos	sentimos	sintamos	sintamos	sintiéramos
PARTICIPLE	sentís	sentisteis	sentid	sintáis	sintierais
sintiendo	sienten	sintieron	(Uds.) sientan	sientan	sintieran
dormir	duermo	dormí	—	duerma	durmiera(-iese)
(*to sleep*)	duermes	dormiste	duerme	duermas	durmieras
	duerme	durmió	(Ud.) duerma	duerma	durmiera
PRESENT	dormimos	dormimos	durmamos	durmamos	durmiéramos
PARTICIPLE	dormís	dormisteis	dormid	durmáis	durmierais
durmiendo	duermen	durmieron	(Uds.) duerman	duerman	durmieran

Other verbs that follow the same pattern include the following.

advertir	*to warn*	**herir**	*to wound, to hurt*
arrepentir(se)	*to repent*	**mentir**	*to lie*
consentir	*to consent, to pamper*	**morir**	*to die*
convertir(se)	*to turn into*	**preferir**	*to prefer*
discernir	*to discern*	**referir**	*to refer*
divertir(se)	*to amuse oneself*	**sugerir**	*to suggest*

Type II   **-ir: e:i**

The verbs in this second category are irregular in the same tenses as those of the first type. The only difference is that they only have one change: **e:i** in all irregular persons.

	Indicative		*Imperative*	*Subjunctive*	
INFINITIVE	PRESENT	PRETERIT		PRESENT	IMPERFECT
pedir	pido	pedí	—	pida	pidiera(-iese)
(*to ask for,*	pides	pediste	pide	pidas	pidieras
to request)	pide	pidió	(Ud.) pida	pida	pidiera
PRESENT	pedimos	pedimos	pidamos	pidamos	pidiéramos
PARTICIPLE	pedís	pedisteis	pedid	pidáis	pidierais
pidiendo	piden	pidieron	(Uds.) pidan	pidan	pidieran

Verbs that follow this pattern include the following.

competir	*to compete*	**reír(se)**	*to laugh*
concebir	*to conceive*	**reñir**	*to fight*
despedir(se)	*to say good-bye*	**repetir**	*to repeat*
elegir	*to choose*	**seguir**	*to follow*
impedir	*to prevent*	**servir**	*to serve*
perseguir	*to pursue*	**vestir(se)**	*to dress*

ORTHOGRAPHIC-CHANGING VERBS

Some verbs undergo a change in the spelling of the stem in certain tenses in order to maintain the original sound of the final consonant. The most common verbs of this type are those with the consonants **g** and **c**. Remember that **g** and **c** have a soft sound in front of **e** or **i** and a hard sound in front of **a, o,** or **u.** In order to maintain the soft sound in front of **a, o,** and **u, g** and **c** change to **j** and **z,** respectively. And in order to maintain the hard sound of **g** and **c** in front of **e** and **i, u** is added to the **g** (**gu**) and **c** changes to **qu.**

The following important verbs undergo spelling changes in the tenses listed below.

1. Verbs ending in **-gar** change **g** to **gu** before **e** in the first person of the preterit and in all persons of the present subjunctive.

   pagar (*to pay*)
   Preterit: pagué, pagaste, pagó, etc.
   Pres. Subj.: pague, pagues, pague, paguemos, paguéis, paguen

   Verbs that follow the same pattern: **colgar, jugar, llegar, navegar, negar, regar, rogar.**

2. Verbs ending in **-ger** and **-gir** change **g** to **j** before **o** and **a** in the first person of the present indicative and in all persons of the present subjunctive.

   proteger (*to protect*)
   Pres. Ind.:   protejo, proteges, protege, etc.
   Pres. Subj.: proteja, protejas, proteja, protejamos, protejáis, protejan

   Verbs that follow the same pattern: **coger, corregir, dirigir, elegir, escoger, exigir, recoger.**

3. Verbs ending in **-guar** change **gu** to **gü** before **e** in the first person of the preterit and in all persons of the present subjunctive.

   averiguar (*to find out*)
   Preterit: averigüé, averiguaste, averiguó, etc.
   Pres. Subj.: averigüe, averigües, averigüe, averigüemos, averigüéis, averigüen

   The verb **apaciguar** follows the same pattern.

4. Verbs ending in **-guir** change **gu** to **g** before **o** and **a** in the first person of the present indicative and in all persons of the present subjunctive.

   conseguir (*to get*)
   Pres. Ind.:   consigo, consigues, consigue, etc.
   Pres. Subj.: consiga, consigas, consiga, consigamos, consigáis, consigan

   Verbs that follow the same pattern: **distinguir, perseguir, proseguir, seguir.**

5. Verbs ending in **-car** change **c** to **qu** before **e** in the first person of the preterit and in all persons of the present subjunctive.

tocar (*to touch, to play* [*a musical instrument*])
Preterit: to**qu**é, tocaste, tocó, etc.
Pres. Subj.:   to**qu**e, to**qu**es, to**qu**e, to**qu**emos, to**qu**éis, to**qu**en

Verbs that follow the same pattern: **atacar, buscar, comunicar, explicar, indicar, pescar, sacar.**

6. Verbs ending in **-cer** and **-cir** preceded by a consonant change **c** to **z** before **o** and **a** in the first person of the present indicative and in all persons of the present subjunctive.

torcer (*to twist*)
Pres. Ind.:   tuer**z**o, tuerces, tuerce, etc.
Pres. Subj.:   tuer**z**a, tuer**z**as, tuer**z**a, tor**z**amos, tor**z**áis, tuer**z**an

Verbs that follow the same pattern: **convencer, esparcir, vencer.**

7. Verbs ending in **-cer** and **-cir** preceded by a vowel change **c** to **zc** before **o** and **a** in the first person of the present indicative and in all persons of the present subjunctive.

conocer (*to know, to be acquainted with*)
Pres. Ind.:   cono**zc**o, conoces, conoce, etc.
Pres. Subj.:   cono**zc**a, cono**zc**as, cono**zc**a, cono**zc**amos, cono**zc**áis, cono**zc**an

Verbs that follow the same pattern: **agradecer, aparecer, carecer, entristecer, establecer, lucir, nacer, obedecer, ofrecer, padecer, parecer, pertenecer, reconocer, relucir.**

8. Verbs ending in **-zar** change **z** to **c** before **e** in the first person of the preterit and in all persons of the present subjunctive.

rezar (*to pray*)
Preterit: re**c**é, rezaste, rezó, etc.
Pres. Subj.:   re**c**e, re**c**es, re**c**e, re**c**emos, re**c**éis, re**c**en

Verbs that follow the same pattern: **abrazar, alcanzar, almorzar, comenzar, cruzar, empezar, forzar, gozar.**

9. Verbs ending in **-eer** change the unstressed **i** to **y** between vowels in the third person singular and plural of the preterit, in all persons of the imperfect subjunctive, and in the present participle.

creer (*to believe*)
Preterit: creí, creíste, cre**y**ó, creímos, creísteis, cre**y**eron
Imp. Subj.:   cre**y**era(ese), cre**y**eras, cre**y**era, cre**y**éramos, cre**y**erais, cre**y**eran
Pres. Part.:   cre**y**endo

Leer and **poseer** follow the same pattern.

10. Verbs ending in **-uir** change the unstressed **i** to **y** between vowels (except **-quir,** which has the silent **u**) in the following tenses and persons.

huir (*to escape, to flee*)
Pres. Part.: huyendo
Past Part.: huido
Pres. Ind.: huyo, huyes, huye, huimos, huís, huyen
Preterit: huí, huiste, huyó, huimos, huisteis, huyeron
Imperative: huye, huya, huyamos, huid, huyan
Pres. Subj.: huya, huyas, huya, huyamos, huyáis, huyan
Imp. Subj.: huyera(ese), huyeras, huyera, huyéramos, huyerais, huyeran

Verbs that follow the same pattern: **atribuir, concluir, constituir, construir, contribuir, destituir, destruir, disminuir, distribuir, excluir, incluir, influir, instruir, restituir, sustituir.**

11. Verbs ending in **-eír** lose one **e** in the third person singular and plural of the preterit, in all persons of the imperfect subjunctive, and in the present participle.

reír(se) (*to laugh*)
Preterit: reí, reíste, rió, reímos, reísteis, rieron
Imp. Subj.: riera(ese), rieras, riera, riéramos, rierais, rieran
Pres. Part.: riendo

Freír and **sonreír** follow the same pattern.

12. Verbs ending in **-iar** add a written accent to the **i,** except in the first and second persons plural of the present indicative and subjunctive.

fiar(se) (*to trust*)
Pres. Ind.: fío, fías, fía, fiamos, fiáis, fían
Pres. Subj.: fíe, fíes, fíe, fiemos, fiéis, fíen

Verbs that follow the same pattern: **ampliar, criar, desviar, enfriar, enviar, esquiar, guiar, telegrafiar, vaciar, variar.**

13. Verbs ending in **-uar** (except **-guar**) add a written accent to the **u,** except in the first and second persons plural of the present indicative and subjunctive.

actuar (*to act*)
Pres. Ind.: actúo, actúas, actúa, actuamos, actuáis, actúan
Pres. Subj.: actúe, actúes, actúe, actuemos, actuéis, actúen

Verbs that follow the same pattern: **acentuar, continuar, efectuar, exceptuar, graduar, habituar, insinuar, situar.**

14. Verbs ending in **-ñir** remove the **i** of the diphthongs **ie** and **ió** in the third person singular and plural of the preterit and in all persons of the imperfect subjunctive. They also change the **e** of the stem to **i** in the same persons.

teñir (*to dye*)
Preterit: teñí, teñiste, **tiñó,** teñimos, teñisteis, **tiñeron**
Imp. Subj.:   tiñera(ese), tiñeras, tiñera, tiñéramos, tiñerais, tiñeran

Verbs that follow the same pattern: **ceñir, constreñir, desteñir, estreñir, reñir.**

Some Common Irregular Verbs

Only those tenses with irregular forms are given below.

adquirir (*to acquire*)
Pres. Ind.:   adquiero, adquieres, adquiere, adquirimos, adquirís, adquieren
Pres. Subj.:   adquiera, adquieras, adquiera, adquiramos, adquiráis, adquieran
Imperative: adquiere, adquiera, adquiramos, adquirid, adquieran

andar (*to walk*)
Preterit: anduve, anduviste, anduvo, anduvimos, anduvisteis, anduvieron
Imp. Subj.:   anduviera (anduviese), anduvieras, anduviera, anduviéramos, anduvierais, anduvieran

avergonzarse (*to be ashamed, to be embarrassed*)
Pres. Ind.:   me avergüenzo, te avergüenzas, se avergüenza, nos avergonzamos, os avergonzáis, se avergüenzan
Pres. Subj.:   me avergüence, te avergüences, se avergüence, nos avergoncemos, os avergoncéis, se avergüencen
Imperative: avergüénzate, avergüéncese, avergoncémonos, avergonzaos, avergüéncense

caber (*to fit, to have enough room*)
Pres. Ind.:   quepo, cabes, cabe, cabemos, cabéis, caben
Preterit: cupe, cupiste, cupo, cupimos, cupisteis, cupieron
Future: cabré, cabrás, cabrá, cabremos, cabréis, cabrán
Conditional: cabría, cabrías, cabría, cabríamos, cabríais, cabrían
Imperative: cabe, quepa, quepamos, cabed, quepan
Pres. Subj.:   quepa, quepas, quepa, quepamos, quepáis, quepan
Imp. Subj.:   cupiera (cupiese), cupieras, cupiera, cupiéramos, cupierais, cupieran

caer (*to fall*)
Pres. Ind.:   caigo, caes, cae, caemos, caéis, caen
Preterit: caí, caíste, cayó, caímos, caísteis, cayeron
Imperative: cae, caiga, caigamos, caed, caigan
Pres. Subj.:   caiga, caigas, caiga, caigamos, caigáis, caigan
Imp. Subj.:   cayera (cayese), cayeras, cayera, cayéramos, cayerais, cayeran
Past Part.:   caído

conducir (*to guide, to drive*)

Pres. Ind.:	conduzco, conduces, conduce, conducimos, conducís, conducen
Preterit:	conduje, condujiste, condujo, condujimos, condujisteis, condujeron
Imperative:	conduce, conduzca, conduzcamos, conducid, conduzcan
Pres. Subj.:	conduzca, conduzcas, conduzca, conduzcamos, conduzcáis, conduzcan
Imp. Subj.:	condujera (condujese), condujeras, condujera, condujéramos, condujerais, condujeran

(All verbs ending in **-ducir** follow this pattern.)

convenir (*to agree*) See **venir.**

dar (*to give*)

Pres. Ind.:	doy, das, da, damos, dais, dan
Preterit:	di, diste, dio, dimos, disteis, dieron
Imperative:	da, dé, demos, dad, den
Pres. Subj.:	dé, des, dé, demos, deis, den
Imp. Subj.:	diera (diese), dieras, diera, diéramos, dierais, dieran

decir (*to say, to tell*)

Pres. Ind.:	digo, dices, dice, decimos, decís, dicen
Preterit:	dije, dijiste, dijo, dijimos, dijisteis, dijeron
Future:	diré, dirás, dirá, diremos, diréis, dirán
Conditional:	diría, dirías, diría, diríamos, diríais, dirían
Imperative:	di, diga, digamos, decid, digan
Pres. Subj.:	diga, digas, diga, digamos, digáis, digan
Imp. Subj.:	dijera (dijese), dijeras, dijera, dijéramos, dijerais, dijeran
Pres. Part.:	diciendo
Past Part.:	dicho

detener (*to stop, to hold, to arrest*) See **tener.**

entretener (*to entertain, to amuse*) See **tener.**

errar (*to err, to miss*)

Pres. Ind.:	yerro, yerras, yerra, erramos, erráis, yerran
Imperative:	yerra, yerre, erremos, errad, yerren
Pres. Subj.:	yerre, yerres, yerre, erremos, erréis, yerren

estar (*to be*)

Pres. Ind.:	estoy, estás, está, estamos, estáis, están
Preterit:	estuve, estuviste, estuvo, estuvimos, estuvisteis, estuvieron
Imperative:	está, esté, estemos, estad, estén
Pres. Subj.:	esté, estés, esté, estemos, estéis, estén
Imp. Subj.:	estuviera (estuviese), estuvieras, estuviera, estuviéramos, estuvierais, estuvieran

haber (*to have*)

Pres. Ind.:	he, has, ha, hemos, habéis, han
Preterit:	hube, hubiste, hubo, hubimos, hubisteis, hubieron
Future:	habré, habrás, habrá, habremos, habréis, habrán
Conditional:	habría, habrías, habría, habríamos, habríais, habrían

Imperative:	he, haya, hayamos, habed, hayan
Pres. Subj.:	haya, hayas, haya, hayamos, hayáis, hayan
Imp. Subj.:	hubiera (hubiese), hubieras, hubiera, hubiéramos, hubierais, hubieran

hacer (*to do, to make*)

Pres. Ind.:	hago, haces, hace, hacemos, hacéis, hacen
Preterit:	hice, hiciste, hizo, hicimos, hicisteis, hicieron
Future:	haré, harás, hará, haremos, haréis, harán
Conditional:	haría, harías, haría, haríamos, haríais, harían
Imperative:	haz, haga, hagamos, haced, hagan
Pres. Subj.:	haga, hagas, haga, hagamos, hagáis, hagan
Imp. Subj.:	hiciera (hiciese), hicieras, hiciera, hiciéramos, hicierais, hicieran
Past Part.:	hecho

imponer (*to impose, to deposit*) See **poner.**

introducir (*to introduce, to insert, to gain access*) See **conducir.**

ir (*to go*)

Pres. Ind.:	voy, vas, va, vamos, vais, van
Imp. Ind.:	iba, ibas, iba, íbamos, ibais, iban
Preterit:	fui, fuiste, fue, fuimos, fuisteis, fueron
Imperative:	ve, vaya, vayamos, id, vayan
Pres. Subj.:	vaya, vayas, vaya, vayamos, vayáis, vayan
Imp. Subj.:	fuera (fuese), fueras, fuera, fuéramos, fuerais, fueran

jugar (*to play*)

Pres. Ind.:	juego, juegas, juega, jugamos, jugáis, juegan
Imperative:	juega, juegue, juguemos, jugad, jueguen
Pres. Subj.:	juegue, juegues, juegue, juguemos, juguéis, jueguen

obtener (*to obtain*) See **tener.**

oír (*to hear*)

Pres. Ind.:	oigo, oyes, oye, oímos, oís, oyen
Preterit:	oí, oíste, oyó, oímos, oísteis, oyeron
Imperative:	oye, oiga, oigamos, oíd, oigan
Pres. Subj.:	oiga, oigas, oiga, oigamos, oigáis, oigan
Imp. Subj.:	oyera (oyese), oyeras, oyera, oyéramos, oyerais, oyeran
Pres. Part.:	oyendo
Past Part.:	oído

oler (*to smell*)

Pres. Ind.:	huelo, hueles, huele, olemos, oléis, huelen
Imperative:	huele, huela, olamos, oled, huelan
Pres. Subj.:	huela, huelas, huela, olamos, oláis, huelan

poder (*to be able*)

| *Pres. Ind.:* | puedo, puedes, puede, podemos, podéis, pueden |

Preterit:	pude, pudiste, pudo, pudimos, pudisteis, pudieron
Future:	podré, podrás, podrá, podremos, podréis, podrán
Conditional:	podría, podrías, podría, podríamos, podríais, podrían
Imperative:	puede, pueda, podamos, poded, puedan
Pres. Subj.:	pueda, puedas, pueda, podamos, podáis, puedan
Imp. Subj.:	pudiera (pudiese), pudieras, pudiera, pudiéramos, pudierais, pudieran
Pres. Part.:	pudiendo

poner (*to place, to put*)

Pres. Ind.:	pongo, pones, pone, ponemos, ponéis, ponen
Preterit:	puse, pusiste, puso, pusimos, pusisteis, pusieron
Future:	pondré, pondrás, pondrá, pondremos, pondréis, pondrán
Conditional:	pondría, pondrías, pondría, pondríamos, pondríais, pondrían
Imperative:	pon, ponga, pongamos, poned, pongan
Pres. Subj.:	ponga, pongas, ponga, pongamos, pongáis, pongan
Imp. Subj.:	pusiera (pusiese), pusieras, pusiera, pusiéramos, pusierais, pusieran
Past Part.:	puesto

querer (*to want, to wish, to like*)

Pres. Ind.:	quiero, quieres, quiere, queremos, queréis, quieren
Preterit:	quise, quisiste, quiso, quisimos, quisisteis, quisieron
Future:	querré, querrás, querrá, querremos, querréis, querrán
Conditional:	querría, querrías, querría, querríamos, querríais, querrían
Imperative:	quiere, quiera, queramos, quered, quieran
Pres. Subj.:	quiera, quieras, quiera, queramos, queráis, quieran
Imp. Subj.:	quisiera (quisiese), quisieras, quisiera, quisiéramos, quisierais, quisieran

resolver (*to decide on*)

| *Past Part.:* | resuelto |

saber (*to know*)

Pres. Ind.:	sé, sabes, sabe, sabemos, sabéis, saben
Preterit:	supe, supiste, supo, supimos, supisteis, supieron
Future:	sabré, sabrás, sabrá, sabremos, sabréis, sabrán
Conditional:	sabría, sabrías, sabría, sabríamos, sabríais, sabrían
Imperative:	sabe, sepa, sepamos, sabed, sepan
Pres. Subj.:	sepa, sepas, sepa, sepamos, sepáis, sepan
Imp. Subj.:	supiera (supiese), supieras, supiera, supiéramos, supierais, supieran

salir (*to leave, to go out*)

Pres. Ind.:	salgo, sales, sale, salimos, salís, salen
Future:	saldré, saldrás, saldrá, saldremos, saldréis, saldrán
Conditional:	saldría, saldrías, saldría, saldríamos, saldríais, saldrían
Imperative:	sal, salga, salgamos, salid, salgan
Pres. Subj.:	salga, salgas, salga, salgamos, salgáis, salgan

ser (*to be*)

Pres. Ind.:	soy, eres, es, somos, sois, son
Imp. Ind.:	era, eras, era, éramos, erais, eran
Preterit:	fui, fuiste, fue, fuimos, fuisteis, fueron
Imperative:	sé, sea, seamos, sed, sean
Pres. Subj.:	sea, seas, sea, seamos, seáis, sean
Imp. Subj.:	fuera (fuese), fueras, fuera, fuéramos, fuerais, fueran

suponer (*to assume*) See **poner.**

tener (*to have*)

Pres. Ind.:	tengo, tienes, tiene, tenemos, tenéis, tienen
Preterit:	tuve, tuviste, tuvo, tuvimos, tuvisteis, tuvieron
Future:	tendré, tendrás, tendrá, tendremos, tendréis, tendrán
Conditional:	tendría, tendrías, tendría, tendríamos, tendríais, tendrían
Imperative:	ten, tenga, tengamos, tened, tengan
Pres. Subj.:	tenga, tengas, tenga, tengamos, tengáis, tengan
Imp. Subj.:	tuviera (tuviese), tuvieras, tuviera, tuviéramos, tuvierais, tuvieran

traducir (*to translate*) See **conducir.**

traer (*to bring*)

Pres. Ind.:	traigo, traes, trae, traemos, traéis, traen
Preterit:	traje, trajiste, trajo, trajimos, trajisteis, trajeron
Imperative:	trae, traiga, traigamos, traed, traigan
Pres. Subj.:	traiga, traigas, traiga, traigamos, traigáis, traigan
Imp. Subj.:	trajera (trajese), trajeras, trajera, trajéramos, trajerais, trajeran
Pres. Part.:	trayendo
Past Part.:	traído

valer (*to be worth*)

Pres. Ind.:	valgo, vales, vale, valemos, valéis, valen
Future:	valdré, valdrás, valdrá, valdremos, valdréis, valdrán
Conditional:	valdría, valdrías, valdría, valdríamos, valdríais, valdrían
Imperative:	vale, valga, valgamos, valed, valgan
Pres. Subj.:	valga, valgas, valga, valgamos, valgáis, valgan

venir (*to come*)

Pres. Ind.:	vengo, vienes, viene, venimos, venís, vienen
Preterit:	vine, viniste, vino, vinimos, vinisteis, vinieron
Future:	vendré, vendrás, vendrá, vendremos, vendréis, vendrán
Conditional:	vendría, vendrías, vendría, vendríamos, vendríais, vendrían
Imperative:	ven, venga, vengamos, venid, vengan
Pres. Subj.:	venga, vengas, venga, vengamos, vengáis, vengan
Imp. Subj.:	viniera (viniese), vinieras, viniera, viniéramos, vinierais, vinieran
Pres. Part.:	viniendo

ver (*to see*)

Pres. Ind.:	veo, ves, ve, vemos, veis, ven
Imp. Ind.:	veía, veías, veía, veíamos, veíais, veían
Preterit:	vi, viste, vio, vimos, visteis, vieron
Imperative:	ve, vea, veamos, ved, vean
Pres. Subj.:	vea, veas, vea, veamos, veáis, vean
Imp. Subj.:	viera (viese), vieras, viera, viéramos, vierais, vieran
Past. Part.:	visto

volver (*to return*)

Past Part.:	vuelto

You will hear your teacher use the following directions and general terms in class. Take time to familiarize yourself with them.

- When the teacher is speaking to the whole class:

Abran sus libros, por favor.	*Open your books, please.*
Cierren sus libros, por favor.	*Close your books, please.*
Escriban, por favor.	*Write, please.*
Escuchen, por favor.	*Listen, please.*
Estudien la lección...	*Study Lesson . . .*
Hagan el ejercicio número...	*Do exercise number . . .*
Levanten la mano.	*Raise your hands.*
Repasen el vocabulario.	*Review the vocabulary.*
Repitan, por favor.	*Repeat, please.*
Siéntense, por favor.	*Sit down, please.*
Vayan a la página...	*Go to page . . .*

- When the teacher is speaking to one student:

Continúe, por favor.	*Go on, please.*
Lea, por favor.	*Read, please.*
Vaya a la pizarra, por favor.	*Go to the chalkboard, please.*

- Some other words used in the classroom.

diccionario	*dictionary*	**palabra**	*word*
dictado	*dictation*	**presente**	*present, here*
examen	*exam*	**prueba**	*quiz*
horario de clases	*class schedule*	**tarea**	*homework*

WEIGHTS AND MEASURES

LENGTH

la pulgada = *inch*
el pie = *foot*
la yarda = *yard*
la milla = *mile*

1 centímetro (cm) = .3937 pulgadas
   (*less than 1/2 inch*)
1 metro (m) = 39.37 pulgadas
   (*1 yard, 3 inches*)
1 kilómetro (km) (1.000 metros) = .6214 millas
   (*5/8 mile*)

WEIGHT

la onza = *ounce*
la libra = *pound*
la tonelada = *ton*

1 gramo (g) = .03527 onzas
100 gramos = 3.527 onzas
   (*less than 1/4 pound*)
1 kilogramo (kg) (1.000 gramos) = 2.2 libras

LIQUID MEASURE

la pinta = *pint*
el cuarto (de galón) = *quart*
el galón = *gallon*

1 litro (l) = 1.0567 cuartos (de galón)
   (*slightly more than a quart*)

SURFACE

el acre = *acre*
1 hectárea = 2.471 acres

TEMPERATURE

°C = Celsius (*Celsius*) or centigrade
   (*centígrado*); °F = Fahrenheit (*Fahrenheit*)
0° C = 32° F (*freezing point of water*)
37° C = 98.6° F (*normal body temperature*)
100° C = 212° F (*boiling point of water*)

Conversión de grados Fahrenheit a grados
   centígrados °C = 5/9 (°F −32)
Conversión de grados centígrados a grados
   Fahrenheit °F = 9/5 (°C) + 32

Spanish-English Vocabulary

The Spanish-English and English-Spanish vocabularies contain all active and passive vocabulary that appears in the manual. Active vocabulary includes words and expressions appearing in the **Vocabulario** lists. These items are followed by a number indicating the lesson in which each word is introduced in the dialogues. Passive vocabulary consists of words and expressions included in the **Vocabulario adicional** lists and those that are given an English gloss in the readings, exercises, activities, and authentic documents.

The following abbreviations are used in the vocabularies.

adj.	adjective	*L.A.*	Latin America
adv.	adverb	*m.*	masculine noun
col.	colloquial	*Méx.*	Mexico
f.	feminine noun	*pl.*	plural
form.	formal	*sing.*	singular noun
inf.	infinitive		

A

a   to, at, on, 2
— **cargo de**   in charge of, 8
— **eso de**   at about (with time), 14
— **esta hora**   at this time (hour), 3
— **la derecha**   to the right, 2
— **la fuerza**   by force, 8
— **la izquierda**   to the left, 2
— **la vista de**   in the presence of, in front of, 16
— **los costados**   on the sides, 9
— **mediados de mes (semana)**   about the middle of the month (week)
— **medianoche**   at midnight
— **menos que**   unless, 19
— **menudo**   often, 6
— **pie**   on foot, 2
— **plazos**   in installments, on time (payments), 10
— **sus órdenes**   at your service, any time, 3
— **tiempo**   on time, 13; just in time, 13
— **una cuadra (dos cuadras, etc.) de aquí**   a block (two blocks, etc.) from here, 2
— **veces**   sometimes, 2
— **ver**   let's see, 6
abandonar los estudios   to drop out of school
abecedario (*m.*)   alphabet, 9
abierto(a)   open, 5
abogado(a) (*m., f.*)   lawyer, 6
— **defensor(a)** (*m., f.*)   counsel for the defense
abrigo (*m.*)   coat
— **de piel**   fur coat
abrir las piernas y los brazos   to spreadeagle
absuelto(a)   acquitted

abuelo(a) (*m., f.*)   grandfather; grandmother
abusar de   to abuse, 8
acabar de (+ *inf.*)   to have just (done something), 13
accidente (*m.*)   accident, 1
aceite (*m.*)   oil
acelerador (*m.*)   accelerator
acento (*m.*)   accent, 18
aceptar   to accept, 8
acera (*f.*)   sidewalk, 9
ácido (*m.*)   LSD (*col.*)
acné (*m.*)   acne
acompañar   to accompany, to go (come) with, 7
aconsejar   to advise, 16
acordarse (o:ue) (de)   to remember, 10
acostarse (o:ue)   to lie down
actividad (*f.*)   activity, 5
acto (*m.*)   act, 18
actuar   to act
acumulador (*m.*)   battery
acusación (*f.*)   accusation, 14
acusado(a) (*m., f.*)   defendant
acusar   to accuse, 8
además   besides, 2
adentro   inside, 8
adicional   additional
adicto(a)   addicted
adiós   good-bye, P
adjetivo (*m.*)   adjective
adolescente (*m., f.*)   adolescent, teenager, 17
¿adónde?   where (to)?, 5
advertencia   warning, 12
— **Miranda** (*f.*)   Miranda warning, 6
afeitarse   to shave, 20
agacharse   to bend down
agarrar   to get hold of, to grab, 9
agente (*m., f.*)   officer, P
agravarse   to get worse, to worsen, 15

agresión (*f.*)   aggression; attack; assault
agresor(a) (*m., f.*)   aggressor; assailant
Agte. (*abbreviation for* **Agente**)   officer
aguardiente (*m.*)   a type of liquor
aguja (*f.*)   needle, 6
agujerito (*m.*)   peephole, 5
ahí   there, 16
ahijado(a) (*m., f.*)   godson; goddaughter
ahogarse   to drown
ahora   now, 1
ahorcar   to suffocate, 8
al (a + el)   to the, 3
— **amanecer**   at dawn; at daybreak
— **anochecer**   at dusk
— **contado**   in cash, 10
— **día**   up to date, 11
— **día siguiente**   the next day
— **mediodía**   at noon
alarma (*f.*)   alarm
alberca (*f.*) (*Méx.*)   swimming pool
alcohol (*m.*)   alcohol, 9
alcohólico(a)   alcoholic, 9
alegrarse de   to be glad
alejarse   to get away
alérgico(a)   allergic
alfabeto (*m.*)   alphabet, 9
alfombra (*f.*)   carpet, 10
algo   something, 5; anything, 8
¿— más?   Anything else?, 7
alguien   someone, 4
algún, alguno(a)   some, any, 6
alguna vez   ever
alias (*m.*)   alias
aliento (*m.*)   breath, 9
aló (*Puerto Rico*)   hello (on the telephone)
allá   there, 2
allí   there, 2
alojamiento (*m.*)   lodging
alto(a)   tall, 4; high, 12
¡alto!   halt!, stop!, 3
alucinaciones (*f. pl.*)   hallucinations

amarillo(a)   yellow, 7
ambulancia (f.)   ambulance, 13
amenaza (f.)   threat, 20
amenazar   to threaten, 18
ametralladora (f.)   machine gun
amigo(a) (m., f.)   friend, 3
amortiguador (de ruido) (m.)   muffler
— de choque (m.)   shock absorber
anciano(a)   old, 1
andar   to walk, 2
anfetamina (f.)   amphetamine
anillo (m.)   ring, 17
anoche   last night, 10
anormal   abnormal, 18
anotar   to write down, to take note of, 10
anteanoche   the night before last
anteayer   the day before yesterday
antecedente penal (m.)   criminal
   record, 16
anteojos (m. pl.)   eyeglasses, 18
antes (de)   before, 3
— de anoche   the night before last
— de ayer   the day before yesterday
— de que lo interroguen   before
   they question you, 6
anular (m.)   ring finger
año (m.)   year, 11
   el — pasado   last year
   el — próximo   next year
   el — que viene   next year
apagado(a)   out, off (light), 9
apagar   to turn off, 9; to put out (a fire), 13
apartamento (m.)   apartment, 1
apelación (f.)   appeal
apelar   to appeal
apellido (m.)   last name, surname, P
apodo (m.)   alias
apoyo (m.)   support
aprender   to learn, 15
aproximadamente   approximately
aproximado(a)   approximate, 11
apuntar   to point, to aim, 20
aquel   that, 18
aquello(a)   that, 18
aquí   here, 1
área (f. but el área)   area
arete (m.)   earring, 17
arma (f. but el arma)   weapon, 8
— de fuego   firearm, 4
— blanca   blade
arrancar   to start (a car)
arranque (m.)   starter
arreglar   to fix, 19; to arrange
arrestado(a)   arrested, 6
arrestar   to arrest, 3
arrimar   to pull over (a car), to place
   nearby, 9
artículo (m.)   article, 14
asaltante (m., f.)   assailant
asaltar   to assault; to mug; to hijack
asalto (m.)   assault; mugging; holdup;
   hijacking
asegurado(a)   insured, 11
asesinar   to murder
asesinato (m.)   murder
asesino(a) (m., f.)   murderer; assassin, 1

así   like this, 9
asiático(a)   Asian
asiento (m.)   seat
— para el niño   child's car seat
asignado(a)   assigned, 15
asistir (a)   to attend, 17
atacar   to attack, 18
ataque (m.)   aggression, attack, assault
— al corazón   heart attack, 7
aterrorizado(a)   terrified, frightened, 18
atrás   behind, 12
atrasado(a)   behind, 11
atravesado(a)   pierced, 18
aunque   although, 15; even though
autobús (m.)   bus
automático(a)   automatic
automóvil (m.)   automobile, 6
automovilístico(a)   car-related
autopista (f.)   highway, 12
autoridad (f.)   authority, 8
autorizar   to authorize, to allow, 16
¡auxilio!   help!
avenida (f.)   avenue, P
averiguación (f.)   investigation, 10
averiguar   to find out, 10
avisar de (que)   to inform, to give
   notice, to report, 1; to notify
¡Ay, Dios mío!   Oh, goodness gracious!, 2
ayer   yesterday, 8
ayuda (f.)   help, 1
ayudar   to help, 5
azul   blue, 4

B

bajarse   to get out (off), 9; to get down
bajito(a) (Cuba)   short, 4
bajo   under
— juramento   under oath
— los efectos (de)   under the influence (of), 6
bajo(a)   short (in height), 4; low
bala (f.)   bullet
balazo (m.)   shot
baliza (f.)   hazard light
banco (m.)   bank, 2
— de sangre   blood bank, 6
banqueta (f.) (Méx.)   sidewalk, 9
bañadera (f.)   bathtub
bañarse   to bathe, 18
baño (m.)   bath, 18; bathroom
bar (m.)   bar, 8
barba (f.)   beard, 18
barbilla (f.)   chin
barra (f.)   bar, 8
barrio (m.)   neighborhood, district, 5
barro (m.)   mud, 10
bastante   quite, rather, 8
basura (f.)   trash, garbage, 10
batería (f.)   battery, 9
baúl (m.) (Puerto Rico)   trunk (of a car), 20
bebé (m.)   baby, 12
bebida (f.)   drinking, drink, 8
beber   to drink, 8

bicicleta (f.)   bicycle, 2
bien   fine, well, P
bigote (m.)   moustache, 18
billetera (f.)   wallet, 16
bizco(a)   cross-eyed
blanca (col.)   cocaine, 15
blanco(a)   white, 4; Caucasian
blusa (f.)   blouse, 17
boca (f.)   mouth, 17
— abajo   face down
bocina (f.)   horn
bofetada (f.)   slap
bolsa (f.)   purse, 17
bolsillo (m.)   pocket, 6
bolso (m.)   purse, 17
bomba (f.)   bomb
— de agua   water pump
— de tiempo   time bomb
bombero(a) (m., f.)   firefighter
bono (m.)   bond, 16
borracho(a)   drunk, 6
bota (f.)   boot
botar   to throw away, 10
botella (f.)   bottle, 15
botica (f.)   drugstore
botón (m.)   button
brazo (m.)   arm, 6
breve   brief, P
bueno(a)   okay, P; good; (Méx.) hello
   (on the telephone)
   buenas noches   good evening, good
   night, P
   buenas tardes   good afternoon, P
   buenos días/buen día   good morning,
   good day, P
bujía (f.)   spark plug
buscar   to look for, 2

C

caballo (m.)   heroin (col.)
cabello (m.)   hair
cabeza (f.)   head, 9
cabina (f.)   cab (of a truck), 13
cachete (m.)   cheek, 17
cada   each, every, 6
cadáver   corpse
cadena (f.)   chain, 16
cadera (f.)   hip
caerse   to fall, 9
café (adj.)   brown, 18
caja (f.)   cash register, 20
cajero(a) (m., f.)   cashier
cajuela (f.) (Méx.)   trunk (of a car), 20
calibre (m.)   caliber, 20
callado(a)   silent, quiet, 6
callarse   to be quiet
   ¡cállese!   be quiet!, shut up!, 20
calle (f.)   street, 1
calmante (m.)   sedative, 19
calmarse   to calm down, 18
calvo(a)   bald, 18
cámara de vídeo (f.)   video camera, 10
cambiar   to change, 12
cambiarse de ropa   to change clothes, 18

cambio de velocidad (*m.*) gearshift
camilla (*f.*) stretcher
caminar to walk, 2
camino (*m.*) road, 13
camión (*m.*) truck, 13; bus (*Méx.*)
camisa (*f.*) shirt, 4
camiseta (*f.*) T-shirt
canoso(a) gray-haired
cansado(a) tired, 8
cantina (*f.*) bar, 8
capó (*m.*) hood (*of a car*)
capucha (*f.*) hood (*of a garment*)
cara (*f.*) face, 13
característica (*f.*) characteristic
carburador (*m.*) carburetor
cárcel (*f.*) jail
caro(a) expensive
carretera (*f.*) highway, 13
carril (*m.*) lane, 12
carro (*m.*) car, 6
 — deportivo sports car
 — patrullero patrol car, 1
cartera (*f.*) wallet, 16; purse, 17
casa (*f.*) house, home, 1
casado(a) married, P
casco de seguridad (*m.*) safety (bike) helmet, 2
casi almost, 5
caso (*m.*) case, 6
castaño(a) brown (*eyes or hair*), 18
castigar to punish, 8
castigo corporal (*m.*) corporal punishment
causar to cause, 12
 — daño a to hurt
ceda el paso yield
ceja (*f.*) eyebrow
celda (*f.*) cell, 16
cena (*f.*) dinner, 5
centavo (*m.*) cent, 16
central central, 1
centro comercial (*m.*) shopping mall, 2
centro de reclusión de menores (*m.*) juvenile hall
cerca (de) close, 12; near
cercano(a) close, 5; near, nearby, 10
cerrado(a) closed, locked, 11
cerradura (*f.*) lock, 10
cerrar (e:ie) to close, to shut, 5
 — con llave to lock, 5
cerrojo (*m.*) lock
 — de seguridad deadbolt, 5
cerveza (*f.*) beer, 20
césped (*m.*) lawn, 5
chamaco(a) (*m., f.*) (*Méx.*) boy, girl, 13
chamarra (*f.*) (*Méx.*) jacket, 20
chantaje (*m.*) blackmail
chantajear to blackmail
chantajista (*m., f.*) blackmailer, 1
chapa (*f.*) license plate, 11
chaparro(a) (*Méx.*) short, 4
chaqueta (*f.*) jacket, 20
chequear to examine, 10
chico(a) (*m., f.*) boy, girl, 13
chiva (*f.*) heroin (*col.*)
chocar to collide, to run into, to hit, 13

chocolate (*m.*) hashish (*col.*)
chofer (*m.*) driver, 6
choque (*m.*) collision, crash, 13
cicatriz (*f.*) scar, 17
ciego(a) blind
cierto(a) certain, 8
cigarrillo (*m.*) cigarette, 7
cine (*m.*) (movie) theatre, movies, 15
cinto (*m.*) belt, 8
cintura (*f.*) waist, 13
 nivel de la — waist-high
cinturón (*m.*) belt, 8
 — de seguridad safety belt
ciudad (*f.*) city, 2
claro(a) light, 11
 claro que sí of course, 10
clase (*f.*) kind, type, class, 7
clavo (*m.*) speed (drugs) (*col.*)
cliente (*m., f.*) customer, 7
clínica (*f.*) clinic
coartada (*f.*) alibi
cobrar to charge, to collect, 14
coca (*f.*) cocaine (*col.*)
 — cocinada crack cocaine (*col.*)
cocaína (*f.*) cocaine
coche (*m.*) car, 6
cocina (*f.*) kitchen, 5
codo (*m.*) elbow
coger to get hold of, to grab, 9
cognado (*m.*) cognate
cojo(a) lame
collar (*m.*) necklace, 14
colocar to place, to put
colonia (*f.*) (*Méx.*) neighborhood, district, 5
color (*m.*) color
colorado(a) red
comadre (*f.*) godmother or mother (*in relation to each other*)
comedor (*m.*) dining room
comenzar (e:ie) to begin, 5
 comienza la autopista begin freeway
cometer to commit, 6
comisaría (*f.*) police station, P
como about, approximately, 11; as, like, 14; since, being that, 10
¿cómo? how?, 2
 ¿— es? what does he/she/you look like?, 4
 ¿— está Ud.? how are you?, P
 ¡— no! certainly!, gladly!, sure!, 7
 ¿— se escribe? how do you spell it?
compadre (*m.*) godfather or father (*in relation to each other*)
compañero(a) (*m., f.*) pal, peer
 — de clase classmate, 17
comparecer to appear
 — ante un juez to appear in court
completar to complete, 9
completo(a) complete, 5
complexión (*f.*) build
cómplice (*m., f.*) accomplice
comprar to buy, 10
comprender to understand, 18
computadora (*f.*) computer, 10

común common
comunicar to communicate, 5
con with, P
 — cuidado carefully, 12
 — él with him, 6
condena (*f.*) sentence
condición (*f.*) condition, 6
condón (*m.*) condom, 18
conducir to drive, 6
 — a cincuenta millas por hora to drive fifty miles per hour, 9
conductor(a) (*m., f.*) driver, 12
confesar (e:ie) to confess
confesión (*f.*) confession
confirmar to confirm, 19
confuso(a) confused
congregación (*f.*) meeting, assembly, 20
conmigo with me, 6
conocer to know, 7
conocido(a) (*m., f.*) acquaintance
conseguir (e:i) to get, to obtain, 8; to manage
consejero(a) (*m., f.*) counsellor
conserve su derecha keep right
consigo with him/her
considerar to consider
consulado (*m.*) consulate, 20
contar (o:ue) to count, 9; to tell, 18
contenido (*m.*) content, 9
contestación (*f.*) answer
contestar to answer, 5
contigo with you, 15
continuar to continue, 10
contra against, 11
contrabandear to smuggle
contrabandista (*m., f.*) smuggler, 1
contrabando (*m.*) contraband; smuggling
contrato (*m.*) contract, 10
control (*m.*) control, 13
conversación (*f.*) conversation, P
 — breve brief conversation, P
conversar to talk
cooperación (*f.*) cooperation, 3
copia (*f.*) copy, 11
corazón (*m.*) heart, 7; middle finger
corbata (*f.*) tie
cordón (del zapato) (*m.*) shoelace, 16
correa (*f.*) belt, 8
correo (*m.*) post office, 2; mail, 5
correr to run, 7
correo electrónico (*m.*) e-mail, P
correspondencia (*f.*) mail, 5
cortar (el césped) to mow, to cut (the lawn)
cortavidrios (*m.*) glass cutter
corte (*f.*) court (of law), 14
cortesía (*f.*) courtesy
corto(a) short (*in length*)
cosa (*f.*) thing, 6
costar (o:ue) to cost, 15
crac (*m.*) crack cocaine, 15
creer to believe, to think, 4
 — que sí to think so, 7
crespo(a) curly (*hair*)

criminal criminal
cruce (*m.*) crossing, intersection, 12
  — **de niños** school crossing
cruz (*f.*) cross, 17
cruzar to cross, 12
cuadra (*f.*) block, 2
¿cuál? which?, what?, 4
cualquier(a) any, any (one), either, 5
  cualquier cosa que diga anything
  you say, 6
cuando when, 5
¿cuándo? when?, 4
¿cuánto(a)? how much?
¿cuánto tiempo? how long?, 5
¿cuántos(as)? how many?, 2
cuarto (*m.*) room, 10
cuarto(a) fourth, 4
cubierta (*f.*) hood
cubiertos (*m. pl.*) silverware, 11
cucaracha (*f.*) joint (*col.*)
cuchillo (*m.*) knife, 18
cuello (*m.*) neck, 13, 16; collar
cuenta (*f.*) bill, 11
cuerpo (*m.*) body, 8
¡cuidado! careful!, 20
cuidar to take care of, 5
culpa (*f.*) blame, 12
culpable guilty
cultural cultural
cuñado(a) (*m., f.*) brother-in-law;
  sister-in-law
curva peligrosa (*f.*) dangerous curve
cuyo(a) whose, 15

D

daga (*f.*) dagger
dar to give, 3
  — **respiración artificial** to give
  CPR
  — **un paso** to take a step, 9
  — **un tiro (balazo)** to shoot
  — **una puñalada** to stab
darse to give (oneself)
  — **cuenta de** to realize, to become
  aware of, 13
  — **preso(a)** to be under arrest
  — **un pase** to snort, to be stoned, to
  take a drug
  — **vuelta** to turn around, 20
dato personal (*m.*) personal data (information), 1
de of, 1; from, about
  — **al lado** next-door (*neighbor,*
  house), 10
  — **cuadros** plaid
  — **cultivo** cultured (pearl), 14
  — **estatura mediana** of medium
  height, 4
  — **este modo** in this way
  — **la mano** hand in hand, 2
  — **lunares** polka dot
  — **madrugada** at dawn; at daybreak
  — **mangas cortas** short-sleeved
  — **mangas largas** long-sleeved
  — **nada** you're welcome, don't mention it, P

  — **nuevo** over, again, 9
  — **ojos (azules)** with (blue) eyes, 7
  — **pelo (negro)** with (black) hair, 17
  — **primera calidad** first class, top
  quality, 14
  — **rayas** striped
  — **vacaciones** on vacation, 4
debajo de under, underneath,
  below, 13
deber must, should, 2; to owe, 11
decidir to decide, 6
décimo(a) tenth, P
decir (e:i) to say, to tell, 7
declaración falsa (*f.*) false statement
declarar culpable to convict
dedo (*m.*) finger, 9
  — **del pie** toe
defender(se) to defend (oneself), 18
defensa propia (*f.*) self-defense
deforme deformed
dejar to leave (behind), 2; to allow; to let, 9
  — **de** (+ *inf.*) to fail (to do something); to stop (doing something), 6
  — **encendido(a), prendido(a)** to
  leave on (*a light*)
del (de + el) of the, to the, 3
deletrear to spell, 1
delgado(a) thin, 7
delincuente juvenil (*m., f.*) juvenile
  delinquent
delírium tremens (*m.*) DTs
delito (*m.*) crime, misdemeanor, 5
  — **mayor (grave)** felony, 14
demanda (*f.*) lawsuit
demandar to sue
demasiado(a) excessive, too much, 12
dentro inside, 4
  — **de** in, within, 6
denuncia (*f.*) report (*of a crime*), 4
denunciar to report (*a crime*), 1
departamento (*m.*) department, 4
depender to depend, 16
dependiente(a) (*m., f.*) clerk, 20
derecha (*f.*) right-hand side, 16
derecho (*m.*) right 6; (*adv.*) straight
  ahead
derecho(a) right, 13; straight ahead, 2
desaparecer to disappear
desaparecido(a) missing
descanso (*m.*) rest, vacation
  — **de primavera** spring break, 10
descompuesto(a) broken, not
  working, 19
desconocido(a) (*m., f.*) stranger
describir to describe, 7
descripción (*f.*) description, 11
desde from, 8
  — **luego** of course, 2
¡dese vuelta! turn around!, 20
desear to want, to wish, 1
desfigurado(a) disfigured
desintoxicación (*f.*) detoxification
desmayado(a) unconscious, 13
desocupado(a) vacant, empty, 3
despacio slowly, 1; slow
despedida (*f.*) farewell
despedir (e:i) to fire (*from a job*), 12

desperfecto (*m.*) (slight) damage;
  imperfection, 19
después (de) later, 6; after, 7
destruir to destroy, 18
desviarse to swerve, 13
desvío (*m.*) detour
detalle (*m.*) detail, 17
detective (*m., f.*) detective, 14
detención (*f.*) detention, 16
detener to detain, to stop, 6
detenido(a) arrested, 6; (*m., f.*) person
  under arrest, 16
determinar to determine, 9
detrás de la espalda behind your back
diabetes (*f.*) diabetes, 6
diario (*m.*) newspaper, 5
dictar sentencia to sentence
diente (*m.*) tooth
diestro(a) right-handed, 7
diga (*Cuba y España*) hello (*on the*
  telephone)
dinamita (*f.*) dynamite
dinero (*m.*) money, 8
dirección (*f.*) address, P
disciplinar to discipline, 8
disco compacto (*m.*) compact disc, 10
disparar to shoot, 3
dispersarse to disperse, 20
dispuesto(a) willing, 8
distribuir to distribute, 15
distrito (*m.*) area
división (*f.*) section, division, 1
divorciado(a) divorced, P
doblar to turn, 2
doble double
  — **circulación** (*f.*) two-way traffic
  — **vía** (*f.*) divided road
doctor(a) (*m., f.*) doctor, 8
documento (*m.*) document, 17
  — **de identidad** ID, 3
  — **falso** forged document
dólar (*m.*) dollar, 10
doler (o:ue) to hurt, to ache, 8
domicilio (*m.*) address, P; domicile, P
¿dónde? where?, 1
dormir (o:ue) to sleep, 6
dormitorio (*m.*) bedroom, 8
dorso (*m.*) back (*of paper*), 19
dos veces twice, 17
droga (*f.*) drug, 6
drogadicto(a) (*m., f.*) drug addict, 6
ducharse to shower
dudar to doubt, 16
dueño(a) (*m., f.*) owner, 3
durante during, 5
  — **el día (la noche)** during the day
  (night)

E

echar to throw
  — **la cabeza hacia atrás** to tilt one's
  head back, 9
edad (*f.*) age, 17
edificio (*m.*) building, 6
elegido(a) chosen, 9
elegir (e:i) to choose, 9

embajada (*f.*) embassy, 20
embarazada pregnant
embrague (*m.*) clutch
emergencia (*f.*) emergency, 4
empeñar to pawn, 14
empezar (e:ie) to begin, 5
empleado(a) (*m., f.*) employee, clerk, 14
empleo (*m.*) job, 11
empujar to push, 18
en in, on, at, 1
　　— bicicleta on a bike, 2
　　— buena parte to a large extent, 16
　　— casa at home, 5
　　— contra de against, 6
　　— cuanto as soon as, 18
　　— defensa propia in self-defense
　　— efectivo in cash, 10
　　— libertad bajo fianza out on bail, 16
　　— libertad bajo palabra out on one's own recognizance, 16
　　— lugar de instead of, 8
　　— persona personally, in person, 1
　　— primer lugar in the first place, 5
　　¿— qué puedo (podemos) servirle? what can I (we) do for you?, P
　　— sentido contrario in the opposite direction, 13
encender (e:ie) to turn on (a light), 5
encendido(a) on (a light, a TV set), 5
encerrado(a) locked up, closeted, 8
encerrar (e:ie) to lock up, 16
encontrar (o:ue) to find, 11
endrogado(a) on drugs, 6
endrogarse to take drugs, to become addicted to drugs
enfermedad (*f.*) disease
　　— venérea venereal disease, 18
enfrente de across the street from, 5
engañar to cheat, to deceive, 14
enojado(a) angry, 8
enseguida right away, 1
enseñar to show, 9
entender (e:ie) to understand, 6
entonces then, 4
entrada (*f.*) entrance
entrar (en) to go in, 4
　　no entre do not enter; wrong way
entre between, 1; among
entrega (*f.*) delivery, 5
entregar to give, to turn over (something to someone), 11
entrelazar to interlace; to intertwine, 20
entremeterse to meddle, to butt in, 8
entrenado(a) trained, 4
entrometerse to meddle, to butt in, 8
enviar to send, 1
epiléptico(a) epileptic
equipo (*m.*) equipment, 10
es it is
　　— de unos… it's about . . .
　　— decir… that is to say . . . , 18
　　— que… it's just that . . . , 9
escala de soga (*f.*) rope ladder
escalera de mano (*f.*) hand ladder
escaparse to run away, 17

escopeta (*f.*) shotgun
escribir to write, 6
escuela (*f.*) school, 7; school crossing
　　— primaria (elemental) grade school
　　— secundaria junior high school, high school, 15
escusado (*m.*) (*Méx.*) bathroom
ése(a) (*m., f.*) that one, 8
eso (*m.*) that, 8
espalda (*f.*) back
español (*m.*) Spanish (language), 1
especial special, 5
espejo (*m.*) mirror
espejuelos (*m. pl.*) (*Cuba, Puerto Rico*) eyeglasses, 18
esperar to wait (for), 7
esposado(a) handcuffed, 16
esposas (*f. pl.*) handcuffs, 16
esposo(a) (*m., f.*) husband, 4; wife, 4
esquina (*f.*) corner, 3
esta this
　　— noche tonight, 5
　　— vez this time, 8
ésta (*f.*) this one, 8
establecer to establish, 5
estación (*f.*) station; season
　　— de bomberos fire department
　　— de ómnibus (autobuses) bus station
　　— de policía police station, P
　　— de servicio gas station
estacionado(a) parked, 11
estacionamiento de emergencia solamente emergency parking only
estacionamiento para residentes resident parking
estado (*m.*) state, 2
　　— civil marital status
estafa (*f.*) swindle, fraud, 14
estafar to swindle, 14
estampado(a) print
estar to be, 3
　　— a la vista to be visible
　　— apurado(a) to be in a hurry, 9
　　— bien to be okay, 3
　　— de acuerdo to agree, 16
　　— de regreso to be back, 5
　　— de vuelta to be back, 5
　　— en condiciones de (+ *inf.*) to be in a condition to (do something), 6
　　— equivocado(a) to be wrong, 8
　　— preso(a) to be under arrest, to be in jail
　　— seguro(a) to be certain, 18
estatal (*adj.*) of or pertaining to the state, 9
estatua (*f.*) statue
estatura (*f.*) height, 20
　　de — mediana medium height, 4
este (*m.*) east
este(a) this, 2
éste(a) (*m., f.*) this one, 8
estómago (*m.*) stomach
estos(as) these, 6
estudiante (*m., f.*) student, 7
estudiar to study, 17
evidencia (*f.*) evidence, 18

evitar to avoid, 5
exactamente exactly, 17
examinar to examine, 13
excusa (*f.*) excuse, 12
excusado (*m.*) (*Méx.*) bathroom
exigir to demand, 2
explosivo (*m.*) explosive
expresión (*f.*) expression
extender (e:ie) to stretch out, to spread, 9
extinguidor de incendios (*m.*) fire extinguisher, 13
extintor de incendios (*m.*) (*España*) fire extinguisher, 13
extraño(a) strange, 4; (*m., f.*) stranger, 5

F

fácilmente easily
falda (*f.*) skirt, 17
falsificación (*f.*) falsification; counterfeit; forgery
falsificador(a) forger, 1
falsificar to falsify; to counterfeit; to forge
falso(a) forged; fake
faltar to be missing, 10
fallecer to die, to pass away, 11
fallo (*m.*) decision; verdict
familia (*f.*) family, 8
fango (*m.*) mud, 10
farmacia (*f.*) pharmacy
faro (*m.*) headlight, 19
felpudo (*m.*) mat
ferrocarril (*m.*) railroad
fiancista (*m., f.*) bailor, bail bondsman, 16
fianza (*f.*) bail, 16
fichar to book, to log in, 16
fiesta (*f.*) party, 10
filtro (*m.*) filter
final (*m.*) end, 9
firmar to sign, 12
fiscal (*m., f.*) prosecutor, district attorney, 16
flaco(a) thin, skinny
flecha, flechita (*f.*) arrow, 18
floreado(a) flowered
foco (*m.*) light
fondo (*m.*) back
　　en el — in the back
forma (*f.*) way, 8
forzar (o:ue) to force, 10
fotografía (*f.*) photograph, 3
frasco (*m.*) bottle (*of pills*), 19
frecuentemente frequently, 8
freno (*m.*) brake
frente (*f.*) forehead
　　— a in front of, 1
fuego (*m.*) fire, 5
　　— intencional arson
fuera outside, 4
fugarse to run away, 17
fumar to smoke, 7
futuro (*m.*) future

G

gafas (*f. pl.*)   eyeglasses, 18
galleta (*f.*) (*Cuba y Puerto Rico*)   slap
ganga (*f.*)   bargain, 14
ganzúa (*f.*)   skeleton key, picklock
garaje (*m.*)   garage
gas (*m.*)   gas, 19
gasoil (*m.*)   Diesel
gasolina (*f.*)   gasoline
gasolinera (*f.*)   gas station
gata (*f.*) (*Costa Rica y España*)   jack, 20
gato (*m.*)   jack, 20
generalmente   generally, 5
gente (*f.*)   people, 20
girar   to turn, 13
golpear   to hit, to strike, 18
goma (*f.*)   tire, 20
— ponchada   flat tire
gordo(a)   fat, 7
gorra (*f.*)   cap, 4
grabadora (*f.*)   tape recorder, 11
gracias   thank you, P
grado (*m.*)   degree, 12
grafiti (*m.*)   graffiti
gran   great, 14
granada de mano (*f.*)   hand grenade
grande   big, large, 2
grano (*m.*)   pimple
grave   serious, 1
grifa (*f.*)   hashish (*col.*)
gris   gray, 20
gritar   to scream, to shout, 18
grueso(a)   portly
grupo (*m.*)   group, 5
guagua (*f.*) (*Cuba y Puerto Rico*)   bus
guante (*m.*)   glove
guantera (*f.*)   glove compartment, 7
guardado(a)   put away, saved, 10
guardafangos (*m.*)   fender
guardar   to keep
güero(a) (*Méx.*)   blond(e), fair skinned, 7
guía de teléfonos (*f.*)   telephone book, 16
gustar   to be pleasing, to like, 8

H

habitación (*f.*)   room, 10
hablar   to speak, to talk, 1
— con (la) zeta   to lisp
hace un mes (una semana)   a month ago, 13; (a week ago); 14
hacer   to do, to make, 3
— arreglar   to have (something fixed, 19
— buen tiempo   to have good weather
— (mucho) calor   to be (very) hot
— caso (a)   to pay attention (to), 8
— falta   to need, 8
— fresco   to be cool
— (mucho) frío   to be (very) cold
— mal tiempo   to have bad weather
— resistencia   to resist, 18
— una pregunta   to ask a question, 19
— (mucho) sol   to be (very) sunny
— (mucho) viento   to be (very) windy
hacerse   to become
hacia   toward, 7
hachich, hachís (*m.*)   hashish
hasta   until, 2
— la...   up to . . .
— luego   so long, see you later, P
— mañana   I'll see you tomorrow, P
— que   until, 19
hay   there is, there are, 1
— de todo   you can find everything, 15
no — de qué   you're welcome, don't mention it, P
helicóptero (*m.*)   helicopter
herido(a)   (*adj.*) hurt, injured, 1; (*m., f.*) injured person
hermanastro(a) (*m., f.*)   stepbrother; stepsister
hermano(a) (*m., f.*)   brother; sister
heroína (*f.*)   heroin
hijastro(a) (*m., f.*)   stepson; stepdaughter
hijo(a) (*m., f.*)   son; daughter, 2
hijos (*m. pl.*)   children, 4; sons
hispánico(a)   Hispanic
hispano(a)   Hispanic, 2
histéricamente   hysterically, 18
hola   hello, hi, P
hombre (*m.*)   man, 3
— de negocios   businessman, 15
hombro (*m.*)   shoulder
homicida (*m., f.*)   murderer, 1
homicidio (*m.*)   manslaughter, homicide, 16
hora (*f.*)   time, hour, 3
horno (*m.*)   oven, 19
hospedaje (*m.*)   lodging
hospital (*m.*)   hospital, 4
hotel (*m.*)   hotel
hoy   today, P
hubo   there was, (were), 11
huella (*f.*)   footprint, 10
— digital   fingerprint, 10
hueso   bone, 13
humedad   humidity
humillar   to humiliate
humo (*m.*)   smoke, 5

I

idea (*f.*)   idea, 5
identificación (*f.*)   identification, ID, 3
— falsa   fake identification, forged ID
identificar   to identify, 5
iglesia (*f.*)   church
impermeable (*m.*)   raincoat
imponer una multa   to impose a fine, to give a ticket, 12
importante   important, 5
imprudentemente   imprudently, recklessly, 12
incendiar   to set on fire
incendio (*m.*)   fire, 5
— intencional   arson
incómodo(a)   uncomfortable, 2

índice (*m.*)   index (finger), 9
infiltrar(se)   to infiltrate, 15
información (*f.*)   information, P
informe (*m.*)   report, 1
infracción de tránsito (*f.*)   traffic violation, 6
inglés (*m.*)   English (language), 1
ingresado(a)   admitted (to), 8
ingresar   to be admitted (to), to enter, 8
iniciar   to begin, 12
inmediatamente   immediately, 5
inocente   innocent, 14
instalar   to install, 5
intento (*m.*)   attempt, 15
intérprete (*m., f.*)   interpreter
interrogar   to question, to interrogate, 6
interrogatorio (*m.*)   interrogation, questioning, 6
intoxicado(a)   intoxicated, 19
inválido(a)   disabled, crippled
investigación (*f.*)   investigation, 16
investigador(a) (*adj.*)   investigating, 16
investigar   to investigate, 8
invierno (*m.*)   winter
ir   to go, 3
— a (*+ inf.*)   to be going (to do something), 5
irse   to go away, to leave, 10
izquierdo(a)   left, 7

J

jardín (*m.*)   garden
jardinero(a) (*m., f.*)   gardener, 3
jefatura de policía (*f.*)   police station, P
jefe(a) (*m., f.*)   boss, 12
jeringa hipodérmica (*f.*)   hypodermic syringe
jeringuilla (*f.*)   hypodermic syringe
joven   young, 4; (*m., f.*) young man, young woman, 6
jovencito(a) (*m., f.*)   adolescent, teenager, 17
joya (*f.*)   jewel, jewelry, 10
juanita (*f.*)   marijuana (*col.*)
juez(a) (*m., f.*)   judge, 8
juicio (*m.*)   trial, 6
junta (*f.*)   meeting, 5
juntos(as)   together, 9
jurado (*m.*)   jury, 14
juramento (*m.*)   oath
jurar   to take an oath, to swear
juzgado (*m.*)   court (of law), 14
juzgar   to judge, 14

K

kif (*m.*)   hashish (*col.*)

L

labio (*m.*)   lip
lacio(a)   straight (*hair*)
lado (*m.*)   side, 13

ladrillo (*m.*) one-kilo brick of marijuana (*col.*)
ladrón(ona) (*m., f.*) thief, burglar, 3
largo(a) long
lastimado(a) hurt, injured, 7
lastimarse to get hurt, 13
latino(a) Latin, Hispanic, 15
leer to read, 6
lejos far, 17
   — **de** far from
lengua (*f.*) tongue; language
lentes (*m. pl.*) eyeglasses, 18
leño (*m.*) joint (*col.*)
lesión (*f.*) injury, 8
lesionado(a) injured, 8
levantar to lift
levantarse to get up, 13
ley (*f.*) law, 2
libra (*f.*) pound, 20
librería (*f.*) bookstore
libreta (de teléfonos) (*f.*) address book, 18
licencia (*f.*) license
   — **de conducir** driver's license, 3
   — **para manejar (conducir)** driver's license, 3
licor (*m.*) liquor, spirits, 20
licorería (*f.*) liquor store, 7
límite (*m.*) limit, 9
   — **de velocidad** speed limit, 9
limpiaparabrisas (*m.*) windshield wiper
limpiar to clean, 10
línea (*f.*) line, 9
   — **de parada** stop line, 12
linterna (*f.*) flashlight, 4
lista (*f.*) list, 11
listo(a) ready, 19
liviano(a) light, 20
llamada (*f.*) call, 4
   — **telefónica** telephone call, 5
llamar to call, 1
   — **al perro** to call off the dog
llamarse to be named, to be called, 9
llanta (*f.*) (*Mex.*) tire, 20
   — **pinchada** flat tire
llave (*f.*) key, 5
   — **falsa** skeleton key; picklock
llegar (a) to arrive (at), to reach, 2
   — **a** (+ *inf.*) to succeed in (doing something), 18
   — **tarde** to be late, 12
llenar to fill out, 1
llevar to take, to carry, to wear, 2
   — **puesto(a)** to wear, 2
llevarse to steal, 11
llorar to cry, 18
llover (o:ue) to rain
lluvia (*f.*) rain
lo you, him, it, 6
   — **demás** the rest, 6
   — **más importante** the most important thing, 5
   — **primero** the first thing, 5
   — **que** what, that which, 8
   — **siento** I'm sorry, 6
   — **único** the only thing, 8

local local, 8
los (las) demás the others, 5; the remaining ones, 10
luchar to fight, to struggle, 18
luego later, afterwards, 10
lugar (*m.*) place, 5
lunar (*m.*) mole, 17
   de lunares polka dot
luz (*f.*) light, 4
   — **de giro** turn signal

M

maceta de flores (*f.*) flower pot
madrastra (*f.*) stepmother, 3
madre (*f.*) mother, mom, 2
madrina (*f.*) godmother
madrugada (*f.*) early morning, 9
maestro(a) (*m., f.*) teacher
maletero (*m.*) trunk (*of a car*), 20
malo(a) bad, 6
maltratar to abuse, 8
maltrato (*m.*) abuse, 8
mamá (*f.*) mom, mother, 2
mancha (*f.*) spot, mark, blemish
mandar to send, 1
   mande (*Mex.*) hello (*on the telephone*)
manejar to drive, 6
   ¡maneje con cuidado! drive safely!, 12
manera (*f.*) way, 5
mangas (*f. pl.*) sleeves
   de — cortas short-sleeved
   de — largas long-sleeved
   sin — sleeveless
mano (*f.*) hand, 6
   ¡manos arriba! hands up!
manteca (*f.*) (*Caribe*) heroin (*col.*)
mantener to keep
   mantenga su derecha keep right
manzana (*f.*) city block
mañana (*f.*) morning, 10; (*adv.*) tomorrow
   a la — in the morning
máquina (*f.*) (*Cuba*) car, 6
marca (*f.*) mark, 6; brand, 10; make (car)
mareado(a) dizzy, 13
marido (*m.*) husband, 4
mariguana, marihuana, marijuana (*f.*) marijuana
más more
   — **bien** rather, 7
   — **o menos** more or less, 8
   — **... que (de)** more . . . than, 4
   — **tarde** later, 2
máscara (*f.*) mask
matar to kill, 8
matricularse to register, to enroll (*in a school*), 15
mayor older, oldest, 3
   — **de edad** of age, adult
   dedo — (*m.*) middle finger
mécanico (*m.*) mechanic
mediano(a) medium; average
medianoche (*f.*) midnight, 3

medicina (*f.*) medicine, 7
médico (*m., f.*) doctor, 8
medio (*adv.*) rather, 7
medir (e:i) to measure, 7; to be (amount) tall, 17
mejilla (*f.*) cheek, 17
mejor better, best, 12
   — **que nunca** better than ever, 6
menor younger, 4; minor
   — **de edad** (*m., f.*) minor, 3
menos de (que) less than, fewer than, 4
mensaje (*m.*) message, 7
mentira (*f.*) lie, 8
meñique (*m.*) little finger
mercado (*m.*) market, 20; supermarket
   — **al aire libre** (*m.*) open-air market
mes (*m.*) month
   el — pasado (próximo) last (next) month
   el — que viene next month
mestizo(a) mixed (any of two or more races)
metadona (*f.*) methadone
metido(a) inside, inserted in, 19
mi my, 1
miembro (*m., f.*) member, 3
   — **del jurado** jury member
mientras while, 5
milla (*f.*) mile, 9
mirando watching
mirar to look at, 5; to watch
mire look, 6
mismo(a) same, 9
   por sí — by himself, by herself
mitin (*m.*) meeting, assembly, 20
modelo (*m.*) model, 11
modo (*m.*) way, 5
momento (*m.*) moment, P
moneda (*f.*) coin, 9
monumento (*m.*) monument
mordaza (*f.*) gag
mordida (*f.*) bite
morfina (*f.*) morphine
morgue (*f.*) morgue
morir (o:ue) to die, to pass away, 11
morocho(a) dark-haired, 7
mostrador (*m.*) counter, 16
mostrar (o:ue) to show, 7
mota (*f.*) marijuana (*col.*)
motel (*m.*) motel, 15
motivo (*m.*) motive
motocicleta (*f.*) motorcycle, 13; motor-driven cycle
motor (*m.*) engine, motor, 9
   — **de arranque** starter
mover(se) (o:ue) to move, 6
   ¡no se mueva(n)! don't move!, freeze!, 6
muchacho(a) (*m., f.*) boy, girl, 2
muchísimo very much, 15
mucho (*adv.*) much, 4
muchos(as) many, 2
   muchas gracias thank you very much, P
mudo(a) mute
muerto(a) dead, 1

mujer (*f.*)   woman, 1; wife, 4
  — de negocios   businesswoman, 15
mulato(a)   mixed race (black and white)
multa (*f.*)   ticket, fine, 6
multitud (*f.*)   crowd, 20
municipal   municipal
muñeca (*f.*)   wrist
murmurar   to murmur, 20
musculoso(a)   muscular
muy   very, P

N

nacimiento (*m.*)   birth
nada   nothing, P
nadie   nobody, 8
nalgada (*f.*)   spanking, slap on the buttocks
nariz (*f.*)   nose, 9
navaja (*f.*)   switchblade, razor, 8
neblina (*f.*)   fog
necesario(a)   necessary, 5
necesitar   to need, 1
negarse (e:ie)(a)   to refuse to, 6
  — a hablar   to refuse to speak, 6
negro(a)   black, 4
  negra (*f.*)   black heroin (*col.*)
neumático (*m.*)   tire, 20
nevar (e:ie)   to snow
niebla (*f.*)   fog
nieto(a) (*m., f.*)   grandson; granddaughter
nieve (*f.*)   snow
ninguno(a)   not any
niño(a) (*m., f.*)   child, 1
no   no
  ¡— dispare!   don't shoot!
  — entre   do not enter; wrong way
  — hay de qué   you're welcome, don't mention it, P
  — me hace caso.   He/She doesn't pay attention to me.
  — pasar   do not pass
  — rebasar (*Mex.*)   do not pass
  ¡— salte!   don't jump!
  ¡— se mueva!   don't move!, freeze!, 6
  ¡— tire!   don't shoot!
  ¡— tire basura!   don't litter!
¿Nos va a llevar presos?   Are you going to arrest us?, 6
noche (*f.*)   night, 5
  a la —   in the evening
nombrar   to appoint
nombre (*m.*)   name, P; noun
noreste (*m.*)   northeast
noroeste (*m.*)   northwest
norte (*m.*)   north
nota (*f.*)   note
notar   to notice, 5
notificar   to inform, to give notice, to report, 1
novio(a) (*m., f.*)   boyfriend, 15; girlfriend, 15
nuera (*f.*)   daughter-in-law
nuestro(a)   our, 5
nuevo(a)   new, fresh, 6
número (*m.*)   number, 5
  — de serie   serial number, 10

  — de teléfono (celular) (cell) telephone number, P
nunca   never, 6
  — antes   never before, 11

O

o   or, 3
objeto (*m.*)   object, item, 11
obligar   to obligate, to force, 18
obligatorio(a)   compulsory, 13
obscenidad (*f.*)   obscenity, 20
observar   to observe, 5
ocasión (*f.*)   occasion, 17
ocurrir   to occur, 14; to happen
oeste (*m.*)   west
oficina (*f.*)   office, 12
  — de correos   post office
ofrecer   to offer, 14
oído (*m.*)   inner ear
Oigo. (*Cuba*)   Hello. (on the telephone)
oír   to hear, 19
ojalá   I hope, 17
ojo (*m.*)   eye
  — de vidrio   glass eye
  de ojos (azules)   with (blue) eyes, 7
  ojos saltones (*m. pl.*)   bulging eyes, bug eyes
olor (*m.*)   smell, 19
  — a   smell of, 19
olvidar   to forget, 18
ómnibus (*m.*)   bus
operador(a) (*m., f.*)   telephone operator, dispatcher, 1
opio (*m.*)   opium
oportunidad (*f.*)   opportunity, 16
opuesto(a)   opposite
orden (*f.*)   warrant, order, 8
ordenador (*m.*) (*España*)   computer, 10
ordenar   to order, 20
organizar   to organize, 5
oreja (*f.*)   outer ear
orina (*f.*)   urine, 9
oro (*m.*)   gold, 16
oscuro(a)   dark, 4
otoño (*m.*)   autumn, fall
otro(a)   other, another, 4
  otra vez   again, once again, 6

P

padrastro (*m.*)   stepfather, 3, 8
padre (*m.*)   father, dad, 5
padres (*m. pl.*)   parents, 3
  — de crianza/adoptivos (*m. pl.*)   foster parents
padrino (*m.*)   godfather
pagado(a)   paid (for), 11
pagar   to pay (for), 6
pago (*m.*)   payment, 11
país (*m.*)   country, 8
palabra (*f.*)   word
palanca de cambio de velocidades (*f.*)   gearshift lever
paliza (*f.*)   beating

pana (*f.*)   corduroy, 20
pandilla (*f.*)   gang, 3
pantalón, (*m.*) **pantalones** (*m. pl.*)   pants, trousers, 4
  — corto(s)   shorts, 4
pañuelo (*m.*)   handkerchief, 16
papá (*m.*)   dad, father, 5
papeleta (*f.*)   form, 19
par: un — de   a couple of, 6
para   for, 1; to, in order to, 5
  — allá   there, over there, 1
  — mí   for me, 14
  — que   so that
  — que lo represente   to represent you, 6
  — servirle   at your service, P
  — ti   for you, 18
parada (*f.*)   stop
  — de autobuses, de guaguas (*Cuba y Puerto Rico*), **de camiones** (*Mex.*)   bus stop
paradero (*m.*)   whereabouts
parado(a)   standing, 7
paralítico(a)   disabled, crippled
paramédico (*m., f.*)   paramedic, 1
parar   to stop, 12
  ¡pare!   stop!
pararse   to stand (up), 9
  ¡párese!   stand up!
parecer   to seem, 4
pared (*f.*)   wall, 6
pariente (*m., f.*)   relative
  parientes políticos (*m. pl.*)   in-laws
parpadear   to blink, 6
parque (*m.*)   park
parte (*f.*)   part
pasado (*m.*)   past
pasado(a)   last, 11
  pasado mañana   the day after tomorrow
pasajero(a) (*m., f.*)   passenger, 13
pasar   to come in, P; to happen, 2; to pass (a car), 13; to spend (time)
  no —   do not pass
  no pase   wrong way; do not enter
  — un buen rato   to have a good time, 15
  pasarlo bien   to have a good time, 15
pase   come in, P
pasarse la luz roja   to go through a red light, 12
pasillo (*m.*)   hall(way)
paso (*m.*)   steps, 9
  — de peatones   pedestrian crossing
pastilla (*f.*)   pill, 19; LSD (*col.*)
pasto (*m.*)   marijuana (*col.*)
pata de cabra (*f.*)   crowbar
patada (*f.*)   kick
patio (*m.*)   yard, 3
patrulla (*f.*)   patrol, 5
patrullero(a) (*adj.*)   patrol
peatón (*m., f.*)   pedestrian
peca (*f.*)   freckle, 7
pecho (*m.*)   chest
pedir (e:i)   to ask (for), 7
  — prestado(a)   to borrow, 11

pegao (*m.*) LSD (*col.*)
pegar to beat, 8
— **un tiro (un balazo)** to shoot
peine (*m.*) comb, 16
pelado(a) bald, 18
pelea (*f.*) fight
peligro (*m.*) danger
peligroso(a) dangerous, 4
pelirrojo(a) red haired, 7
pelo (*m.*) hair, 17
pelón(ona) bald
peluca (*f.*) wig; hairpiece
penetración (*f.*) penetration, 18
pensar (e:ie) to think, 5
— (+ *inf.*) to plan (to do something), 5
pequeño(a) little, small, 1
perder (e:ie) to lose, 6
perdido(a) lost, 2
perdón (*m.*) pardon, forgiveness, 8
perdonar to forgive, 8
perico (*m.*) cocaine (*col.*)
periódico (*m.*) newspaper, 5
perito (*m., f.*) expert
perjudicar to cause damage, to hurt, 14
perla (*f.*) pearl, 14
permanecer to stay, to remain, 6
permiso (*m.*) permission, warrant, 20
permitido(a) permitted, 16
pero but, 1
persona (*f.*) person, 1
pertenencias (*f. pl.*) belongings, 16
pesado(a) heavy, 20
pesar to weigh, 20
peso (*m.*) weight
pestaña (*f.*) eyelash
pie (*m.*) foot, 7
piedra (*f.*) rock (crack cocaine) (*col.*), 15; stone, rock
piel (*f.*) skin
pierna (*f.*) leg, 13
pieza (*f.*) bedroom, 8
píldora (*f.*), 19
piscina (*f.*) swimming pool
pista (*f.*) clue
pistola (*f.*) pistol, 4
pito (*m.*) marijuana (*col.*)
placa (*f.*) license plate, 11
plata (*f.*) silver, 11
playa (*f.*) beach, 10
plazo (*m.*) installment, 11
poco little
un — de a little, 1
podar arbustos (árboles) to trim bushes (trees)
poder (o:ue) can, to be able, 6
no se puede escribir... you (one) cannot write . . . , 6
puede usarse can be used, 6
policía (*f.*) police (force), (*m., f.*) police officer, 1
— **secreta** (*f.*) undercover police, 15
pollera (*f.*) skirt, 4
polvo (*m.*) cocaine (*col.*)

poner to put, 9
a disposición to appear before, 16
— **en peligro** to endanger, 12
ponerse to put on, 18
— **de pie** to stand up
— **de rodillas** to get on one's knees
por for, P; on (by way of), 2; through, 2
— **completo** completely, 16
— **ejemplo** for example, 5
— **escrito** in writing, 16
— **la mañana** in the morning, 7
— **la noche** in the evening, at night, 7
— **la tarde** in the afternoon, 7
— **lo menos** at least, 17
— **lo tanto** therefore, so, 20
— **poseer drogas** for possession of drugs
¿— **qué?** why?, 2
— **sí mismo(a)** by himself/herself
— **suerte** fortunately, 13
— **teléfono** on the telephone, by telephone, 1
pornográfico(a) pornographic
porque because, 3
porqué (*m.*) reason, 8
porro (*m.*) joint (*col.*)
portaequipajes (*m.*) trunk (*of a car*)
portaguantes (*m.*) glove compartment
portal (*m.*) porch, 5
posible possible, 5
practicar to practice
precaución (*f.*) precaution, 13
preferir (e:ie) to prefer, 5
pregunta (*f.*) question
preguntar to ask, 8
preliminar preliminary, 16
prender to arrest, 3; to turn on (*a light*), 4
prendido(a) (turned) on (*a light, a TV set*), 5; lit, 19
presentar to introduce, 15
— **una apelación** to file an appeal
presente present, 6
preso(a) arrested, 6
prestar to lend
— **atención** to pay attention, 9
prevenir to prevent, 5
preventivo(a) preventive, 16
prima (*f.*) premium, 16
primavera (*f.*) spring
primero (*adv.*) first, 1
primero(a) first, 5
primeros auxilios (*m. pl.*) first aid
primo(a) (*m., f.*) cousin
prisión (*f.*) prison, jail
problema (*m.*) problem, 3
procesado(a) indicted
programa (*m.*) program, 5
prohibido(a) forbidden, 6; prohibited
— **estacionar** no parking
— **girar en rojo** no turn on red
— **pasar** no trespassing
prometer to promise, 20
prometido(a) (*m., f.*) fiancé(e)

pronto soon, 4
propiedad (*f.*) property, 11
— **privada** private property
prostitución (*f.*) prostitution
prostituto(a) (*m., f.*) prostitute, 15
proteger to protect, 5
protestar to complain, to protest, 3
próximo(a) next, 4
prueba (*f.*) test, 9; evidence
— **del alcohol** sobriety test, 9
pueblo (*m.*) town, 10
puede ser it may be, 17
puerta (*f.*) door, 5
— **blindada** armored door, 5
— **de la calle** front door, 5
— **de salida** exit (door)
pulgada (*f.*) inch, 7
pulgar (*m.*) thumb
pullar (*Caribe*) to shoot up (drugs)
punta (*f.*) end, tip, 9
puñal (*m.*) dagger
puñalada: dar una — to stab
puñetazo (*m.*) punch

Q

que that, what, who, 2
¿qué? what?, 1
¿— **hay de nuevo?** what's new?, P
¿— **hora era (es)?** what time was (is) it?, 18
¿— **más?** what else?, 7
¿— **tiene?** what's wrong?, 7
¿— **se le ofrece?** what can I (we) do for you?, P
quebrado(a) broken, 13
¡Queda arrestado(a)! You are under arrest!
quedar to be located, 2
— **declarado(a) ilegal** to be hereby declared illegal, 20
quedarse to stay, 10
— **callado(a)** to remain silent, 6
— **sin trabajo** to lose one's job, 14
queja (*f.*) complaint
querer (e:ie) to want, to wish, 5
¿quién? ¿quiénes? who?, 1
quieto(a) still, quiet, calm, 13
¡quieto(a)! freeze!, 3
químico(a) (*adj.*) chemical, 9
quitar to take away, 8
quitarse to take off (*clothing*), 16

R

radiografía (*f.*) X-ray, 13
rápido (*adj.*) quick, quickly, fast, 12
raza (*f.*) race, 18
realizar to perform, to carry out, 18
rebasar (*Méx.*) to pass (a car), 13
recámara (*f.*) (*Méx.*) bedroom, 8
recibir to receive, 4
reciente recent, 17
recientemente recently
recitar to recite, 9

recobrar   to recover, 11
recoger   to pick up, 5
recomendar (e:ie)   to recommend, 16
reconocer   to recognize, 7
recordar (o:ue)   to remember, 6
refugiarse   to find refuge (shelter)
regalar   to give (*a gift*), 15
registrado(a)   registered, 11
registrar   to book, to log in, 16
registro (*m.*)   registration, 6
regresar   to return, 2
rehabilitación (*f.*)   rehab, 19
reloj (*m.*)   watch, 16
reo(a) (*m., f.*)   defendant
reporte (*m.*)   report, 1
representar   to represent
reproductor de DVD   DVD player
reproductor MP3   MP3 player
rescatar   to rescue
rescate (*m.*)   ransom
residencial   residential, 9
resistencia a la autoridad (*f.*)   resisting
   arrest
respirar   to breathe
responder   to respond, 15
respuesta (*f.*)   answer
restaurante (*m.*)   restaurant
retratar   to photograph, 16
reunión (*f.*)   meeting, assembly, 5
revisar   to review, to check, 10
revólver (*m.*)   revolver, 4
rico(a)   rich
riego (*m.*)   watering, 5
riesgo (*m.*)   risk, 11
rifle (*m.*)   rifle
rincón (*m.*)   corner
riña (*f.*)   fight
rizado(a)   curly
rizo(a)   curly
robado(a)   stolen, 10
robar   to rob, to steal from, 10
robo (*m.*)   robbery, burglary, 1
roca (*f.*)   crack cocaine (*col.*)
rodilla (*f.*)   knee
rojo(a)   red, 4
rondar   to prowl, 10
ropa (*f.*)   clothes, 4
   — interior   underwear
rubio(a)   blond(e), 7
rueda (*f.*)   wheel
ruido (*m.*)   noise

S

saber   to know, 5; to find out (*pret.*), 17
sacar   to take out, 6
saco (*m.*)   jacket
sala (*f.*)   living room
   — de estar   family room
salida (*f.*)   exit
salir   to get out, 5; to leave, 5;
   to come out
   — con   to go out with, to date, 17
saltar   to jump, 13
¡salud!   to your health!
saludar   to greet, 15

saludo (*m.*)   greeting
salvar   to save, 2
sandalia (*f.*)   sandal, 17
sangre (*f.*)   blood, 9
sargento (*m.*)   sergeant, P
sección (*f.*)   section, division, 1
secreto(a)   secret, 15
secuestrador(a)   kidnapper, 1
secuestrar   to kidnap, 12
secuestro (*m.*)   kidnapping, 5
sedante (*m.*)   sedative, 19
sedativo (*m.*)   sedative, 19
seguir (e:i)   to follow
   — caminando   to keep walking
   — derecho   to go straight ahead, 2
según   according to
seguro (*m.*)   lock (*cars*)
seguro(a)   safe
Seguro Social   Social Security, 7
sellado(a)   sealed, 16
sello (*m.*)   LSD (*col.*)
semáforo (*m.*)   traffic light, 12
semana (*f.*)   week, 4
   la — pasada (próxima)   last (next)
      week
   la — que viene   next week
semiautomático(a)   semiautomatic, 20
sentarse (e:ie)   to sit down
   siéntese   sit down, 8
sentencia (*f.*)   sentence
sentenciar   to sentence
sentimental   sentimental, 14
sentirse (e:ie)   to feel, 13
señal de tránsito (*f.*)   traffic sign
señor (Sr.) (*m.*)   Mr., sir, gentleman, P
   los señores (Ruiz) (*m. pl.*)   Mr. and
      Mrs. (Ruiz), 17
señora (Sra.) (*f.*)   Mrs., lady, Ma'am,
   Madam, P
señorita (Srta.) (*f.*)   Miss, young lady, P
separar los pies   to separate (spread)
   your feet
ser   to be, P
   — como las (+ *time*)   to be about
      (+ *time*), 18
   — culpable (de)   to be at fault, to be
      guilty (of), 12
serie (*f.*)   series, 10
serio(a)   serious, 13
serrucho de mano (*m.*)   handsaw
servicio (*m.*)   service, 15
servir (e:i)   to serve
sexo (*m.*)   sex, 15
sexual   sexual, 18
Sgto. (*abbrev. of* Sargento)   sergeant
shorts (*m. pl.*)   shorts
si   if, 4
sí   yes, 1
sí mismo(a)   yourself; himself; herself
SIDA (síndrome de inmunodeficiencia
   adquirida) (*m.*)   AIDS, 18
siempre   always, 3
siéntese   sit down, 8
sierra de mano (*f.*)   handsaw
siguiente   following
silenciador (*m.*)   muffler

silla de ruedas (*f.*)   wheelchair
sin   without, 3
   — embargo   nevertheless, however, 14
   — falta   without fail, 19
   — mangas   sleeveless
sinceramente   sincerely, 14
sistema (*m.*)   system, 5
situación (*f.*)   situation
soborno (*m.*)   bribe, 15
sobre (*m.*)   envelope, 16
sobre (*prep.*)   about; on, on top of, 20
sobredosis (*f.*)   overdose
sobrino(a) (*m., f.*)   nephew; niece
¡socorro!   help!
soga (*f.*)   rope
solamente   only, 5
solicitar   to ask for, 2; to solicit, 15
solo(a)   alone, 2
sólo   only, 5
soltar (o:ue)   to let go of
   — el arma   to drop the gun (weapon)
soltero(a)   single, P
sombrero (*m.*)   hat, 4
someterse a   to submit (oneself) to, 9
son las (+ *time*)   it's (+ *time*)
sordo(a)   deaf
sortija (*f.*)   ring, 17
sospecha (*f.*)   suspicion, 8
sospechar   to suspect, 7
sospechoso(a)   suspicious, 5
sótano (*m.*)   basement
su   your, 1; his, her, 3
subir   to get in (*a car, etc.*), 3
   súbase al carro   get in the car
suceder   to happen, 2
sucio(a)   dirty, 18
suegro(a) (*m., f.*)   father-in-law;
   mother-in-law
suelo (*m.*)   floor, 7
suéter (*m.*)   sweater, 17
suficiente   sufficient, enough, 15
sugerir (e:ie)   to suggest, 16
suicidarse   to commit suicide, 19
supermercado (*m.*)   supermarket, market
suspender (la entrega)   to stop (delivery)
   — la entrega de la corresponden-
      cia   to stop mail delivery
   — la entrega del periódico   to stop
      newspaper delivery
sur (*m.*)   south
sureste (*m.*)   southeast
suroeste (*m.*)   southwest
suyo(a)   yours

T

tabique (*m.*)   1-kilo brick of marijuana
   (*col.*)
tablero (*m.*)   instrument panel
tal   such
   — cosa   such a thing, 19
   — vez   perhaps, 18
talón (*m.*)   heel, 9
tamaño (*m.*)   size
también   also, too, 5

tan so, 12
— **...como** as . . . as, 4
— **pronto como** as soon as, 19
tanque (*m.*) tank
tapicería (*f.*) upholstery
taquígrafo(a) (*m., f.*) court reporter, stenographer
tarde (*f.*) afternoon, 1; (*adv.*) late, 2
a la — in the afternoon
tarjeta verde (*f.*) green card, 3
tartamudear to stutter
tartamudo(a) (*m., f.*) person who stutters
tatuaje (*m.*) tattoo, 7
teatro (*m.*) (movie) theater
técnico(a) (*m., f.*) technician, 10
techo (de tejas) (*m.*) (tile) roof
telefónico(a) (*adj.*) related to the telephone, 4; telephonic
telefonista (*m., f.*) operator, dispatcher, 1
teléfono (*m.*) telephone, 1
televisor (*m.*) television set, 10
temblar (e:ie) to shake, to tremble, to shiver, 13
temer to fear, to be afraid, 17
temperatura (*f.*) temperature, 12
temprano early, 2
tener to have, 4
— **a su cargo** to be in charge of, 15
— **...años** to be . . . years old, 4
— **el derecho de** to have the right to, 6
— **la culpa (de)** to be at fault, to be guilty, 12
— **(mucho) miedo** to be (very) afraid, scared, 4
— **(mucho) sueño** to be (very) sleepy, 6
— **prisa** to be in a hurry, 9
— **puesto(a)** to have on, to wear, 17
— **que** (+ *inf.*) to have to (do something), 4
— **razón** to be right, 12
— **tanto miedo** to be so scared, 18
teniente lieutenant, P
tequila (*f.*) tequila, 15
tercero(a) third, 8
terminar to finish, 10; to end
— **de** (+ *inf.*) to finish (doing something), 10
terraza (*f.*) terrace
testigo (*m., f.*) witness, 14
tianguis (*m.*) (*Méx.*) open-air market
tiempo (*m.*) time, 5
tienda (*f.*) store
timón (*m.*) (*Cuba*) steering wheel
tío(a) (*m., f.*) uncle 9; aunt, 9
tirar to throw away, 10; to shoot
título (*m.*) title
tobillo (*m.*) ankle
tocar to touch, 9
— **a la puerta** to knock at the door, 8
— **el timbre** to ring the doorbell, 5
— **la bocina** to honk the horn
todavía still, yet, 2
todo (*m.*) everything
— **lo posible** everything possible, 11

todo(a) whole, 8; all, 11
— **el (la)...** the whole . . .
todos(as) all, every(body), 5
todos los días every day, 8
tomar to take, 6; to drink, 6
— **asiento** to take a seat, P
— **las huellas digitales** to fingerprint, 16
— **medidas** to take measures, 5
tontería (*f.*) foolishness, nonsense, 10
toque de queda (*m.*) curfew, 3
totalmente totally, 11
trabajo (*m.*) work, job, 8
traer to bring, 7
traficante (*m., f.*) drug pusher
tráfico (*m.*) traffic
trago (*m.*) drink, 6
traje (*m.*) suit
tránsito (*m.*) traffic
— **lento** slow traffic
tratar (de) to try (to), 4; to treat, 8
tribunal (*m.*) court
— **de menores** (*m.*) juvenile court
— **supremo** supreme court
trompada (*f.*) punch
Tte. (*abbreviation of* **Teniente**) lieutenant
tu your, 2

U

últimamente lately, 6
último(a) last (*in a series*), 11
un par de a couple of, 6
unido(a) united, 5
unos(as) about, around, 2
urgente urgent, 4
urgentemente urgently, 14
usado(a) used
usar to use, 4
se usará will be used, 6
uso (*m.*) use, 2
usual usual, 5
no — unusual, 5

V

vacaciones (*f. pl.*) vacation, 10
de — on vacation, 4
— **de primavera** spring break, 10
vaciar to empty, 16
válido(a) valid, 12
valor (*m.*) value, 11
vamos let's go, 2
— **a** (+ *inf.*) let's (+ *verb*)
vandalismo (*m.*) vandalism, 6
varios(as) several, 5
vecindario (*m.*) neighborhood, 5
vecino(a) (*m., f.*) neighbor, 5
vehículo (*m.*) vehicle, 13
velocidad (*f.*) speed, 9
— **máxima** speed limit, 9
vello (*m.*) body hair
velludo(a) hairy
venda (*f.*) bandage, 13

vender to sell, 3
veneno (*m.*) poison, 19
venir (e:ie) to come, 4
ventana (*f.*) window, 5
— **con rejas** window with bars, 5
ventanilla (*f.*) window (*of a car*)
ver to see, 2
verano (*m.*) summer
verbo (*m.*) verb
verdad (*f.*) truth, 11
¿verdad? right?, true?, 2
verde green, 3
veredicto (*m.*) verdict
verruga (*f.*) wart
vestido (*m.*) dress
vestido(a) dressed, 4
veterinario(a) (*m. f.*) veterinary
vez (*f.*) time, 8
vía (*f.*) lane, 12
viaje (*m.*) trip
víctima (*f.*) victim, 17
vida (*f.*) life, 2
videocámara (*f.*) video camera, 10
videojuego videogame
viejo(a) old, 7
vigilancia del barrio (*f.*) neighborhood watch, 5
vino (*m.*) wine, 20
violación (*f.*) rape, 18
violador(a) rapist, 1
violar to rape, 18
violento(a) violent, 8
virarse (*Cuba*) to turn around, 20
visible visible, 5
visto(a) seen
viudo(a) widower; widow
vivir to live, 2
vocabulario (*m.*) vocabulary
volante (*m.*) steering wheel
voltear(se) (*Méx.*) to turn (around)
voluntad (*f.*) will, 17
voluntariamente voluntarily, 20
volver (o:ue) to come (go) back, to return, 6

Y

y and, P
ya already, 2; at last, finally, 8
— **están en camino** they are (already) on their way, 4
yerba (*f.*) marijuana (*col.*), 15
yerno (*m.*) son-in-law
yesca (*f.*) marijuana (*col.*)

Z

zacate (*m.*) (*Méx.*) lawn, 5; marijuana (*col.*)
zapatilla (*f.*) tennis shoe, sneaker, 4
zapato (*m.*) shoe
— **de tenis** tennis shoe
zona (*f.*) zone, 9
— **de estacionamiento** parking lot, 7
— **de grúa** tow zone
zurdo(a) left-handed, 7

English-Spanish Vocabulary

A

a little   un poco, 1
a week ago   hace una semana, 14
abnormal   anormal, 18
about   unos(as), 2; como, 11; (*with time*) a eso de, 14; sobre
abuse   maltrato (*m.*), 8; maltratar, abusar, 8
accelerator   acelerador (*m.*)
accent   acento (*m.*), 18
accept   aceptar, 8
accident   accidente (*m.*), 1
accompany   acompañar, 7
accomplice   cómplice (*m., f.*)
according to   según
accusation   acusación (*f.*), 14
accuse   acusar, 8
ache   doler (o:ue), 8
acid (LSD)   pegao (*m.*) (*col.*)
acne   acné (*m.*)
acquaintance   conocido(a) (*m., f.*)
acquitted   absuelto(a)
across the street from   enfrente de, 5
act   acto (*m.*), 18; actuar
activity   actividad (*f.*), 5
addicted   adicto(a)
additional   adicional
address   dirección (*f.*), domicilio (*m.*), P
— book   libreta de direcciones (*f.*), 18
adjective   adjetivo (*m.*), 1
admitted (to)   ingresado(a), 8
adolescent   adolescente (*m., f.*), jovencito(a) (*m., f.*), 17
adult   mayor de edad
advise   aconsejar, 16
after   después (de), 7
afternoon   tarde (*f.*), 1
in the —   por la tarde, a la tarde, 7
afterwards   luego, 10
again   otra vez, 6; de nuevo, 9
against   en contra de, 6; contra, 11
age   edad (*f.*), 17
ago: a week —   hace una semana, 14
agree   estar de acuerdo, 16
aggression   agresión (*f.*); ataque (*m.*)
aggressor   agresor(a) (*m., f.*)
AIDS   SIDA (síndrome de inmunodeficiencia adquirida) (*m.*), 18
aim (a gun)   apuntar, 20
alarm   alarma (*f.*)
alcohol   alcohol (*m.*), 9
alcoholic   alcohólico(a), 9
alias   alias (*m.*)
alibi   coartada (*f.*)
all   todo(a), 11; todos(as)
allergic   alérgico(a)
allow   dejar, 9; autorizar, 16
almost   casi, 5
alone   solo(a), 2
alphabet   abecedario (*m.*), alfabeto (*m.*), 9
already   ya, 2
also   también, 5

although   aunque, 15
always   siempre, 3
ambulance   ambulancia (*f.*), 13
among   entre
amphetamine   amfetamina (*f.*)
and   y, P
angry   enojado(a), 8
ankle   tobillo (*m.*)
another   otro(a), 4
answer   contestar, 5; respuesta (*f.*), contestación (*f.*)
any   cualquier, alguno(a), 5
— one   cualquier(a)
— time   a sus órdenes, 3
not —   ninguno(a)
anything   algo (*m.*), 8; cualquier cosa (*f.*)
— else?   ¿algo más?, 7
— you say   cualquier cosa que diga, 6
apartment   apartamento (*m.*), 1
appeal   apelación (*f.*); 1 apelar
appear   comparecer
— before   poner a disposición, 16
— in court   comparecer ante un juez
appoint   nombrar
approximate   aproximado(a), 11
approximately   como, 11; aproximadamente
area   distrito (*m.*), área (*f. but* el área)
arm   brazo (*m.*), 6
armored door   puerta blindada (*f.*), 5
around   unos(as), 2
arrange   arreglar
arrest   arrestar, prender, 3; llevar preso(a)
person under —   detenido(a) (*m., f.*), 16
arrested   arrestado(a), detenido(a), preso(a), 6
arrive (at)   llegar (a), 2
arrow   flecha (*f.*), 18
arson   fuego intencional (*m.*), incendio intencional (*m.*)
article   artículo (*m.*), 14
as   como, 14
— (big, small, etc.) as   tan (grande, pequeño, etc.) como, 4
— soon as   en cuanto, 18; 1 tan pronto como, 19
Asian   asiático(a)
ask (a question)   preguntar, 8
— a question   hacer una pregunta, 19
— for   solicitar, 2; pedir (e:i), 7
assailant   agresor(a) (*m., f.*), asaltante (*m., f.*)
assassin   asesino(a) (*m., f.*), 1
assault   asaltar; asalto (*m.*), agresión (*f.*), ataque (*m.*)
assembly   reunión (*f.*), congregación (*f.*), mitin (*m.*), 20
assigned   asignado(a), 15
at   en, 1; a, 2
— dawn (daybreak)   al amanecer; de madrugada
— dusk   al anochecer

— home   en casa, 5
— least   por lo menos, 17
— midnight   a medianoche
— night   por la noche
— noon   a mediodía
— this time (hour)   a esta hora, 3
— your service   para servirle, P; a sus órdenes, 3
attack   atacar, 18; ataque (*m.*), agresión (*f.*)
attempt   intento (*m.*), 15
attend   asistir, 17
aunt   tía (*f.*), 9
authority   autoridad (*f.*), 8
authorize   autorizar, 16
automatic   automático(a)
automobile   automóvil (*m.*), 6
avenue   avenida (*f.*), P
average   mediano(a)
avoid   evitar, 5

B

baby   bebé (*m.*), 12
back   (*of paper*) dorso (*m.*); (*part of body*) espalda (*f.*)
in the — (of)   en el fondo (de)
bad   malo(a), 6
bail   fianza (*f.*), 16
— bondsman   fiancista (*m., f.*), 16
bailor   fiancista (*m., f.*), 16
bald   calvo(a), pelado(a), 18; pelón(ona)
bandage   venda (*f.*), 13
bank   banco (*m.*), 2
bar   bar (*m.*), cantina (*f.*), barra (*f.*), 8
bargain   ganga (*f.*), 14
basement   sótano (*m.*)
bath   baño (*m.*), 18
bathe   bañarse, 18
bathroom   baño (*m.*); escusado (excusado) (*m.*) (*Méx.*)
bathtub   bañadera (*f.*), tina (*f.*) (*Mex.*)
battery   batería (*f.*), acumulador (*m.*), 9
be   ser, P; estar, 3
— able to   poder (o:ue), 6
— about (+ *time*)   ser como las (+ *time*), 18
— admitted (to)   ingresar, 8
— afraid   tener miedo, 5; temer
— at fault   tener la culpa (de), ser culpable (de), 12
— back   estar de vuelta, estar de regreso, 5
— called   llamarse, 9
— certain   estar seguro(a), 18
— (very) cold   hacer (mucho) frío
— cool   hacer fresco
— free on bail   estar en libertad bajo fianza
— glad   alegrarse
— going (to do something)   ir a (+ *inf.*), 5

— guilty tener la culpa (de), ser culpable (de), 12

— hereby declared illegal quedar declarado(a) ilegal, 20

— (very) hot hacer (mucho) calor

— in a condition to (do something) estar en condiciones de (+ *inf.*), 6

— in a hurry estar apurado(a), tener prisa, 9

— in charge tener a su cargo, 15

— in jail estar preso(a)

— late llegar tarde, 12

— located quedar, 2

— missing faltar, 10

— named llamarse, 9

— okay estar bien, 3

— on the way estar en camino, 4

— pleasing gustar, 8

— quiet! ¡cállese!, 20

— right tener razón, 12

— (very) sleepy tener (mucho) sueño, 6

— (very) scared tener (mucho) miedo, 4

— so scared tener tanto miedo, 18

— stoned darse un pase

— (very) sunny hacer (mucho) sol

— (amount) tall medir (e:i) (amount), 17

— under arrest darse preso(a)

— visible estar a la vista

— (very) windy hacer (mucho) viento

— wrong estar equivocado(a), 8

— . . . years old tener... años, 4

beach playa (*f.*), 10

beard barba (*f.*), 18

beat pegar, 8

beating paliza (*f.*)

because porque, 3

become hacerse

— addicted to drugs endrogarse

— aware of darse cuenta de, 13

bedroom dormitorio (*m.*), pieza, recámara (*f.*) (*Méx.*), 8

beer cerveza (*f.*), 20

before antes (de), 3

— they question you antes de que lo interroguen, 6

begin comenzar (e:ie), 5; empezar (e:ie), 5; iniciar, 12

behind atrasado(a), 11; atrás, 12

— your back detrás de la espalda

believe creer, 4

belongings pertenencias (*f. pl.*), 16

below debajo de, 13

belt cinto (*m.*), cinturón (*m.*), correa (*f.*), 8

bend down agacharse

besides además, 2

best mejor, 12

better mejor, 12

— than ever mejor que nunca, 6

between entre, 1

bicycle bicicleta (*f.*), 2

big grande, 2

bill cuenta (*f.*), 11

birth nacimiento (*m.*)

bite mordida (*f.*)

black negro(a), 4

— heroin negra (*f.*) (*col.*)

blackmail chantaje (*m.,*); chantajear

blackmailer chantajista (*m. f.*), 1

blade arma blanca (*f. but* el arma blanca)

blame culpa (*f.*); culpar

blemish mancha (*f.*)

blind ciego(a)

blink parpadear, 6

block cuadra (*f.*), 2; manzana (*f.*)

a — from here a una cuadra de aquí, 2

blonde rubio(a), güero(a) (*Méx.*), 7

blood sangre (*f.*), 9

— bank banco de sangre (*m.*), 6

blouse blusa (*f.*), 17

blue azul, 4

body cuerpo (*m.*), 8; (*corpse*) cadáver (*m.*)

— hair vello (*m.*)

bomb bomba (*f.*)

time — bomba de tiempo (*f.*)

bond bono (*m.*), 16

bone hueso, 13

book registrar, fichar, 16

bookstore librería (*f.*)

boot bota (*f.*)

borrow pedir (e:i) prestado, 11

boss jefe (a) (*m., f.*), 12

bottle botella (*f.*), 15; frasco (*m.*), 19

boy muchacho (*m.*), 2; chico (*m.*), chamaco (*m.*) (*Mex.*), 13

boyfriend novio (*m.*), 15

brake freno (*m.*)

brand marca (*f.*), 10

breath aliento (*m.*), 9

breathe respirar

bribe soborno (*m.*), 15

brief breve, P

— conversation conversación breve (*f.*), P

bring traer, 7

broken quebrado(a), 13; descompuesto(a), 19

brother hermano (*m.*)

— in-law cuñado (*m.*)

brown (*hair, eyes*) castaño(a), café, 18

bug-eyes (bulging eyes) ojos saltones (*m. pl.*)

build complexión (*f.*)

building edificio (*m.*), 6

bullet bala (*f.*)

burglar ladrón(ona), (*m., f.*), 3

burglary robo (*m.*), 1

bus camión (*Mex.*) (*m.*), autobús (*m.*), guagua (*f.*) (*Cuba*)

— station estación de ómnibus (autobuses) (*f.*)

— stop parada de autobuses (*f.*), 1 parada de guaguas (*f.*) (*Cuba y Puerto Rico*), 1 parada de camiones (*Méx.*) (*f.*)

businessman(woman) hombre (mujer) de negocios (*m., f.*), 15

but pero, 1

butt in entremeterse, entrometerse, 8

button botón (*m.*)

buy comprar, 10

by

— force a la fuerza, 8

— himself/herself por sí mismo(a)

— telephone por teléfono, 1

C

cab (*of a truck*) cabina (*f.*), 13

caliber calibre (*m.*), 20

call llamar, 1; llamada (*f.*), 4

— off the dog llamar al perro

calm quieto(a), 13

— down calmarse, 18

can poder (o:ue), 6

cannot: you (one) — write . . . no se puede escribir..., 6

cap gorra (*f.*), 4

car carro (*m.*), coche (*m.*), máquina (*f.*) (*Cuba*), 6

— related automovilístico(a)

carburetor carburador (*m.*)

card tarjeta (*f.*), 3

careful! ¡cuidado!, 20

carefully con cuidado, 12

carpet alfombra (*f.*), 10

carry llevar, 2

— out realizar, 18

case caso (*m.*), 6

cash: in — en efectivo, 10

— register caja (*f.*), 20

cashier cajero(a) (*m., f.*)

Caucasian blanco(a)

cause causar, 12

— damage perjudicar, 14

cell celda (*f.*), 16

cell phone número número de teléfono celular, 3

cent centavo (*m.*), 16

central central, 1

certain cierto(a), 8

certainly! ¡cómo no!, 7

chain cadena (*f.*), 16

change cambiar, 12

— clothes cambiarse de ropa, 18

characteristic característica (*f.*)

charge acusación (*f.*), 14; cobrar, 14

cheat engañar, 14

check revisar, 10

cheek mejilla (*f.*), cachete (*m.*), 17

chemical químico(a), 9

chest pecho (*m.*)

child niño(a) (*m., f.*), 1

—'s car seat asiento para el niño (*m.*)

children hijos (*m. pl.*), 4

chin barbilla (*f.*)

choose elegir (e:i), 9

chosen elegido(a), 9

church iglesia (*f.*)

cigarette cigarrillo (*m.*), 7

city ciudad (*f.*), 2

class clase (*f.*), 7

classmate compañero(a) de clase (*m., f.*), 17

clean limpiar, 10
clerk empleado(a) (*m., f.*), 14; dependiente(a) (*m., f.*), 20
clinic clínica (*f.*)
close cerrar (e:ie), 5
close (*adj.*) cercano (a), 5; cerca (de), 12
closed cerrado(a), 11
closeted encerrado(a), 8
clothes ropa (*f.*), 4
clothing ropa (*f.*), 4
clue pista (*f.*)
clutch embrague (*m.*)
coat abrigo (*m.*)
cocaine coca (*f.*), cocaína (*f.*); *col.:* perico (*m.*), polvo (*m.*); *col.:* blanca (*f.*), 15
cognate cognado (*m.*)
coin moneda (*f.*), 9
collar cuello (*m.*)
collect cobrar, 14
collide chocar, 13
collision choque (*m.*), 13
color color (*m.*)
comb peine (*m.*), 16
come venir, 4
— **back** volver (o:ue), 6
— **in** pasar, P; entrar (en)
— **out** salir
— **with** acompañar, 7
commit cometer, 6
— **suicide** suicidarse, 19
common común
communicate comunicar, 5
compact disc disco compacto (*m.*), 10
complain protestar, 3
complaint queja (*f.*)
complete completo(a), 5; completar, 9
completely por completo, 16
compulsory obligatorio(a), 13
computer computadora (*f.*), ordenador (*m.*) (*España*), 10
condition condición (*f.*), 6
condom condón (*m.*), 18
confess confesar (e:ie)
confession confesión (*f.*)
confirm confirmar, 19
confused confuso(a)
consider considerar
consulate consulado (*m.*), 20
content contenido (*m.*), 9
continue continuar, 10
contraband contrabando (*m.*)
contract contrato (*m.*), 10
control control (*m.*), 13
conversation conversación (*f.*)
convict declarar culpable
cooperation cooperación (*f.*), 3
copy copia (*f.*), 11
corduroy pana (*f.*), 20
corner esquina (*f.*), 3; rincón (*m.*)
corporal punishment castigo corporal (*m.*)
corpse cadáver
cost costar (o:ue), 15
counsel for the defense abogado(a) defensor(a) (*m., f.*)
counsellor consejero(a) (*m., f.*)
count contar (o:ue), 9
counter mostrador (*m.*), 16

counterfeit falsificar; falsificación
country país (*m.*), 8
couple: a — of un par de, 6
court (of law) corte (*f.*), tribunal (*m.*), juzgado (*m.*), 6, 14
— **reporter** taquígrafo(a) (*m., f.*)
courtesy cortesía (*f.*)
cousin primo(a) (*m., f.*)
crack cocaine crac (*m.*); *col.:* piedra (*f.*), roca (*f.*), coca cocinada (*f.*), 15
crash choque (*m.*), 13
crime delito (*m.*), 6
criminal criminal
— **record** antecedentes penales (*m. pl.*), 16
crippled inválido(a); paralítico(a)
cross cruzar, 12; cruz (*f.*), 17
cross-eyed bizco(a)
crossing cruce (*m.*), 12
crowbar pata de cabra (*f.*)
crowd multitud (*f.*), 20
cry llorar, 18
cultural cultural
curfew toque de queda (*m.*), 3
curly rizado(a), rizo(a), crespo(a)
customer cliente (*m., f.*), 7
cut cortar, 5

D

dad papá (*m.*), 5
dagger puñal (*m.*); daga (*f.*)
damage: slight — desperfecto (*m.*), 19
danger peligro (*m.*)
dangerous peligroso(a), 4
— **curve** curva peligrosa (*f.*)
dark oscuro(a), 4
dark-haired morocho(a), 7
date fecha (*f.*); salir con, 17
daughter hija (*f.*)
— **in-law** nuera (*f.*)
day día (*m.*)
during the — durante el día
the — after tomorrow pasado mañana
the — before yesterday anteayer, antes de ayer
dead muerto(a), 1
deadbolt cerrojo de seguridad (*m.*), 5
deaf sordo(a)
deceive engañar, 14
decide decidir, 6
decision fallo (*m.*)
defend (oneself) defender(se), 18
defendant acusado(a) (*m., f.*), reo(a) (*m., f.*)
deformed deformado(a)
degree grado (*m.*), 12
delivery entrega (*f.*), 5
demand exigir, 2
department departamento (*m.*), 4
depend depender, 16
describe describir, 7
description descripción (*f.*), 11
destroy destruir, 18
detail detalle (*m.*), 17

detain detener, 6
detective detective (*m., f.*), 14
detention detención (*f.*), 16
determine determinar, 9
detour desvío (*m.*)
detoxification desintoxicación (*f.*)
diabetes diabetes (*f.*), 6
die fallecer, 11; morir (o:ue), 13
diesel gasoil (*m.*)
dining room comedor (*m.*)
dinner cena (*f.*), 5
dirty sucio(a), 18
disabled inválido(a); paralítico(a)
disappear desaparecer
discipline disciplinar, 8
disease enfermedad (*f.*)
disfigured desfigurado(a)
dispatcher operador(a) (*m., f.*), telefonista (*m., f.*), 1
disperse dispersar(se), 20
distribute distribuir, 15
district barrio (*m.*), colonia (*f.*) (*Méx.*), 5
— **attorney** fiscal (*m., f.*), 16
divided road doble vía (*f.*)
division división (*f.*), 1; sección, 1
divorced divorciado(a), P
dizzy mareado(a), 13
do hacer, 3
do not (don't) no
— **enter** no entre, no pase
— **jump!** ¡no salte!
— **litter** no tire basura
— **mention it** no hay de qué
— **move!** ¡no se mueva!
— **pass** no pasar, no rebasar (*Méx.*)
— **shoot!** ¡no dispare!, ¡no tire!
doctor médico(a) (*m., f.*), doctor(a) (*m., f.*), 8
document documento (*m.*), 17
dollar dólar (*m.*), 10
domicile domicilio (*m.*)
door puerta (*f.*), 5
double doble
doubt dudar, 16
dress vestido (*m.*)
dressed vestido(a), 4
drink trago (*m.*), 6; bebida (*f.*); 8; tomar, 6; beber, 8
drinking bebida (*f.*), 8
drive manejar, conducir, 6
— **fifty miles per hour** conducir a cincuenta millas por hora, 9
— **safely!** ¡maneje con cuidado!, 12
driver chofer (*m.*), 6; conductor(a) (*m., f.*), 12
— **'s license** licencia para manejar (*f.*), licencia de conducir (*f.*), 3
drop soltar (o:ue)
— **out of school** abandonar los estudios
— **the gun (weapon)** soltar el arma
drown ahogarse
drug droga (*f.*), 6
— **addict** drogadicto(a) (*m., f.*)
— **pusher** traficante (*m., f.*)
on drugs endrogado(a), 6
drugstore farmacia (*f.*), botica (*f.*)

— **in (a car, etc.)** subir, 3
— **off** bajarse, 3
— **on one's knees** ponerse de rodillas
— **out** salir, 5; bajarse, 9
— **up** levantarse, 13
— **worse** agravarse, 15
girl muchacha (*f.*), 2
girlfriend novia (*f.*), 15
give dar, 3; entregar, 11
— **CPR** dar respiración artificial
— **a gift** regalar, 15
— **a ticket** imponer una multa, 12
— **notice** avisar de, 1
gladly! ¡cómo no!, 7
glass vidrio (*m.*)
— **cutter** cortavidrios (*m.*)
— **eye** ojo de vidrio (*m.*)
glove guante (*m.*)
— **compartment** guantera (*f.*), 7; portaguantes (*m.*)
go ir, 3
— **away** irse, 10
— **in** entrar, 4
— **out (with)** salir (con), 17
— **through a red light** pasarse la luz roja, 12
— **with** acompañar, 7
goddaughter ahijada (*f.*)
godfather padrino (*m.*)
godmother madrina (*f.*)
godson ahijado (*m.*)
gold oro (*m.*), 16
good bueno(a)
— **afternoon** buenas tardes, P
— **evening** buenas noches, P
— **morning (day)** buenos días/ buen día, P
— **night** buenas noches, P
good-bye adiós, P
grab agarrar, coger, 9
grade school escuela primaria, escuela elemental
graffiti grafiti (*m.*)
granddaughter nieta (*f.*)
grandfather abuelo (*m.*)
grandmother abuela (*f.*)
grandson nieto (*m.*)
gray gris, 20
gray-haired canoso(a)
great gran, 14
green verde, 3
greet saludar, 15
greeting saludo (*m.*)
ground suelo (*m.*)
group grupo (*m.*), 5
guilty culpable

H

hair pelo (*m.*), 17; cabello (*m.*)
    body — vello (*m.*)
hairpiece peluca (*f.*)
hairy velludo(a)
hall pasillo (*m.*)
hallucinations alucinaciones (*f. pl.*)
halt! ¡alto!, 3

hand mano (*f.*), 6
— **grenade** granada de mano (*f.*)
— **in hand** de la mano, 2
    hands up! ¡manos arriba!
handcuffed esposado(a), 16
handcuffs esposas (*f. pl.*), 16
handkerchief pañuelo (*m.*), 16
handsaw sierra de mano (*f.*), serrucho de mano (*m.*)
happen pasar, suceder, 2; ocurrir
hashish hachich (*m.*), hachís (*m.*), *col.:* chocolate (*m.*), kif (*m.*), grifa (*f.*)
hat sombrero (*m.*), 4
have tener, 4
— **a good time** pasarlo bien, pasar un buen rato, 15
— **bad weather** hacer mal tiempo
— **(something) fixed** hacer arreglar, 19
— **good weather** hacer buen tiempo
— **just (done something)** acabar de (+ *inf.*)
— **on** tener puesto(a), llevar puesto(a), 17
— **the right to** tener el derecho de, 6
— **to (do something)** tener que (+ *inf.*), 4
hazard light baliza (*f.*)
head cabeza (*f.*), 9
headlight faro (*m.*), 19
health salud (*f.*)
    to your —! ¡salud!
hear oír, 19
heart corazón (*m.*), 7
— **attack** ataque al corazón (*m.*), 7
heavy pesado(a), 20
heel talón (*m.*), 9
height estatura (*f.*), 20
    of medium — de estatura mediana, 4
helicopter helicóptero (*m.*)
hello hola, P; (*when answering the telephone*) aló (*Puerto Rico*), bueno (*Méx.*), diga (*Cuba, España*), mande (*Méx.*), oigo (*Cuba*)
helmet casco de seguridad (*m.*), 2
help ayuda (*f.*), 1; ayudar, 5
help! ¡socorro!, ¡auxilio!, 5
her su, 3
here aquí, 1
heroin heroína (*f.*); *col.:* caballo (*m.*), chiva (*f.*), manteca (*f.*) (*Caribe*)
herself: by — por sí misma
hi hola, P
high alto(a), 12
high school escuela secundaria (*f.*), 15
highway autopista (*f.*), 12; carretera (*f.*), 13
hijack asaltar
hijacking asalto (*m.*)
him lo, 6
himself: by — por sí mismo
hip cadera (*f.*)
his su, 3
Hispanic hispano(a), 2; hispánico(a), latino(a)
hit chocar, 13; golpear, 18

hold-up asalto (*m.*)
hole agujerito (*m.*), 5
home casa (*f.*), 1
homicide homicidio (*m.*), 16
honk the horn tocar la bocina
hood capucha (*f.*); (*car*) capó (*m.*); cubierta (*f.*)
hope: I — ojalá, 17
horn bocina (*f.*)
hospital hospital (*m.*), 4
hotel hotel (*m.*)
hour hora (*f.*), 3
house casa (*f.*), 1
how? ¿cómo?, 2
— **are you?** ¿cómo está Ud.?, P
— **do you spell it?** ¿cómo se escribe?
— **long?** ¿cuánto tiempo?, 5
— **many?** ¿cuántos(as)?, 2
however sin embargo, 14
humidity humedad
humiliate humillar
hurt herido(a), 1; lastimado(a), 7; doler (o:ue), 8; perjudicar, 14; causarle daño a
husband esposo (*m.*), marido (*m.*), 4
hypodermic syringe jeringuilla (*f.*), jeringa hipodérmica (*f.*)
hysterical histérico(a)
hysterically histéricamente, 18

I

ID identificación (*f.*), documento de identidad, 3
idea idea (*f.*), 5
identification identificación (*f.*), 3
identify identificar, 5
if si, 4
I'll see you tomorrow hasta mañana, 18
immediately inmediatamente, 5
imperfection desperfecto (*m.*), 19
important importante, 5
impose a fine imponer una multa, 12
imprudently imprudentemente, 12
in en, 1; dentro (de), 6
— **charge of** a cargo de, 8
— **front of** en frente de, 1; a la vista de, 16
— **installments** a plazos, 5
— **order to** para, 5
— **the afternoon** por la tarde, P; a la tarde
— **the evening** por la noche, P; a la noche
— **the first place** en primer lugar, 5
— **the morning** por la mañana, P; a la mañana
— **the presence of** a la vista de, 16
— **self-defense** en defensa propia
— **this way** de este modo, así
— **writing** por escrito, 16
inch pulgada (*f.*), 7
index (finger) (dedo) índice (*m.*), 5
indicted procesado(a)
infiltrate infiltrar, 15
inform avisar de, notificar, 1
information información (*f.*), P
    personal — dato personal (*m.*), 1

injured   herido(a), 1; lastimado(a), 7; lesionado(a), 8
injury   lesión (f.), 8
in-laws   parientes políticos (m. pl.)
innocent   inocente, 14
inserted in   metido(a), 19
inside   dentro, 4; adentro, 8; metido(a), 19
install   instalar, 5
installment   plazo (m.), 11
   in —s   a plazos, 10
instead of   en lugar de, 8
instrument panel   tablero (cars), 9
insured   asegurado(a), 11
interlace   entrelazar
interpreter   intérprete (m., f.)
interrogate   interrogar, 6
interrogation   interrogatorio (m.), 6
intertwine   entrelazar
interview   entrevista (f.)
intoxicated   intoxicado(a), 19
introduce   presentar, 15
investigate   investigar, 8
investigating   investigador(a), 16
investigation   averiguación (f.), 10; investigación (f.)
it   lo, 6
   — is (+ *time*)   son las (+ *time*)
   — may be   puede ser, 17
item   objeto (m.), 11

J

jack   gato (m.), gata (f.) (*Costa Rica*), 20
jacket   chaqueta (f.), chamarra (f.) (*Méx.*), 20; saco (m.)
jail   cárcel (f.), prisión (f.)
jewelry   joya (f.), 10
   — store   joyería (f.)
job   trabajo (m.), 8; empleo (m.), 11
joint (drugs)   *col.:* cucaracha (f.), leño (m.), porro (m.)
judge   juez(a), (m., f.), 8; juzgar, 14
jump   saltar, 13
junior high school   escuela secundaria (f.), 15
jury   jurado (m.), 14
just: it's — that . . .   es que..., 9
just in time   a tiempo
juvenile   juvenil
   — court   tribunal de menores (m.)
   — delinquent   delincuente juvenil (m., f.)
   — hall   centro de reclusión de menores (m.)

K

keep   guardar; mantener (e:ie)
   — right   conserve su derecha; mantenga su derecha
   — walking   seguir (e:i) caminando
key   llave (f.), 5
kick   patada (f.)
kidnap   secuestrar, 12

kidnapper   secuestrador(a), 1
kidnapping   secuestro (m.), 5
kill   matar, 8
kind   clase, (f.), 7
kitchen   cocina (f.), 5
knee   rodilla (f.)
knife   cuchillo (m.), 18
knock at the door   tocar a la puerta, 8
know   conocer, saber, 5

L

ladder   escalera (f.)
   rope —   escala de soga (f.)
   hand —   escalera de mano (f.)
lady   señora (f.), P
lame   cojo(a)
lane   carril (m.), 12
language   lengua (f.)
large   grande, 2
last   último(a), pasado(a), 11
   at —   ya, 8
   — month   el mes pasado
   — name   apellido (m.), P
   — night   anoche, 10
   — week   la semana pasada
   — year   el año pasado
late   tarde, 2
later   más tarde, 2; después, 6; luego, 10
Latin   latino(a), 15
law   ley (f.), 2
lawn   césped (m.), zacate (m.) (*Méx.*), 5
lawsuit   demanda (f.)
lawyer   abogado(a) (m., f.), 6
learn   aprender, 15
leave   salir, 5; irse, 10
   — behind   dejar, 5
   — turned on   dejar encendido(a), dejar prendido(a)
left   izquierdo(a), 7
left-handed   zurdo(a), 7
leg   pierna (f.), 13
lend   prestar
less than   menos de, 4
let   dejar, 9
   — go of   soltar (o:ue)
let's (do something)   vamos a (+ *inf.*)
   — go   vamos, 2
   — see   a ver, 6
license plate   placa (f.), chapa (f.), 11
lie   mentira (f.), 8
   — down   acostarse (o:ue)
life   vida (f.), 2
lift   levantar
light   luz (f.), 4; foco (m.); (*light in color*) claro(a), 11; liviano(a), 20
like   como, 14; gustar, 8
   — this   así, 9
limit   límite (m.), 9
line   línea (f.), 9
lip   labio (m.)
liquor   licor (m.), 20
liquor store   licorería (f.), 7
lisp   hablar con (la) zeta
list   lista (f.), 11
lit   prendido(a), 19

little   (*quantity*) poco; (*size*) pequeño(a), 1
   a —   un poco de, 1
   — finger   meñique (m.)
live   vivir, 2
living room   sala (f.)
local   local, 8
lock   cerrojo (m.), cerradura (f.), 10; cerrar (e:ie) con llave, 5; seguro (*car*), 9
   — up   encerrar (e:ie), 16
locked   cerrado(a), 11
   — up   encerrado(a), 8
lodging   alojamiento (m.), hospedaje (m.)
log in   registrar, fichar, 16
long   largo(a)
long-sleeved   de mangas largas
look   mire, 6
   — at   mirar, 5
   — for   buscar, 2
   What does he/she/you — like?   ¿cómo es?, 4
lose   perder (e:ie), 6
   — one's job   quedarse sin trabajo, 14
lost   perdido(a), 2
low   bajo(a)
LSD   ácido (m.); *col.:* pastilla (f.), pegao (m.), sello (m.)

M

Ma'am   señora (Sra.) (f.), P
machine gun   ametralladora (f.)
Madam   señora (Sra.) (f.), P
mail   correo (m.), correspondencia (f.), 5
make   hacer, 3; (*brand*) marca (f.)
man   hombre (m.), 3
manage   conseguir (e:i)
manslaughter   homicidio (m.), 16
many   muchos(as), 2
marijuana   (*col.*), mariguana (f.), marihuana (f.), marijuana (f.); *col.:* juanita (f.), mota (f.), pasto (m.), pito (m.), yesca (f.), yerba (f.) zacate (m.)
marital status   estado civil (m.)
mark   marca (f.), 6; mancha (f.)
market   mercado (m.), 20
   open-air —   mercado al aire libre (m.), tianguis (m.) (*Méx.*)
married   casado(a), P
mask   máscara (f.)
mat   felpudo (m.)
measure   medir (e:i), 7
mechanic   mecánico (m.)
meddle   entremeterse, 8; entrometerse, 8
medication   medicina (f.), medicamento (m.)
medicine   medicina (f.), 7
medium   mediano(a)
   — height   de estatura mediana
meeting   junta (f.), reunión (f.), congregación (f.), mitin (m.), 5
member   miembro (m., f.), 3
mention: don't — it   de nada, no hay de qué, P
message   mensaje (m.), 7
methadone   metadona (f.)

middle medio (*m.*)

    about the — of the month (week) a
    mediados de mes (semana)

    — finger dedo mayor (*m.*), dedo
    corazón (*m.*)

midnight medianoche (*f.*), 3

mile milla (*f.*), 9

minor menor de edad (*m., f.*), 3; menor

Miranda warning advertencia Miranda
    (*f.*), 6

mirror espejo (*m.*)

misdemeanor delito (*m.*), 5

miss señorita (Srta.) (*f.*), P

missing desaparecido(a)

mixed race (*black and white*) mulato(a);
    (*any of two or more races*) mestizo(a)

model modelo (*m.*), 11

mole lunar (*m.*), 17

mom mamá (*f.*), madre (*f.*), 2

moment momento (*m.*), P

money dinero (*m.*), 8

month mes (*m.*)

    a — ago hace un mes, 13

monument monumento (*m.*)

more más

    — or less más o menos, 8

    — . . . than más... que, 4

morgue morgue (*f.*)

morning mañana (*f.*), 10

    early — madrugada (*f.*), 9

    in the — por la mañana, a la
    mañana, 7

morphine morfina (*f.*)

most important thing lo más
    importante, 5

motel motel (*m.*), 15

mother madre (*f.*), mamá (*f.*), 2

    — in-law suegra (*f.*)

motive motivo (*m.*)

motor motor (*m.*), 9

motorcycle motocicleta (*f.*), 13

motor-driven cycle motocicleta (*f.*)

moustache bigote (*m.*), 18

mouth boca (*f.*), 17

move moverse (o:ue), 6

    don't —! ¡no se mueva(n)!, 6

movie theatre cine (*m.*), 15

movies cine (*m.*), 15

mow cortar, 5

MP3 player reproductor MP3

Mr. señor (Sr.) (*m.*), P

    — and Mrs. (Ruiz) los señores
    (Ruiz) (*m. pl.*), 17

Mrs. señora (Sra.) (*f.*), P

much (*adv.*) mucho, 4

mud barro (*m.*), fango (*m.*), 10

muffler amortiguador (de ruido) (*m.*),
    silenciador (*m.*)

mug asaltar

mugging asalto (*m.*)

municipal municipal

murder asesinar; asesinato (*m.*)

murderer asesino(a) (*m., f.*); homicida
    (*m., f.*), 1

murmur murmurar, 20

muscular musculoso(a)

must deber, 2

mute mudo(a)

my mi, 1

N

name nombre (*m.*), P

near cercano(a), 10; (*prep.*) cerca de

nearby cercano(a), 10

necessary necesario(a), 5

neck cuello (*m.*), 13

necklace collar (*m.*), 14

need necesitar, 1; hacer falta, 8

needle aguja (*f.*), 6

neighbor vecino(a), 5

neighborhood barrio (*m.*), colonia (*f.*)
    (*Méx.*), 5; vecindario (*m.*), 5

    — watch vigilancia del barrio (*f.*), 5

nephew sobrino (*m.*)

never nunca, 6

    — before nunca antes, 11

nevertheless sin embargo, 14

new nuevo(a), 6

newspaper periódico (*m.*), diario (*m.*), 5

next próximo(a), 4; siguiente

    — month (year) el mes (año) que
    viene, el mes (año) próximo

    — week la semana que viene, la
    semana próxima

    the — day el día siguiente

next-door (*neighbor, house*) de al lado, 10

niece sobrina (*f.*)

night noche (*f.*), 5

    the — before last anteanoche, antes
    de anoche

no turn on red prohibido girar en rojo

nobody nadie, 8

noise ruido (*m.*)

nonsense tontería (*f.*), 10

north norte (*m.*)

northeast noreste (*m.*)

northwest noroeste (*m.*)

nose nariz (*f.*), 9

note nota (*f.*)

    take — of anotar, 10

nothing nada, P

notice notar, 5

notify avisar

noun nombre (*m.*)

now ahora, 1

number número (*m.*)

O

oath juramento (*m.*)

    to take an — jurar

    under — bajo juramento

object objeto (*m.*), 11

obligate obligar, 18

obscenity obscenidad (*f.*), 20

observe observar, 5

occasion ocasión (*f.*), 17

occur ocurrir, 14

of de, 1

    — age mayor de edad

    — course desde luego, 2; claro que
    sí, 10

off (*light*) apagado(a), 9

offer ofrecer, 14

office oficina (*f.*), 12

officer agente (*m., f.*), P

often a menudo, 6

oh, goodness gracious! ¡ay, Dios mío!, 2

oil aceite (*m.*)

okay bueno, P

old anciano(a), 1; viejo(a), 7

older mayor, 3

oldest mayor, 3

on en, 1; a, 2; (*by way of*) por, 2; (*a
    light*) encendido(a), prendido(a), 5;
    sobre, 20

    — a bike en bicicleta, 2

    — foot a pie, 2

    — the sides a los costados, 9

    — time a tiempo

    — time payments a plazos, 10

    — top of sobre, 20

    — vacation de vacaciones, 4

once again otra vez, 6

only sólo, solamente, 5

    the — thing lo único, 8

open abierto(a), 5

opium opio (*m.*)

opportunity oportunidad (*f.*), 16

opposite opuesto(a)

    in the — direction en sentido
    contrario, 13

or o, 3

order orden (*f.*), 8; ordenar, 20

organize organizar, 5

other otro(a), 4

    the —s los (las) demás, 5

our nuestro(a), 5; nuestros (as), 15

out (*light*) apagado(a), 9

    — on bail en libertad bajo fianza, 16

    — on one's own recognizance en
    libertad bajo palabra, 16

outside fuera, 4

oven horno (*m.*), 19

over there para allá, 1

overdose sobredosis (*f.*)

owe deber, 11

owner dueño(a) (*m., f.*), 3

P

paid (for) pagado(a), 11

pants pantalón (*m.*), pantalones
    (*m. pl.*), 4

paramedic paramédico(a) (*m., f.*), 1

pardon perdón, 8

parents padres (*m.*), 3

park parque (*m.*)

parked estacionado(a), 11

parking lot zona de estacionamiento
    (*f.*), 7

part parte (*f.*)

party fiesta (*f.*), 10

pass (a car) pasar, rebasar (*Méx.*), 13

    do not — no pasar; no rebasar
    (*Méx.*)

pass away fallecer, 11

passenger pasajero(a) (*m., f.*), 13

patrol patrulla (*f.*), 5
— **car** carro patrullero (*m.*), 1
pawn empeñar, 14
pay pagar, 6
— **attention (to)** hacer caso(a), 2;
prestar atención, 9
— **attention (to someone)** hacerle
caso a, 8
payment pago (*m.*), 11
pearl perla (*f.*), 14
cultured — perla de cultivo (*f.*), 14
pedestrian peatón(ona) (*m., f.*)
penetration penetración (*f.*), 18
people gente (*f.*), 20
perform realizar, 18
perhaps tal vez, 28
permission permiso (*m.*), 20
permitted permitido(a), 16
person persona (*f.*), 1
in — en persona, 1
personal data dato personal (*m.*), 1
personally en persona, 1
phone teléfono (*m.*)
by — por teléfono, 1
on the — por teléfono, 1
— **call** llamada telefónica (*f.*), 5
— **number** número de teléfono
(*m.*), P
photograph fotografía (*f.*), 3; retratar, 16
pick up recoger, 5
picklock llave falsa (*f.*), ganzúa (*f.*)
pierced atravesado(a), 18
pill pastilla, píldora (*f.*), 19
pimple grano (*m.*)
pinstriped de rayas
pistol pistola (*f.*), 4
place lugar (*m.*), 5; colocar
to — **nearby** arrimar, 9
plaid de cuadros
plan (to do something) pensar (e:ie)
(+ *inf.*), 5
please por favor, P
pocket bolsillo (*m.*), 6
point (a gun) apuntar, 20
poison veneno (*m.*), 19
police (force) policía (*f.*), 1
— **officer** policía (*m., f.*), 1
— **station** comisaría (*f.*), estación de
policía (*f.*), jefatura de policía (*f.*), P
polka dot de lunares
porch portal (*m.*), 5
pornographic pornográfico(a)
portly grueso(a)
possible posible, 5
post office oficina de correos (*f.*),
correo (*m.*), 2
pound libra (*f.*), 20
practice practicar
precaution precaución (*f.*), 13
prefer preferir (e:ie), 5
pregnant embarazada
preliminary preliminar, 16
premium prima (*f.*), 16
present (*adj.*) presente, 6
prevent prevenir, 5
preventive preventivo(a), 16
print estampado(a)

prison cárcel (*f.*), prisión (*f.*)
private privado(a)
— **property** propiedad privada
problem problema (*m.*), 3
program programa (*m.*), 5
prohibited prohibido(a)
promise prometer, 20
property propiedad (*f.*), 11
prosecutor fiscal (*m., f.*), 16
prostitute prostituto(a) (*m., f.*)
prostitution prostitución (*f.*)
protect proteger, 5
protest protestar, 3
pull over (a car) arrimar, 9
punch trompada (*f.*), puñetazo (*m.*)
punish castigar, 8
purse cartera (*f.*), bolsa (*f.*), bolso
(*m.*), 17
push empujar, 18
put poner, 9; colocar
— **away** guardado(a), 10
— **on** ponerse, 18
— **one's hands against the**
wall poner las manos en la pared
— **out (a fire)** apagar, 13

Q

question interrogar, 6; pregunta (*f.*)
questioning interrogatorio (*m.*), 6
quick(ly) rápido, 5
quiet callado(a), 6; quieto(a), 13
quite bastante, 8

R

race raza (*f.*), 18
railroad ferrocarril (*m.*)
rain llover (o:ue); lluvia (*f.*)
raincoat impermeable (*m.*)
ransom rescate (*m.*)
rape violar, 18; violación (*f.*), 18
rapist violador(a), 1
rather más bien, medio, 7; bastante, 8
razor navaja (*f.*), 8
reach llegar (a), 2
read leer, 6
ready listo(a), 19
realize darse cuenta (de), 13
reason por qué (*m.*), 8
receive recibir, 4
recent reciente, 17
recently recientemente
recite recitar, 9
recklessly imprudentemente, 12
recognize reconocer, 7
recommend recomendar (e:ie), 16
recover recobrar, 11
red rojo(a), 4
red-haired pelirrojo(a), 7
refuse to negarse (e:ie) a, 6
register matricularse, 15
registered registrado(a), 11
registration registro (*m.*), 6
rehab rehabilitación (*f.*), 19

relative pariente (*m., f.*)
remain permanecer, 6
remaining ones los (las) demás, 10
remember recordar (o:ue), 6; acordarse
(o:ue) (de), 10
report reporte (*m.*), informe (*m.*), 1; (*of
a crime*) denuncia (*f.*); (*a crime*) denunciar, 1; avisar de, notificar, 1
represent representar
rescue rescatar
resident parking estacionamiento para
residentes
residential residencial, 9
resist hacer resistencia, 18
resisting arrest resistencia a la
autoridad (*f.*)
respond responder, 15
rest: the — lo demás, 6
restaurant restaurante (*m.*)
return regresar, 2; volver (o:ue), 6
review revisar, 10
revolver revólver (*m.*), 4
rich rico(a)
rifle rifle (*m.*)
right derecho (*m.*), 6; (*adj.*)
derecho(a), 13
— **?** ¿verdad?, 2
— **away** enseguida, 1
— **hand side** a la derecha (*f.*), 16
right-handed diestro(a), 7
ring anillo (*m.*), 17
— **finger** anular (*m.*)
risk riesgo (*m.*), 11
road camino (*m.*), 13
rob robar, 10
robbery robo (*m.*), 1
rock (*col.* **crack cocaine**) piedra (*f.*), 15
roof techo (*m.*)
room cuarto (*m.*), habitación (*f.*), 10
rope soga (*f.*)
run correr, 7
— **away** escaparse, fugarse, 17
— **into** chocar, 13

S

safe seguro(a)
safety seguridad (*f.*)
— **belt** cinturón de seguridad (*m.*)
— **(bike) helmet** casco de seguridad
(*m.*), 2
same mismo(a), 9
sandal sandalia (*f.*), 17
save salvar, 2
saved guardado(a), 10
say decir (e:i), 7
scar cicatriz (*f.*), 17
school escuela (*f.*), 7
— **crossing** cruce de niños (*m.*)
scream gritar, 18
sealed sellado(a), 16
seat asiento (*m.*)
secret secreto(a), 15
section sección (*f.*), división (*f.*), 1
sedative calmante (*m.*), sedante (*m.*),
sedativo (*m.*), 19

see ver, 2
   — you later hasta luego, P
   — you tomorrow hasta mañana, P
seem parecer, 4
seen visto(a)
self-defense: in — en defensa propia
sell vender, 3
semiautomatic semiautomático(a), 20
send enviar, mandar, 1
sentence dictar sentencia, sentenciar; sentencia (f.), condena (f.)
sentimental sentimental, 14
separate separar
sergeant sargento (m., f.), P
serial number número de serie (m.), 10
series serie (f.), 10
serious grave, 1; serio(a), 13
serve servir (e:i)
service servicio (m.), 15
set on fire incendiar
several varios(as), 5
sex sexo (m.), 15
sexual sexual, 18
shake temblar (e:ie), 13
shave afeitarse, 20
shirt camisa (f.), 4
shiver temblar (e:ie), 13
shock absorber amortiguador de choque (m.)
shoe zapato (m.)
shoelace cordón (del zapato) (m.), 16
shoot disparar, 3; tirar, dar un tiro, dar un balazo, pegar un tiro, pegar un balazo
   — up pullar (col.) (Caribe)
shopping mall centro comercial (m.), 2
short (in height) bajo(a), bajito(a) (Cuba), chaparro(a) (Méx.), 4; (in length) corto(a)
shorts shorts, pantalones cortos (m. pl.), 4
short-sleeved de mangas cortas
shot balazo (m.)
shotgun escopeta (f.)
should deber, 2
shoulder hombro (m.)
shout gritar, 18
show mostrar (o:ue), enseñar, 7
shower ducharse
shut up! ¡cállese!, 20
side lado (m.), 13
sidewalk acera (f.), banqueta (f.) (Méx.), 9
sign firmar, 12
silent callado(a), 6
silver plata (f.), 11
silverware cubiertos (m. pl.), 11
sincerely sinceramente, 14
single soltero(a), P
sir señor (Sr.) (m.), P
sister hermana (f.)
   — in-law cuñada (f.)
sit-down sentar(se) (e:ie)
   sit down tome asiento, siéntese, 8
situation situación (f.)
size tamaño (m.)
skeleton key llave falsa (f.), ganzúa (f.)

skin piel (f.)
skinny flaco(a)
skirt falda, pollera (f.), 17
slap bofetada (f.), galleta (f.) (Cuba y Puerto Rico)
   — on the buttocks nalgada (f.)
sleep dormir (o:ue), 6
sleeveless sin mangas
slow despacio
slowly despacio, 1
small pequeño(a), 1
smell olor (m.), 19
   — of olor a, 19
smoke humo (m.), 5; fumar, 7
smuggle contrabandear
smuggler contrabandista (m., f.), 1
smuggling contrabando (m.)
snort (cocaine) darse un pase
snow nevar (e:ie); nieve (f.)
so tan, 12; por lo tanto, 20
   — long hasta luego, P
   — that para que
sobriety test prueba del alcohol (f.), 9
Social Security Seguro Social, 7
solicit solicitar, 15
some algún, alguno(a), 6
someone alguien, 4
something algo, 5
sometimes a veces, 2
son hijo (m.)
   — in-law yerno (m.)
soon pronto, 4
sorry: I'm — lo siento, 6
south sur (m.)
southeast sureste (m.)
southwest suroeste (m.)
Spanish (language) español (m.), 1
spanking nalgada (f.)
sparkplug bujía (f.)
speak hablar, 1
special especial
speed velocidad (f.), 9; (drugs) clavo (m.) (col.)
   — limit límite de velocidad (m.), velocidad máxima (f.), 9
spell deletrear, 1
spirits licor, 20
sports car carro deportivo (m.)
spot mancha (f.)
spread extender (e:ie), 9
   — one's feet separar los pies
spreadeagle abrir las piernas y los brazos
spring primavera (f.), 10
   — break descanso de primavera (m.), vacaciones de primavera (f. pl.), 10
stab dar una puñalada
stand pararse, 16
   — up! ¡póngase de pie!
standing parado(a), 7
start (a car) arrancar
starter arranque (m.), motor de arranque (m.)
state estado (m.), 2; (adj.) estatal, 9
statue estatua (f.)
stay permanecer, 6; quedarse, 10
steal (from) robar, 10; llevarse, 11

steering wheel volante (m.), timón (m.) (Cuba)
stenographer taquígrafo(a) (m., f.)
stepbrother hermanastro (m.)
stepdaughter hijastra (f.)
stepfather padrastro (m.), 3
stepmother madrastra (f.), 3
stepsister hermanastra (f.)
stepson hijastro (m.)
still (adv.) todavía, 2; (adj.) quieto(a), 13
stolen robado(a), 10
stomach estómago (m.)
stone piedra (f.)
stop suspender, 5; detener, 6; parar, 12
   —! ¡alto!, 3; ¡párese!, ¡pare!
   — mail (newspaper) delivery suspender la entrega del periódico (de la correspondencia)
   — (doing something) dejar de (+ inf.), 6
   — line línea de parada (f.), 12
store tienda (f.)
straight (hair) lacio(a)
   to go — ahead seguir (e:i) derecho, 2
strange extraño(a), 4
stranger extraño(a) (m., f.), 5; desconocido(a) (m., f.)
street calle (f.), 1
step paso (m.), 9
stretch out extender (e:ie), 9
stretcher camilla (f.)
strike golpear, 18
struggle luchar, 18
student estudiante (m., f.), 7
study estudiar, 17
stutter tartamudear
stutterer tartamudo(a) (m., f.)
submit (oneself) to someterse a, 9
succeed in (doing something) llegar a (+ inf.), 18
such a thing tal cosa, 19
sue demandar
sufficient suficiente, 15
suffocate ahorcar, 8; sofocar, 8
suggest sugerir (e:ie), 16
summer verano (m.)
supermarket mercado (m.), supermercado (m.)
support apoyo (m.)
supreme court tribunal supremo (m.)
sure! ¡cómo no!, 7
surname apellido (m.), P
suspect sospechar, 7
suspicion sospecha (f.), 8
suspicious sospechoso(a), 5
swear jurar
sweater suéter (m.), 17
swimming pool alberca (f.) (Méx.), piscina (f.)
swindle estafar, 14; estafa (f.), 14
switchblade navaja (f.), 8
system sistema (m.), 5

T

take   llevar, 2; tomar, 6
— **a drug**   darse un pase
— **a seat**   tomar asiento, P
— **a step**   dar un paso, 9
— **away**   quitar, 8
— **care of**   cuidar, 5
— **drugs**   endrogarse
— **measures**   tomar medidas, 5
— **off (clothing)**   quitarse, 16
— **out**   sacar, 6
talk   hablar, 1; conversar
tall   alto(a), 4
tank   tanque (*m.*)
tape recorder   grabadora (*f.*), 11
tattoo   tatuaje (*m.*), 7
teacher   maestro(a) (*m., f.*)
technician   técnico(a) (*m., f.*), 10
teenager   adolescente (*m., f.*),
jovencito(a) (*m., f.*), 17
telephone   teléfono (*m.*), 1;
telefónico(a), 4
— **book**   guía de teléfonos (*f.*), 16
— **call**   llamada telefónica (*f.*), 5
— **number**   número de teléfono (*m.*), P
— **operator**   telefonista (*m., f.*), 1
television set   televisor (*m.*), 10
tell   decir (e:i), 7; contar (o:ue), 18
temperature   temperatura (*f.*), 12
tennis shoe   zapato de tenis (*m.*); zapatilla
tenth   décimo(a), P
tequila   tequila (*f.*), 15
terrace   terraza (*f.*)
terrified   aterrorizado(a), 18
test   prueba (*f.*), 9
thank you (very much)   (muchas)
gracias, P
that   que, 3; eso (*m.*), 5; aquel,
aquello(a), 18
— **is to say . . .**   es decir..., 18
— **one**   ése(a), 8
then   entonces, 4
there   para allá, 1; allá, allí, 2; ahí, 16
— **is (are)**   hay, 1
— **was (were)**   hubo, 11
therefore   por lo tanto, 20
these   estos(as), 6
thief   ladrón(ona) (*m., f.*), 3
thin   delgado(a), 7; flaco(a)
thing   cosa (*f.*), 6; artículo (*m.*), 14
think   creer, 4; pensar (e:ie), 5
to — so   creer que sí, 7
third   tercero(a), 8
this   este(a), 2
— **one**   éste(a) (*m., f.*), 8
— **time**   esta vez, 8
threat   amenaza (*f.*), 20
threaten   amenazar, 18
through   por, 2
throw   echar
— **away**   tirar, 10
thumb   pulgar (*m.*)
ticket   multa (*f.*), 6
tie   atar
tie   corbata (*f.*)
tile roof   techo de tejas (*m.*)

tilt one's head back   echar la cabeza
hacia atrás, 9
time   hora (*f.*), 3; tiempo (*m.*), 5;
vez (*f.*), 8
just in —   a tiempo, 13
on —   a tiempo, 13
tip   punta (*f.*), 9
tire   llanta (*f.*) (*Méx.*), goma (*f.*) (*Cuba*),
neumático (*m.*), 20
tired   cansado(a), 8
title   título (*m.*)
to   a, 2; hacia; para, 5
— **the**   al, 3; del, 3
— **the left (right)**   a la izquierda
(derecha), 2
today   hoy, P
toe   dedo del pie (*m.*)
together   juntos(as), 9
tomorrow   mañana
tongue   lengua (*f.*)
tonight   esta noche, 5
too   también, 5
— **much**   demasiado(a), 12
tooth   diente (*m.*)
top quality   de primera calidad, 14
totally   totalmente, 11
touch   tocar, 9
tow zone   zona de grúa
toward   hacia, 7
town   pueblo (*m.*), 10
toy   juguete (*m.*)
— **store**   juguetería (*f.*)
traffic   tráfico (*m.*); tránsito (*m.*)
slow —   tránsito lento (*m.*)
— **light**   semáforo (*m.*), 12
— **sign**   señal de tránsito (*f.*)
— **violation**   infracción de tránsito
(*f.*), 6
trained   entrenado(a), 4
trash   basura (*f.*), 10
treat   tratar, 8
tremble   temblar (e:ie), 13
trespassing: no —   prohibido pasar
trial   juicio (*m.*)
trim bushes (trees)   podar arbustos
(árboles)
trip   viaje (*m.*)
trousers   pantalón (*m.*), pantalones
(*m. pl.*), 4
truck   camión (*m.*), 13
true?   ¿verdad?, 2
trunk (of a car)   maletero (*m.*), cajuela
(*f.*) (*Méx.*), baúl (*m.*) (*Puerto Rico*), 20;
portaequipajes (*m.*)
truth   verdad (*f.*), 11
try (to)   tratar (de), 4
T-shirt   camiseta, (*f.*)
turn   doblar, 2; girar, 13
— **around**   darse vuelta, voltearse,
(*Méx.*), virarse, 2
— **off**   apagar, 9
— **on (a light)**   prender, 4; encender
(e:ie), 5
— **over (something to someone)**   entregarle a, 11
— **signal**   luz de giro (*m.*)
twice   dos veces, 17

two-way traffic   doble circulación (*f.*),
doble vía (*f.*)
type   clase (*f.*), 7

U

uncle   tío (*m.*), 5
uncomfortable   incómodo(a), 2
unconscious   desmayado(a), 13
under   debajo (de), 13
— **the influence (of)**   bajo los efectos (de), 6
undercover police   policía secreta (*f.*),
15
underneath   debajo de, 13
understand   entender (e:ie), 6;
comprender, 18
underwear   ropa interior
united   unido(a), 5
unless   a menos que, 19
until   hasta, 2; hasta que, 19
unusual   no usual, 5
up to . . .   hasta el/la...
up-to-date   al día, 11
upholstery   tapicería (*f.*)
urgent   urgente, 4
urgently   urgentemente, 14
urine   orina (*f.*), 9
use   uso, 2; usar, 4
can be used   puede usarse, 6
will be used   se usará, 6
used   usado(a)
usual   usual, 5
usually   generalmente, 17

V

vacant   desocupado(a), 3
vacation   vacaciones (*f. pl.*); descanso
(*m.*)
valid   válido(a), 12
value   valor (*m.*), 11
vandalism   vandalismo (*m.*), 6
vehicle   vehículo (*m.*), 13
venereal disease   enfermedad venérea
(*f.*), 18
verb   verbo (*m.*)
verdict   fallo (*m.*), veredicto (*m.*)
very   muy, P
— **much**   muchísimo, 15
veterinarian   veterinario(a)
victim   víctima (*f.*), 17
video camera   cámara de vídeo (*f.*),
videocámara (*f.*), 10
videogame   videojuego
violent   violento(a), 8
visible   visible, 5
vocabulary   vocabulario (*m.*)
voluntarily   voluntariamente, 20

W

waist   cintura (*f.*), 13
— **high**   a nivel de la cintura
wait (for)   esperar, 7

walk caminar, 2
wall pared (*f.*), 6
wallet cartera (*f.*), billetera (*f.*), 16
want desear, 1; querer (e:ie), 5
warning advertencia, 12
warrant orden (*f.*), 8; permiso (*m.*), 20
wart verruga (*f.*)
waste perder (e:ie), 6
watch reloj (*m.*), 16; mirar
watching mirando
water agua (*f. but* el agua)
    — pump bomba de agua (*f.*)
watering riego (*m.*), 5
way manera (*f.*), modo (*m.*), 5 forma (*f.*), 8
weapon arma (*f. but* el arma), 8
wear llevar, llevar puesto(a), 2; tener puesto(a), 17
week semana (*f.*), 4
    a — ago hace una semana, 14
weigh pesar, 20
weight peso (*m.*)
welcome: you're — de nada, no hay de qué, P
well bien, P
west oeste (*m.*)
what lo que, 8
what? ¿qué?, 1; ¿cuál?, 4
    — can I (we) do for you? ¿en qué puedo (podemos) servirle?, ¿qué se le ofrece?, P
    — else? ¿qué más?, 7
    — time was (is) it? ¿qué hora era (es)?, 18
    —'s new? ¿qué hay de nuevo?, P
    —'s wrong? ¿qué tiene(s)?, 7
wheel rueda (*f.*)
wheelchair silla de ruedas (*f.*)

when cuando, 6
when? ¿cuándo?, 4
where? ¿dónde?, 1
    — to ¿adónde?, adonde, 5
whereabouts paradero (*m.*)
which? ¿cuál?, 4
while mientras, 20
white blanco(a), 4
who? ¿quién?, 1; ¿qué?, 2
whole todo(a), 8
    the — … todo(a) el (la)…
whose cuyo(a), 15
why? ¿por qué?, 2
widow(er) viudo(a) (*m., f.*)
wife esposa (*f.*), mujer (*f.*)
wig peluca (*f.*)
will voluntad (*f.*), 17
willing dispuesto(a), 8
window ventana (*f.*), 5; (*in a car*) ventanilla
    — with bars con rejas, 5
windshield parabrisas (*m.*)
    — wiper limpiaparabrisas (*m.*)
wine vino (*m.*), 20
winter invierno (*m.*)
wish desear, 1; querer (e:ie), 5
with con, P
    — (black) hair de pelo (negro), 17
    — blue eyes de ojos azules, 7
    — her con ella; consigo
    — him con él, 6; consigo
    — me conmigo, 6
    — you contigo (*informal*), 15; con usted (*formal*)
within dentro de, 6
without sin, 3, 9
    — fail sin falta, 19
witness testigo (*m., f.*), 14

woman mujer (*f.*), 1
word palabra (*f.*)
work trabajo (*m.*), 8
working: not — descompuesto(a), 19
wrist muñeca (*f.*)
write escribir, 6
    — down anotar, 10

X

X-ray radiografía (*f.*), 13

Y

yard patio (*m.*), 3
year año (*m.*), 11
yellow amarillo(a), 7
yes sí, 1
yesterday ayer, 8
yet todavía, 2
You are under arrest! ¡Queda arrestado(a)!
young joven, 4
    — boy (girl) chico(a) (*m., f.*), chamaco(a) (*m., f.*) (*Méx.*), 13
    — lady señorita (Srta.) (*f.*), P
    — man (woman) joven (*m., f.*), 6
younger menor, 4
your su, 1; tu, 2
yours suyo(a), tuyo(a)
yourself sí mismo(a)

Z

zone zona (*f.*), 9

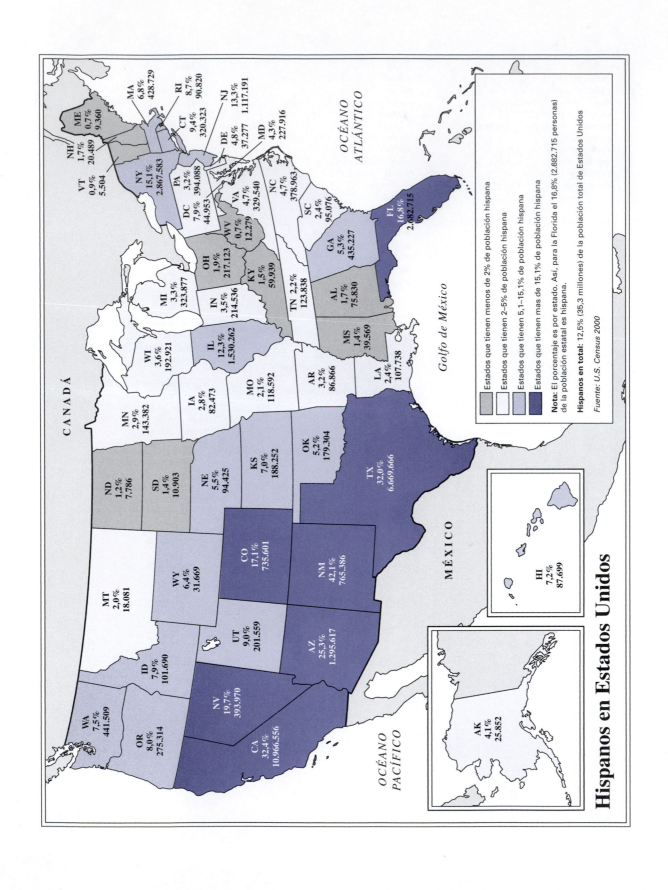

Hispanos en Estados Unidos

MA 6,8% 428.729

RI 8,7% 90.820

ME 0,7% 9.360

NH 1,7% 20.489

CT 9,4% 320.323

VT 0,9% 5.504

NJ 13,3% 1.117.191

NY 15,1% 2.867.583

PA 3,2% 394.088

DE 4,8% 37.277

MD 4,3% 227.916

DC 7,9% 44.953

VA 4,7% 329.540

WV 0,7% 12.279

NC 4,7% 378.963

OH 1,9% 217.123

KY 1,5% 59.939

SC 2,4% 95.076

MI 3,3% 323.877

IN 3,5% 214.536

TN 2,2% 123.838

GA 5,3% 435.227

AL 1,7% 75.830

WI 3,6% 192.921

IL 12,3% 1.530.262

MS 1,4% 39.569

FL 16,8% 2.682.715

IA 2,8% 82.473

MO 2,1% 118.592

AR 3,2% 86.866

LA 2,4% 107.738

MN 2,9% 143.382

ND 1,2% 7.786

SD 1,4% 10.903

NE 5,5% 94.425

KS 7,0% 188.252

OK 5,2% 179.304

TX 32,0% 6.669.666

MT 2,0% 18.081

WY 6,4% 31.669

CO 17,1% 735.601

NM 42,1% 765.386

ID 7,9% 101.690

UT 9,0% 201.559

AZ 25,3% 1.295.617

WA 7,5% 441.509

OR 8,0% 275.314

NV 19,7% 393.970

CA 32,4% 10.966.556

HI 7,2% 87.699

AK 4,1% 25.852

OCÉANO ATLÁNTICO

Golfo de México

MÉXICO

OCÉANO PACÍFICO

CANADÁ

Leyenda:

Estados que tienen menos de 2% de población hispana

Estados que tienen 2–5% de población hispana

Estados que tienen 5,1–15,1% de población hispana

Estados que tienen mas de 15,1% de población hispana

Nota: El porcentaje es por estado. Así, para la Florida el 16,8% (2.682.715 personas) de la población estatal es hispana.

Hispanos en total: 12,5% (35,3 millones) de la población total de Estados Unidos

Fuente: U.S. Census 2000

América del Sur

España

FRANCIA

OCÉANO ATLÁNTICO

Mar Cantábrico

Golfo de Vizcaya

Mar Mediterráneo

MONTES PIRINEOS

ANDORRA

CATALUÑA

Costa Brava

Menorca

Mallorca

Palma

Ibiza

Formentera

ISLAS BALEARES

Barcelona

Tarragona

Lérida

NAVARRA

Pamplona

San Sebastián

Bilbao

PAÍS VASCO

CANTABRIA

Santander

ARAGÓN

Zaragoza

Río Ebro

LA RIOJA

Soria

COMUNIDAD VALENCIANA

Valencia

Costa Blanca

Alicante

Cartagena

Río Júcar

MURCIA

Murcia

Albacete

CASTILLA-LEÓN

Burgos

Palencia

Valladolid

Salamanca

Zamora

León

Río Duero

ASTURIAS

Oviedo

Gijón

Avilés

MONTES CANTÁBRICOS

GALICIA

Santiago de Compostela

La Coruña

Pontevedra

Vigo

SIERRA DE GUADARRAMA

Segovia

Ávila

MADRID

Madrid

Toledo

ESPAÑA

CASTILLA-LA MANCHA

Ciudad Real

Río Tajo

EXTREMADURA

Cáceres

Mérida

Badajoz

SIERRA MORENA

Almadén

Linares

Córdoba

Jaén

Río Guadalquivir

Río Guadiana

ANDALUCÍA

Granada

Mulhacén

SIERRA NEVADA

Almería

Costa del Sol

Málaga

Sevilla

Jerez de la Frontera

Huelva

Cádiz

Algeciras

Gibraltar (G.B.)

Ceuta (Esp.)

Tánger

Costa de la Luz

MARRUECOS

Melilla (Esp.)

Mar Mediterráneo

PORTUGAL

SIERRA DE ESTRELLA

Braga

Oporto

Coimbra

Lisboa

Setúbal

OCÉANO ATLÁNTICO

ESPAÑA

ÁFRICA

ISLAS CANARIAS

ISLAS CANARIAS

La Palma

Santa Cruz de la Palma

Tenerife

Santa Cruz de Tenerife

Gomera

Hierro

Gran Canaria

Las Palmas

Fuerteventura

Puerto del Rosario

Lanzarote

Arrecife

OCÉANO ATLÁNTICO

MARRUECOS

100 Km.

100 Mi.

200 Mi.

200 Km.

150

100

50

0

150

100

50

0